中国人的精神

辜鸿铭 著

黄兴涛 宋小庆 译

The Spirit of the Chinese People

原華春秋大義

中国人民大学出版社

·北京·

新版译序

1996 年 4 月，我和宋小庆学兄推出辜鸿铭的《中国人的精神》全译本，由海南出版社出版，转眼已经过去 26 年了。这是该书第一个完整的中文译本。当年它一再重印的畅销情形，至今我仍记忆犹新。后来，该书在海峡两岸又出版过许多版本（包括英汉对照本），我也曾写过多个序言。需要提及的是，当该译本于 1996 年第二次重印时，我曾到北京大学请令人尊敬的德语系教授杨业治先生帮助，对书中所涉及的拉丁文、希腊文和德文等有关内容，加以认真校改，以使内容更趋准确。他老人家于 2003 年去世，迄今已将近 20 年。借此机会，我要特别表达对他深切的怀念之情。

2007 至 2008 年，海南出版社和台湾五南图书出版公司分别重版了我们译的《中国人的精神》修订本。该书第一部分即《中国人的精神》，较之前的翻译做了较多修改，此后则一直延续至今，基本未再变动。这次新版，除保留 1996 年初版“译者前言”，好让读者了解当时的翻译动机、以存历史之外，还特别收录了 2007 年海南出版社版的“修订说明”，以说明那次修改的缘起。附录部分的内容，则大体保持了 2007 年版本的原貌。

关于辜鸿铭的生平和《中国人的精神》一书的内容，我们已在 1996 年的初版“译者前言”中有过谈及，自然无须重复。在此，我想重申一下自己几年前为《中国近代思想家文库·辜鸿铭卷》所写“导言”中的有关看法，补充谈谈辜氏思想的几个突出特点，希望能有助于读者加深对其思想的逻辑和语境以及内涵复杂性的了解与历史性认知。

首先，辜鸿铭是一位通晓古今中外多种语言，能用欧洲语言熟练表达思想情感、真正具有跨民族的国际文化视野和思想资源、其思想也真正产生过国际影响的中国思想家。这不仅在近代中国思想史上是十分罕见的，在当时的中外文化思想交流史上，也是值得格外关注的现象。

其次，辜鸿铭是一位热爱祖国、醉心儒家文化、勇于维护国家主权和民族文化尊严的思想家，其思想带有某种民族主义的外在色彩，尤其是在晚清，他与西方列强及来华教会和特权西人积极抗争的思想特征，显得分外突出。他几乎一登上思想舞台，就以锐利之笔，批评西方汉学的浅薄，汉学家的自大、对中国文化的误解和轻视；抨击西方在华传教的虚伪、危害，以及传教士的傲慢自大、蛮横无理等行径；他还犀利地抗议、谴责西方列强对中国的武力侵略和内政干涉，奉劝西方尽早改变对中国“无论是个人还是国际交往的态度”，不要歧视中国人和中国文化，不要侵夺中国国家主权。进而，他还奋起进行文野之辩，乃至鼓吹中国文化救西论，等等。在这一过程中，尽管辜氏曾不适当地为清朝的落后统治进行了辩护，也存在不惜为中国文化护短的毛病，有时甚至还可能传扬了文化糟粕，但在那个中国备受欺凌的时代，他有关这方面的思想活动总体说来还是难能可贵、机智深刻、充满道义力量的。1930 年，法国学者弗兰西斯·波里在《中国圣人辜鸿铭》一书自序中，曾专门提醒拒绝为此书作序的国民党元老李石曾说：

> 辜氏在某些方面滞留在陈旧过时的年代，他未能分析形势，未能在复兴中国的事业中保持先锋地位，而是在思想运动、实际的运动中落伍。这一切，我完全承认，并为之惋惜。然而辜氏毕竟是复兴中国的奋勇先驱，早在我们这一代人以前，他就指出并谴责了“不平等条约”、治外法权，以及其他对中华祖国领土完整的侵犯。这非常好，非常好！青年们应牢记，不是吗？①

旁观者清。弗兰西斯·波里的上述评价不无道理。

不过，谈及辜鸿铭思想的这一特点，有几个相关问题需要在此略做辨析：

第一，是辜氏的“中国人”身份问题。近些年，有些研究辜鸿铭的学者，喜欢强调辜氏国籍身份的模糊或不确定。有的甚至还故意将其终生视为马来亚“华侨”。这是很错误的。辜氏的确出生在已沦为英国殖民地的马来半岛之槟榔屿，但其出生和早年生活的时代，其祖父辈并无近代国籍意识，只有强烈的认祖归宗观念，其父辜紫

---

① 弗兰西斯·波里（Francis Borrey）著，桂裕芳、蔡方君译：《中国圣人辜鸿铭》（*Un Sage Chinois*，Paris，1930），载黄兴涛著：《闲话辜鸿铭》附录，广西师大出版社，2001，第 231 页。波里甚至还毫不掩饰对辜鸿铭的极端崇拜：“有时候，我觉得看到了辜氏的脑袋放射出东西方一切智慧的光芒。我承认我欣赏他，我承认我爱他——除此之外，难道还有别的办法吗？”见《闲话辜鸿铭》附录，第 252 页。

云在他动身到欧洲留学时告诫其不要忘记自己是中国人、不要剪辫和加入基督教，可谓明证。南洋华侨出现国籍问题，已到 1907 年。这年《荷兰新订爪哇殖民籍新律》颁布，规定凡生于荷兰属地的华侨皆为荷属殖民地籍，引起南洋华侨的强烈不满。1909 年，中国制定《大清国籍条例》，就是对这一问题的因应。但辜鸿铭早在 1885 年就已正式回到祖国效力，且终其一生，都以一个“中国人”为荣，且从不曾以“华侨”自称，更不曾自称为马来亚人。也就是说，无论是在事实上还是主观认同上，辜鸿铭的“中国人”身份都是确定无疑的。

第二，是辜氏思想中政治、文化和民族意识的矛盾问题。在晚清时，辜鸿铭反对变法和革命的落后政治立场与文化选择是基本统一的，但进入民国后，其以遗老自居，不认同共和制的民国，又因视日本文明与中国传统儒家文明为一体，甚至认为日本保留了中国儒家文明的“真传”，故其晚年把复兴真正的中国儒家文明的希望错误地寄托在日本身上，甚至呼吁日本必须把复兴真正的中国文明作为自己的天职。① 这一天真幼稚的文化幻想，太过于缺乏政治常识，最终其不免被日本侵华时期所谓“大东亚文化”建设运动所利用，从而留下了深刻的历史教训。这是需要加以说明的。

与上述问题相关，辜鸿铭思想中的“民族主义”色彩也值得分辨。多年前，当人们热烈称扬辜鸿铭的爱国情怀时，有学者就敏锐地发现，辜鸿铭其实不能算是一个“民族主义”者，他恰恰批评那种从各民族国家自身狭隘利益出发的民族主义和爱国主义，强调永恒的正义和普遍的道德。的确如此。不过，我们同时也需看到，一

---

① 见辜鸿铭 1924 年在日本东京大学的演讲《中国文明的复兴与日本》。

方面，辜鸿铭明确地批判“爱国主义”和“民族主义”，主要发生在第一次世界大战爆发之后；另一方面，他在清末的文化思想活动，也的确主要激于一种民族的义愤，捍卫的也主要是国家的主权和民族文化的尊严，希求得到西方的尊重与平等的对待——这就自然凸显了一种文化民族主义的色彩。与此同时，他的思想活动在当时西方所产生的效果，也主要是文化民族主义的。①

正因为如此，当辛亥革命爆发以后，辜氏仍然在敦促西方“非常严肃地反省他们对待中国及其文明的方式”。只是到第一次世界大战爆发以后，他才真正鼓吹起中国文明救西论来。关于辜鸿铭思想的“民族主义”特色问题，学衡派巨子吴宓在悼念辜氏之文中曾有过明确揭示，他认为辜氏一生思想的根本，主要得之于留洋时所受卡莱尔、阿诺德、罗斯金等西方浪漫主义思想家的影响，不过回国后这一思想倾向复得到儒家经典的印证，于是两相结合，变得更加自信和坚决。同时，辜氏的文化批评活动本身，“其中又以国家主义（爱国思想）为之动机”。他一生的言行，“盖皆热烈之爱国主义所酿成者也”。吴宓还特别提醒“吾国今日爱国之士应洞察此层，勿徒以顽固讥斥辜氏”②。此一观点，当可供今人研讨辜氏思想时参考。

第三，就辜鸿铭的思想逻辑和终极关怀而言，他无疑是一个文化保守主义者，一个现代西方文明的批评家，或者说一个现代性思想的反思者。总的说来，他比较推崇中西古典文明，强调中西古典

① 有关辜鸿铭思想的这一特点，参见黄兴涛：《文化怪杰辜鸿铭》，中华书局，1995，第222-223页。

② 吴宓：《悼辜鸿铭先生》，《大公报》“文学副刊”第18期，1928年5月7日。笔者在《文化怪杰辜鸿铭》一书中，曾对辜氏思想这一特色的复杂性做过透视。

文明之间的相通性，这从他关于文言白话的辩论可知。但他却也并不认为中国传统文明已完美无缺，尽管他在各种随机辩护中，曾说出一些偏激之语。许多时候，辜鸿铭都主张东西文明应该互补、融合。这是他根本超越一般民族主义者的地方。

辜鸿铭晚年在日讲学时，也曾对他的文化态度问题做过非常明确的自我解释。他表示：“因为常常批评西洋文明，所以有人说我是个攘夷论者。其实，我既不是攘夷论者，也不是那种排外思想家。我是一个希望东西方的长处能结合在一起，从而消除东西畛域，并以此作为今后最大奋斗目标的人。”（见本书附录所收其文《东西文明异同论》）不仅如此，在辜氏看来，其实世界上本来也并不存在什么完美无缺的文明，未来的人类，需要今人从人类自身的根本需要出发，对现存的各种文明进行理性明智的“菁英”选择和创造性综合。这一点，从他 1908 年底代表“太平洋学会”给托尔斯泰八十寿辰的祝寿词中可见一斑：

> 今日所谓宗教，如耶、如儒、如释、如道，靡不有真理存乎其中，惟是瑕瑜互见，不免大醇小疵；各国讲学同人，如能采其菁英，去其芜杂，统一天下之宗教，然后会极归极，天下一家，此真千载一时之会也。同人不敏，有厚望焉。（见本书附录所收《辜鸿铭祝托尔斯泰八十寿辰文》）

总体说来，辜氏从文化保守主义视角出发，对儒家道德文明价值的认知和强调，对现代物质主义、机械主义和功利主义等文明弊端的嘲讽和抨击，乃至对于中西文明的一些具体比较和认知等，多有可取之处和思想启发价值。而他对君主制度的维护和对现代民主制度的反感，乃至于对妇女的歧视等陈腐观念与行为，则理当批判、不足为训。

第四，辜鸿铭的思想，在表达上受愤世嫉俗心态的制约，多有偏激过当之处，但他却并不是一个没有思想根基和文化信念的人。过于夸大其性格和心理对其思想的影响程度，以致有人将其视为所谓“性格人”，强调他“一生只求在抬杠中取胜，无所谓道理不道理，对国事家事也无坚执之见，只求在每件事上驳翻别人”①。这就言过其实了。实际上，辜鸿铭的思想特点，恰恰不在于所谓性格心理的多变，而在于其以不变应万变，在于其对儒家文明的狂热挚爱和终生坚守。正如笔者曾反复申说过的那样，他对纳妾和缠足等的维护，未尝不是一种爱屋及乌的表现。

30 多年前，我开始研究辜鸿铭。1995 年我出版《文化怪杰辜鸿铭》一书时，曾郑重以“文化怪杰”来定位辜氏，试图以此为契机，为改变国人心目中长期形成的、仅视其为“文化丑角”的思想成见做出切实努力。2000 年，我发表《人文景观辜鸿铭》一文，又称辜氏为“人文风景”，特别解读了其思想的人文价值，并激情表示：

> 我敬仰辜氏那颗挚爱吾国吾民的火热的中国心，喜欢笼罩其一身的浓厚的人文色彩，也同情他为之冲动的那种鲜明、强烈而又执着的人文关怀。正如法国学者弗兰西斯·波里所说：“他也是一个人文主义者，罕见的人文主义者。”纵观近代以来的中国，似乎还没有人像辜氏那样毫不含糊地宣称过：评判文明的标准只能是人，是该文明化下之男男女女本身的文化教养

---

① 萧文：《“性格人”辜鸿铭》，《读书》1987 年第 7 期。

状态，而不是人的创造物；也没有一个了解外部世界的人像他这样极度地强调人类生存的道德价值和精神生活的绝对意义。我们很容易指出辜氏的偏颇，甚至要严正地批判他的人文关怀中缺乏西方人文主义的“平等”内涵，但当我读到他谴责近代西方世界人与人之间已经沦落为一种可怕的金钱关系的文字时，当看到他表明喜欢用手势亲切地招呼仆人而讨厌按电铃时，当他真诚告诫日本人千万不要废弃书法教育、不要学西洋人使用打字机，以免丧失我们东方在这方面所有表现美的方法时，我心灵深处总有一种微妙的感觉被其触动。我知道，这是一种人文主义的感觉。

时下，世界范围内的现代化实践，对于人类来说其实都还算不上真正意义上的合理化。因为它似乎总是在以毁灭一些对于我们仍有价值甚至很重要的东西作为代价。……或许艾恺说得不错，现代化与“反现代化”的冲突，正是一种发自人性深处的无法消除的矛盾，这虽使我们感到无奈，却也不该陷入绝望。它提醒我们在推进现代化的同时，至少必须理性地对待“反现代化”思想，自觉地设法克服或消解现代化的负面效应，否则，当“克隆”人之类的孽种纷纷出笼时，我们人类就只好眼睁睁地瞧着自己被自己的异化之物所毁灭了。

我还特别强调：

当然，阅读记述辜鸿铭的文章和读辜鸿铭的书，首先给人的感觉还是轻松。你时或将忍俊不禁、扑哧一乐；时或会微微颔首，会心一笑；时或要撇撇嘴、摇摇头、付之一哂。在这一乐、一笑、一哂之间或之余，你会引发出对于文化、传统和人生问题的思考，会以自己的方式去反思和认识那个中西冲突与融合的历史时代。①

今天，当我们越来越意识到文化自觉、民族自信的重要性，并从这一特定视角来自觉追溯和重新检视清末民初中国人文化心态的时候，辜鸿铭的所言所行，实不能不引起我们新的反思。晚年在日本讲学时，他曾这样语重心长地告诫世人：

> 现代中国人，尤其是年轻人，有贬低中国文明而言过其实地夸大西方文明的倾向……实际上，中日两国的青年都是通过望远镜来观察西方文明的，从而使得欧洲的一切都变得比实体更伟大、更卓越。而他们在观察自身时，却将望远镜倒过来，这当然就把一切都看小了。（见本书附录所收其文《什么是民主》）

重读这一痛心疾首的告诫，反省那个时代国人文化自信心的缺失，我们不能不意识到辜鸿铭佯狂愤激言行的背后，其实另外有着一种独特的文化眼界，以及难得的自我清醒。或许，我们在阅读《中国人的精神》时，需要正视和深切体味的，还有辜氏对现实政治和崇洋心态那种失望至极的苍凉孤独的文化心境。

黄兴涛

2022年10月于北京世纪城

---

① 黄兴涛：《人文景观辜鸿铭》，载《文化史的视野》，福建教育出版社，2000，第280-284页。

修订说明

(2007年)

我们首次翻译出版辜鸿铭的《中国人的精神》一书，迄今已经十一年。虽然一直想对它进行一次全面而彻底的修订，但却始终没有找到适当的机会。这次，在海南出版社的敦促下，我个人专门抽出一个寒假的时间，对该书逐字逐句地予以核校、修改与润色，希望在翻译的信、达、雅各个方面，都能较原译再有一点提高，从而成为我们自己的定本。

《中国人的精神》一书由《中国人的精神》、《中国妇女》和《中国语言》等几部分组成。最核心的部分《中国人的精神》一篇，原系辜鸿铭的讲演稿，篇中那种反复申论、重复述说的"辜老太"风格，得到了集中体现。为避免译文的冗蔓，起初我们在翻译之时，曾做过一点合并删节之类的简单处理。这次，为更准确地再现原作风格，尤其是满足中英文对照读者的需要，我征得小庆学兄的同意，对有关部分又予以了补译或重译，甚至译文有时不免显得啰唆也在所不惜。当然，由于辜氏原著多种外文杂陈并用的特点，加之我们自身水平有限，错误之处仍在所难免，敬请读者批评指正。

这次出版译著的修订本，系得力于海南出版社苏斌、任建成、刘靖等人的推动。特别是苏斌，他本是出版辜鸿铭译著最早的功臣。十年前，正是他和欧阳欢、朱晓、南风、野夫等人，首次出版了拙译。在《中国人的精神》以修订本的形式发行第三版之际，我要特别对他们，以及在翻译过程中帮助过我们的姚传德、宋军、杨百成等其他友人，一并表示我们衷心的感谢之情。

本书初版之时，为了让不熟悉辜鸿铭的读者更好地理解辜氏其人其书，我们曾专门加了一些附录，这次原附录的绝大部分仍予以保留。同时，我们还另外增附了胡适、罗家伦、梁实秋、吴宓、冯友兰、周作人、林语堂、芥川龙之介、清水安三等人谈论辜鸿铭的几篇文章，但愿它们对于读者的相关认知，也能够有所助益。

黄兴涛

2007 年 2 月于中国人民大学清史研究所

译者前言

(1996 年)

这里，我们翻译的是“文化怪杰”辜鸿铭的一部具有世界影响的名著，名曰《中国人的精神》，亦名《春秋大义》或《原华》。

辜鸿铭（1857—1928），名汤生，原籍福建同安，出生在马来亚槟榔屿。他 13 岁到西方留学，先后游学于英、德、法、意等国十有一年。回国后长期担任张之洞幕府的洋文案。清末时，他曾官至外务部郎中，擢左丞。民国初年时任北京大学教授。

在近代，辜鸿铭乃是一位具有国际声誉的文化名人，尤其以“古怪”著称于世。敬之者如林语堂誉之为“怪杰”，鄙之者如胡适之称他为“怪物”。他的思想在国内无甚影响，但名声却不小。长期以来，关于他的奇谈怪论和逸闻轶事，总在流传。

在一般人心目中，辜鸿铭无疑属于那种极为顽固的“封建余孽”。他捍卫君主制与纳妾制，维护辫子与“三寸金莲”，已为今人所熟知。可是，就是这样一个极端保守的人物，竟然精通英、德、法等近十门语言，在西方世界和近代日本曾产生广泛影响，这一事实，至今还没有引起人们普遍和足够的重视。

可以毫不夸张地说，在近代西方，特别是20世纪前20余年间，论名头之响，声誉之隆，没有一个中国学人可与辜鸿铭相提并论。

俄国的托尔斯泰曾与辜鸿铭通信，讨论抵御现代物质主义文明的破坏力量问题，公开支持他的文化保守事业；法国的罗曼·罗兰说他“在西方是很为有名的”；英国的毛姆专程拜访过他，称他是“中国孔子学说的最大权威”和“声高望重的哲学家”，承认他“在关心抽象方面的东西的人中占据着重要的地位”；瑞典的勃兰兑斯赞扬他是“卓著的中国学者”“现代中国最重要的作家”；印度的泰戈尔曾与之交流思想并合影留念；甘地则称他是一个“可敬的中国人”。特别是在第一次世界大战前后的德国，辜鸿铭的影响大得不可思议，不仅大学里有人组织“辜鸿铭研究会”，成立“辜鸿铭俱乐部”，他的名字还广泛流传于普通民众之口，这令当时留德的中国学生惊疑莫名而又感动不已。在第二次世界大战期间的日本，也曾一度掀起一个不大不小的“辜鸿铭热”，并且在20世纪20年代，辜氏还应邀在日本讲学三年（1924—1927）。

这种在海外激起的广泛反响，无疑包含着许多复杂而又具体的历史原因。但它起码表明，辜氏此人及其文化思想确有值得研究之处。

事实上，辜鸿铭“精通西学而又极端保守”的文化之谜本身，就是一个很值得探讨的近代文化史问题。深入研究和剖析这一问题，将有助于人们更透彻地把握近代中西文化关系，更好地理解那个中西冲突与融合的历史时代。

辜鸿铭去世距今已近七十年了。每当我阅读他论著的时候，都强烈感到，对于这样一个独特的文化怪人，过去将其作为一个顽固可笑的反面人物一味加以诟病和嘲弄的态度，是过于简单化了。

其实，辜氏并非一个完全无功于近代文化和中华民族之人。他偏激、保守的文化思想中仍有可取之处。如对中西文明的比较认识，对西方近代文明弊端的揭露和批评，以及对于中国传统文明某些特点的揭示就是如此，它们对那个时代乃至今天深入认识中西文明问题，实不乏启发意义。

在近代中西文化交流方面，辜鸿铭也做了一些积极工作：独立完整地向西方翻译儒家经典，便堪称中国人中的首创；即使是那些鼓吹儒家文化的外文著作，对于西方人认识中国文化，也未尝没有积极价值。诚然，在这一过程中，他从顽固保守的立场出发，向西方不适当地宣扬和维护了中国文明中的一些糟粕，但文化问题十分复杂，往往糟粕与精华互现、长处与短处相连，不同的文化，在不同的时代，对不同的民族可能具有不同的价值，产生不同的效应，难以简单分别。儒家文明作为举世公认的古老而有价值的中国传统文明主体，情况更是如此。在近代，中国处于前资本主义阶段，面临着摆脱封建文明包袱，走出中世纪，迈向近代化的历史任务，在这种情况下，传统儒家文明较多地显示出消极的一面；而对于逐渐进入后资本主义社会的西方世界来说，它却能显现出某种帮助西方反省现时文明之弊，启发人们寻求精神新境的文明价值。辜氏的思想在一战时期及其战后初期的西方产生了相当的影响，就说明了这一点。可以说，他对西方战后文明的重建与发展是有过某种贡献的。

此外，晚清以来，辜氏从爱国爱传统的立场出发，不懈地抨击来自西方的政治压迫、文化侵略和民族歧视，对维护国家权益和民族尊严，也做过不少有益的工作。在那个时代，由于各种因素的限制，真正有勇气有能力从事这一工作的人十分罕见。虽然在评价他这方面的活动时，我们还需要做具体的分析，但总体说来，我们应给予其充分的肯定。

与此相关，辜氏那颗火热的中国心，那份自尊自重的情感，也有其可敬可钦之处。与那些一履洋土便觉带回仙气，认定“西方月亮也比中国圆”，从而忘掉根本，以身为中国人为耻的洋奴相比，实在是难能可贵。只可惜，他的这种自尊自重，与他那种保守的文化认识紧密相关，最终发展成为一种可悲而又可叹的民族自大，甚至落到不惜为本民族护短的境地。这种不健全的有害的文化心态，不能不说是辜鸿铭留给我们的深刻教训。

当然，如何认识和评价辜鸿铭及其思想，是一个见仁见智的问题。共识的达成，尚有赖于研究的深入。遗憾的是，目前有不少人无法对此发表意见，因为他们没有机会见到辜氏用外文写的大量原著。实际上，学术界对辜鸿铭及其相关问题之所以研究不足，这也是一个十分重要的原因。

辜氏一生的主要著作多用英文写成，如《尊王篇》（又称《总督衙门论文集》）、《日俄战争的道德原因》、《中国牛津运动故事》、《中国人的精神》等等。此外，还有以德文和日文保存下来的著作，如《呐喊》《辜鸿铭讲演集》等。

在辜氏的所有著作中，最有影响、较能反映他思想风貌的作品，是《中国人的精神》，国内学者较为熟悉的名字为《春秋大义》（原书封面上所题的中文名）。其英文书名为 *The Spirit of the Chinese People*，1915 年由北京每日新闻社首版，1922 年由商务印书馆重版。它是由《中国人的精神》和《中国妇女》等篇章组成的系列论文集。其中,《中国人的精神》为其核心,故全书以此命名。至于辜氏又称其为《春秋大义》,则是因为在该书中,他强调了孔子在《春秋》里所包含的“尊王攘夷”和“名分大义”等儒教经义的缘故。

《中国人的精神》一书的主旨,在于揭示中国人的精神生活,宣扬中国传统文化的价值,鼓吹儒家文明救西论。它是一战前后(即“五四”时期)世界范围内兴起的东方文化思潮的代表作之一。比之同类著作,如梁启超的《欧游心影录》与梁漱溟的《东西文化及其哲学》,要早四五年。

该书出版后,立即在西方,特别是在德国引起轰动,各种报刊纷纷摘录和译载,成为“臧否议论之的”。很快,奥斯卡・A. H. 施密茨就翻译出版了德文译本(1916),之后又有了意大利著名史学家、作家、反法西斯斗士费雷罗作序的法文译本。日本在二战时期,由鱼返善雄正式翻译出版了日文译本。

《中国人的精神》一书在西方的影响也曾反馈到国内。1918 年,杜亚泉主编的《东方杂志》从日本《东亚之光》译载了一篇题为《中西文明之评判》的文章,介绍辜氏此书及其他著作在海外的反响,导致《新青年》实际主编陈独秀的一再“质问”,从而使业已存在于两杂志之间的东西文化论争达到白热化程度。《新青年》派对辜氏复辟论性质的揭示和谴责虽然义正词严,但他们对辜氏文化思想几近全盘否定、缺乏分析的态度,却不尽客观和公正。事实上,无论是杜亚泉,还是陈独秀、李大钊,他们当时都并未认真通读过此书,往往像大钊所自认的那样,只览其“导言纲目”而已。这当然无助于了解辜氏思想的全貌。

在此，我并不想对辜氏此书做全面的评价，只想略略谈谈自己译后的两点感想。

首先，我觉得辜氏的确不愧是个聪明绝顶之人，他这部书算得上是中国学者进行中西文化比较研究不应忽视的早期成果。比如，书中对儒教和西方宗教的有关比较和分析，从信仰物、基本教义到传教所在、认识根源乃至社会政治影响等可谓有点有面，无论是在广度上还是在深度上，都达到了当时的较高水平。如果我们撇开其终极价值判断，不以辞害意，还可以说他的有关见解不乏敏锐和精彩之点。如他指出中国人没有个人生活，只有社会伦理生活；儒教不是宗教，却能代替宗教感化人，扮演宗教的角色；“在欧洲，政治是一门科学，而在中国，自孔子以来，政治成为一种宗教”，西方的宗教与哲学两相分离，造成西方人理智与情感的冲突，等等，这些观点，有的曾受到西方学者极力推崇，有的则为日后的中国学者大加发挥。其中不少观点，现在看来或已成常识，但在当时，则不能不说是颇有见地的。

书中还有一些看法未必十分浑融妥切，但却有新颖奇特、启人深思之效，值得再三玩味。比如，他认为中国传统妇女具有西方各民族难以企及的“端庄”、“温柔”和“幽闲”三大特征，其典型是“观世音”，西方则是完全不同类、不可亲的“玛利亚”；又如认为中华民族具有深沉、博大、淳朴和灵敏四大特征，尤其是灵敏程度无可复加。而西方各主要民族则不是缺此，就是缺彼，都不如中国人一应俱全，因此，他们自然无法了解高妙的中国人及其文明。平心而论，这些见解恐怕还是多少反映了中西民族性的某些微妙方面。

其次，从文化思想史的角度来看，该书对于中国人精神生活的

“揭示”、关于中国文化道德精神价值的阐述，也很有意义。这方面思想更深入精微的发展，是由日后的“东方文化派”和现代新儒家们完成的。从某种程度上说，辜鸿铭算得上是他们思想的前驱先路。他的有关思想不仅已相当“成熟”，而且别具特色。有些议论还让人颇感奇妙、回味无穷。你瞧，他用毛笔来喻示所谓中国心灵生活与精神文化的智慧，说得多么形象：

> 中国人写字的毛笔或许可以被视为中国人心灵的象征。用毛笔书写或绘画非常困难，好像也不容易精确，但是一旦掌握了它，你就能够得心应手，创造出美妙而优雅的书画来，而用西方坚硬的钢笔是无法获得这种效果的。

早在 20 世纪 30 年代，就已有人开始注意研究辜氏思想与日后“东方文化派”人物之间的思想关系。如“全盘西化派”的急先锋陈序经，就曾专门将梁漱溟的《东西文化及其哲学》一书与辜氏此书“仔细考研”，并表示：“疑心梁先生是受过辜先生影响不少。……辜先生的思想既如彼，梁先生的中心思想又如此，这是一个很好的巧合。”的确，在辜鸿铭的思想中，与“东方文化派”和日后的新儒家存在着不少相似或相通的地方，这是我们在阅读此书时应格外注意的方面（可参见拙著《文化怪杰辜鸿铭》，中华书局 1995 年版）。

《中国人的精神》一书在国内始终没有出版过完整的中译本。“五四”时期，有个名叫陈曾谷的先生翻译过此书，但未见行世，只见其发表过部分文言译文（《亚洲学术杂志》1～4 期）。多年来，在有关这一时期历史研究的论著中，此书也偶被提及，但大多语焉不详。有的甚至把《中西文明之评判》那篇介绍此书在西方反响的文章发表的年代（1918），误认为此书发表的年代，从而将其错误地视作对五四新文化运动的“反扑”之作，其实，该书首版时，《新青年》杂志尚未创刊。这样，该书在一般人的心目中，就只能留下一个形象的记忆，如同辜氏那条传奇般的小辫子一样，不过成为他顽固守旧的生动象征罢了。至于说到内容，则大多不得其详。

1987年夏，经龚书铎教授指点，我曾与学友宋小庆合作译完了此书。1991年，我又发表了《辜鸿铭的〈春秋大义〉及其世界影响》一文（载《文史杂志》该年第4期），专门对此书加以介绍。去年，海南出版社表示希望推出《辜鸿铭文集》并先行出版此书译本。于是，我们欣然拣出旧日译稿，加以润色，即成此编。为了便于读者更全面深入地了解此书及辜氏其人，我们还特意加了一些附录，既包括此书其他文种译本的序言，也有辜氏本人此书以外的重要篇什。在翻译的过程中，我们得到了许多朋友的帮助。其中，《东西文明异同论》《什么是民主》系姚传德翻译；《中国人的精神》德译本译者序言为杨百成翻译，日译本序言为宋军翻译，法译本译者序言为张德钊和范俊军翻译。在书中所涉及的其他文字的翻译方面，还得到了好友于殿利的鼎力相助，特此一并致谢。

由于辜鸿铭的英文著作中经常夹杂着多种文字，尽管多方请教，仍恐传译有不妥当之处，因此，我们非常欢迎海内外朋友批评指正。

黄兴涛

1996年3月于中国人民大学清史所

目　录 | contents

序　言

本书的内容，是试图阐明中国人的精神，并揭示中国文明的价值。在我看来，要估价一种文明，我们最终必须要问的问题，不是它是否修建了和能否修建巨大的城市、宏伟壮丽的建筑与宽广平坦的马路，也不是它是否制造了和能否制造漂亮舒适的家具，精致实用的工具、器具和仪器，甚至不是学院的建立、艺术的创造和科学的发明。要估价一种文明，我们必须要问的问题是：它造就了什么样子的人，什么样的男人和女人。事实上，一种文明所造就的男人和女人——人的类型——正好显示出该文明的本质和个性，即显示出该文明的灵魂。既如此，那么这一文明中的男人和女人所使用的语言，也表明该文明中男人和女人的本质、个性和灵魂。法国人谈起文学作品时说“文如其人”，即是此意。因此，在本书中，我以“真正的中国人”、“中国妇女”和“中国语言”为主题，组成前三篇，以此说明中国人的精神，揭示中国文明的价值。

此外，我还添加了两篇文章①。在这两篇文章里，我力图说明那些被称作中国文明研究权威的外国人，实际上并不真正懂得中国人和中国语言。比如阿瑟·史密斯②牧师，他曾著过《中国人的特性》一书，我力图说明他并不了解真正的中国人，因为作为一个美国人，他不够深沉；还有那个被认作大汉学家的翟理斯③博士，我认为他实际上并不真懂中国语言，因为作为英国人，他不够博大——没有哲学家的洞察力及其所能赋予的博大胸怀。起初，我本想把之前写的那篇谈到濮兰德和白克好司先生著作④的文章也收进此书，他们那本书讲的是举世闻名的已故皇太后，但很遗憾，我未能找到此文的副本，它原于约四年前发表在上海的《国族评论》报

---

① 即《约翰·史密斯在中国》和《一个大汉学家》。——译者注（除原注外，其他均为译者注，下同）

② 阿瑟·史密斯（A. H. Smith，1845—1932）：中文名叫“明恩溥”，美国著名在华传教士和汉学家。曾著有《中国人的特性》《中国乡村生活》等书，是让美国退还中国庚子赔款的最早提议人之一。《中国人的特性》一书首版于1890年，后来曾在欧美多次再版翻印。该书谈到中国人“缺乏精确习惯”“好面子”“不诚实”等二十余条“特征”，时有敏锐发现，但总体色调不免阴暗。它对世界认识中国人产生了极大的影响。辜鸿铭极为厌恶此人及此书，认为其肆意糟蹋中国人，在不同场合多次加以批评。

③ 翟理斯（H. A. Giles，1845—1935）：英国驻华领事，著名汉学家。1897年出任剑桥大学汉文教授，曾著有《中国文学史》《华英字典》《中国名人谱》《中国绘画史导论》《中国概要》《中国的文明》《嵖山笔记》等几十种汉学著作。此外还是早期很有影响力的《聊斋志异》《佛国记》《庄子》和中国诗歌的英译者。

④ 指濮兰德和白克好司合著的《慈禧外纪》一书。该书于1910年出版，书中抄录大量公私文件，对慈禧太后腐化的生活、狡诈的权谋和太监李莲英的权势记述甚详。该书文笔生动，又是第一部较全面地向西方世界反映慈禧一生的传记，甫一出版就成为畅销书。但记述评论不合事实之处尚多。濮兰德（John Otway Percy Bland，1863—1945），英国人，曾任职于中国海关，担任上海英租界工部局秘书长。后为中英公司驻华代表。他是一个敌视中国的新闻记者，经常在《泰晤士报》上发表反对中国的文章，著有《中国：真遗憾》等书。白克好司（Edmund Backhouse，1873—1944），又译作巴克斯、巴恪思，英国人，汉学家，曾任京师大学堂英文教习。他与濮兰德还曾合著过《清室外纪》。此人人品较差，曾伪造《景善日记》。

上。在那篇文章里，我试图表明：像濮兰德和白克好司这样的人并不了解，也不可能了解真正的中国妇女——中国文明所培育出的女性之最高典范——那位已故皇太后的。因为像濮兰德和白克好司这种人不够淳朴——没有纯洁的心灵，他们太聪明了，像所有现代人一样具有一种歪曲事实的智慧①。事实上，要想懂得真正的中国人和中国文明，那个人必须是深沉的、博大的、淳朴的。因为中国人的性格和中国文明的三大特征，正是深沉、博大和淳朴。

在此，我可以指出，美国人很难理解真正的中国人和中国文明，因为美国人一般说来博大、淳朴，却不深沉。英国人也无法懂得真正的中国人和中国文明，因为英国人一般说来深沉、淳朴，却不博大。德国人也不能理解真正的中国人和中国文明，因为德国人，特别是受过教育的德国人，一般说来深沉、博大，却不淳朴。在我看来，似乎只有法国人最能理解也已经理解了真正的中国人和中国文明②，固然，法国人既没有德国人天然的深沉，也不如美国人心胸博大和英国人心地淳朴；但是法国人却拥有一种非凡的、为上述诸民族通常说来所缺乏的精神特质，那就是“灵敏”。这种精神特质对于认识真正的中国人和中国文明是至关重要的。为此，真正的中国人和中国文明的特征，除了我上面提到过的那三种之外，还应补上一条，而且是最重要的一条，那就是灵敏。这种灵敏的程度无以复加，恐怕只有在古希腊及其文明中可

① 孟子说：“我憎恨你们这些聪明人总是歪曲事实。”（所恶于智者，为其凿也。——《孟子·离娄下》）——原注

② 用欧洲文字写的关于中国文明精神的最佳著作是西蒙所著的《中国城市》。西蒙曾是法国驻华领事。剑桥大学的洛斯·迪金逊教授曾亲口告诉我，他那本著名的《中国佬约翰来书》就是受西蒙《中国城市》的启发而写成的。——原注

望找到，在其他任何地方概莫能见。

从我上述所谈中，人们自然会得出这样的结论，即如果研究中国文明，美国人将变得深沉起来；英国人将变得博大起来；德国人将变得淳朴起来，而美、英、德三国人通过研究中国文明、研究中国的典籍和文学，都将由此获得一种精神特质——灵敏。恕我冒昧，据我看来，一般来说他们都还远没有达到像中国人这般程度的灵敏。至于法国人，如果研究中国文明，他们将由此获得一切——深沉、博大、淳朴和较他们目前所具有的更完美的灵敏。所以，我相信，通过研究中国文明、中国的书籍和文学，所有欧美人都将大获裨益。基于此，我在本书中还收入了一篇关于“中国学”的论文，讨论了如何研究中国人的程序纲要。这份纲要，正好是三十年前我从欧洲回国、下决心着手研究祖国文明时为自己制定的。但愿我的这个纲要，会对那些想研究中国人和中国文明的人有所帮助。

最后，我还收录了一篇关于现实政治的论文作为本书的附录，这篇论文是讨论“战争及其出路”问题的。我深知谈论现实政治问题的危险性。然而，我之所以这样做，乃是为了证明中国文明的价值。我想说明，研究中国人、中国书籍和文学，即研究中国文明，不仅仅是汉学家的事，而且它将有助于解决当今世界所面临的困难，从而把欧洲文明从毁灭中拯救出来。

在这篇文章里，我试图揭示导致这场战争的道德根源。因为如果不了解并清除这个根源，是不可能找到战争的出路的。在我看来，这场战争的道德根源，就是大不列颠的群氓崇拜和德意志的强权崇拜①。但公正地看，前者对后者又负有责任。所以，在本文中，我把论述

① 强权崇拜，不少学者译作“武力崇拜”。

的矛头重点指向英国的群氓崇拜。事实上，正是欧洲诸国，尤其是大英帝国的群氓崇拜，导致了人人憎恶、个个谴责的残暴的德国军国主义。

现在，让我先来谈谈德意志民族的道德禀性。正是德国人的道德禀性——其对正义所具有的强烈之爱，以及因此导致的同等的对不义、分裂和混乱的极度之恨——使德国人迷信强权。所有挚爱正义、憎恨不义的人，都容易成为强权的迷信者。苏格兰人卡莱尔①就是一个例子，因为他具有德国民族的那种道德禀性，强烈地憎恶不义。可是，为什么说英国的群氓崇拜应该对德国的强权崇拜负责呢？这也正是由德意志民族的道德禀性决定的。德国人痛恨不义、分裂和混乱，这使得他们不能容忍大英帝国的群氓、群氓崇拜和群氓崇拜者。当他们看到英国的群氓和群氓政客们发动了对非洲的布尔战争之后，出于对不义本能的强烈憎恨②，他们甘愿为消除这种不义而付出巨大牺牲，整个德意志民族因此准备勒紧裤腰带建立一支海军，盼望能打倒英国的群氓、群氓崇拜和群氓崇拜者。事实上，德意志民族，可以说，当他们发现自己在整个欧洲被英国怂恿的邪恶势力包围时，他们就越来越相信强权了，越来越迷信只有强权崇拜才是人类救赎的唯一途径。这种出于对英国群氓崇拜教的憎恨而产生的强权崇拜，最终导致了人人憎恶谴责的残暴可怕的德国军国主义。

---

① 卡莱尔（Thomas Carlyle，1795—1881）：19世纪英国杰出的思想家、预言家、文学家和史学家，浪漫主义思潮的主要代表。他强烈谴责资本主义社会的弊端和文明缺陷，是对辜鸿铭思想影响最大的西方人之一。

② 德国皇帝致克留格尔总统的那封著名电报，是拥有道德禀性的真正德国精神的义愤之本能爆发。这种道德禀性驱使他们反对英国的约瑟夫·张伯伦及其伦敦佬阶级，反对这些操纵布尔战争的人。——原注

我重申一遍，正是欧洲诸国，尤其是大英帝国的群氓崇拜、群氓崇拜教，应对德国的强权崇拜负责，是它导致了当今欧洲德国军国主义那种畸形变态的残暴和凶恶。所以，如果英国人和整个欧美人想要扑灭德国军国主义，他们就必须首先打倒本国的群氓、群氓崇拜教和群氓崇拜者①。对于欧美国家乃至中国和日本的那些爱奢谈和向往自由的人，我愿在此冒昧告知，要想获得自由、真正的自由只有一条路，那就是循规蹈矩，即学会适当地约束自己。看看革命前的中国吧——那里没有教士，没有警察，没有市政税和所得税——那时的中国人享有较世界其他各民族更多的自由。为什么？因为革命前的中国人循规蹈矩，懂得如何约束自己，如何按照“良民”的标准去办事。然而革命以后，中国人的自由不多了，这是由于在当今中国有了那些剪了辫子的时髦之徒、那些归国留学生的缘故。这些人从欧美人那里、从上海的欧美群氓那里，学会了怎样放荡不羁、怎样不按“良民”的标准来约束自己的行为，从而变成了一群乌合之众。在北京，他们成为一群被英国外交官和海关总税务司怂恿、纵容和推崇的乌合之众②。事实

---

① 孔子对他的一个弟子说：“远人不服，则修文德以来之。”然而英国贵族，如同中国的满族贵族一样，现在没有能力反对英国的群氓和群氓崇拜者。不过我必须指出，就我所知，英国贵族中没有一个人加入群氓的队伍并在这次战争中大声号叫，这值得褒奖。——原注

② 为了说明中国留学生已变成群氓，我要提及去年北京的某些归国留学生给《京报》写信一事。这份报纸是由一个名叫陈友仁的聪明中国 Babu（贬称，即懂得一点英语的印度人。陈友仁出生于西印度群岛的特立尼达，故辜氏如此贬称。——译者注）主编的。他曾公开威胁要组织和发动一场对我的《中国妇女》一文中批评新中国妇女的观点的围攻。这位聪明的中国 Babu，是一场有预谋的流氓行动的怂恿者，现在却是中英友谊社的重要成员。这个友谊社受到英国使臣和海关总税务司的庇护！——原注

上，我强聒不舍，只是为了说明：假如欧洲人、英国人想要消灭德国军国主义，他们就必须先在本国国内打击群氓，使之就范，也就是说，必先打倒本国的群氓崇拜教和群氓崇拜者。

但是，在谈到英国的群氓崇拜和怂恿者对德国的强权崇拜及军国主义应负有责任的同时，我必须公正地指出：德国人和德意志民族，对这场战争比谁都负有更直接的责任。

为了说明这一点，首先我来谈谈德国军国主义在欧洲的历史。宗教改革运动和三十年战争之后，德意志民族因为具有自己的道德禀性——挚爱正义，痛恨不义、分裂和混乱，所以，当他们一旦紧握军国主义利剑，就成了欧洲文明的正统捍卫者，也就是说，德国人担起了恢复欧洲正统秩序的责任——事实上，欧洲的道德盟主权可以说一直掌握在了德意志民族的手中。宗教改革之后，普鲁士国王腓特烈大帝，和英国的克伦威尔一样，挥舞着德国军国主义之剑，力图恢复整个欧洲的秩序和统一，至少他成功地恢复了欧洲北部的秩序和统一。然而，在腓特烈大帝死后，他的后继者却不懂如何使用这把利剑来保卫欧洲的文明。事实上，这些后继者是不适合掌握欧洲的道德盟主权的。其结果就是：整个欧洲，甚至德国的王室，都只是虚饰着一件文明的外衣，而实际却沦入了被憎恨的无底深渊，以致那些饱受痛苦、本性淳朴的法兰西人，也不得不揭竿反抗。可是，这些起来反抗的法国人却很快就变成一群乌合之众，他们找到了一位伟大而又能干的领袖——拿破仑·波拿巴①。在他的率领下，

---

① 爱默生以非凡的洞察力指出：“把拿破仑送到圣赫勒拿岛的，不是战场上的失败，而是暴发户心理，他心中卑鄙的野心——要同一个真正的公主结婚、建立一个王朝的卑鄙野心。”——原注

群氓们抢劫、谋害、残杀并蹂躏了整个欧洲，直到各国最终团结在军国主义德国周围，才于滑铁卢一役打败了这个群氓领袖，并结束了他的暴政。此后，欧洲的道德盟主权本应回到德意志民族的手中，回到德意志民族的脊梁普鲁士人的手里，但组成奥地利帝国的其他民族出于忌妒，进行了阻止。结果，没有了德意志民族的道德禀性和军国主义利剑的制裁，欧洲的群氓于 1848 年再度暴乱，疯狂地破坏欧洲文明。后来，依旧是德意志民族的脊梁普鲁士人，以他们的道德禀性和军国主义利剑，再度把欧洲、欧洲王权（俾斯麦称作“王朝”）及欧洲文明从群氓手中拯救了出来。

可是这次，奥地利人又犯了忌妒心，他们绝不允许普鲁士人去享受整个欧洲的道德盟主权。为此，普鲁士国王威廉一世，任用俾斯麦和毛奇，对奥地利人诉诸武力，终于在 1866 年重新获得了欧洲的道德盟主权。此后，路易·波拿巴唆使巴黎的群氓追随自己，去同德国争夺欧洲的道德盟主权。他可不像其伟大的叔父①那样是个领袖，而是一个流氓骗子，按爱默生②的说法，即是一个成功的小偷。结果，色当一役，威廉皇帝的军国主义利剑，终于戳破了这个可怜虫的美梦。淳朴的巴黎人相信群氓和这个流氓骗子，可抢劫和焚毁他们房屋的，不是德国军国主义，不是普鲁士人、德国人，而恰恰正是他们所信任的群氓和那个流氓骗子。1872 年以后，德国人不仅在道德上，而且在现实政治上，都最终取得了欧洲的盟主地位。他们的心灵里蕴藏着德意志民族的道德禀性，他们的手中握有军国

---

① 指拿破仑。

② 爱默生（Ralph Waldo Emerson，1803—1882）：19 世纪美国浪漫主义思想家和文学大师，也是 19 世纪世界文坛的巨人。他批判资本主义近代文明弊端的思想，对辜鸿铭影响颇大。辜鸿铭在著作中经常引用他的言论。

主义的利剑，他们以此镇压群氓、维护欧洲的和平。从 1872 年开始，欧洲人享受了整整 43 年的和平生活，这都得感谢德国人的道德禀性及其军国主义利剑。所以，憎恨和谴责德国和普鲁士军国主义的人应该记住：正是这种他们憎恨、谴责的军国主义一次又一次地为欧洲的和平立了功。

以上，我不厌其烦地叙述德国军国主义在欧洲的历史概况，只是为了使德国人明白：我之所以认为与其他民族相比，德意志民族对于这场战争负有更直接的责任，并不是出于偏见。我认为德国人和德意志民族对这场战争比谁都负有更直接的责任，为什么？因为能力就意味着责任①。

在我看来，正是德国人身上那种对正义强烈的爱和对不义、分裂和混乱极度的恨，使得他们迷信并崇拜强权。可是，当他们这种恨一旦恶性发展并失去控制的时候，也会变成一种不义，一种可怕且恐怖的不义，其罪孽甚至远为分裂和混乱所不及。古老的希伯来人，那个曾给欧洲带来过知识与正义之爱的民族，正是由于这种恶性发展的恨——狂热偏激的、冷酷刻毒的、失去控制的恨，从而毁灭了他们的国家。被马修·阿诺德②说成“无法形容的、拥有最高理性”的耶稣，也正是为了将其子民从这种憎恨中拯救出来，才谆谆告诫他们：“要记住，必须和善、谦卑，你们的灵魂才会安宁。”

---

① 孔子曰：“居上不宽……吾何以观之哉?”莎士比亚说：“拥有巨人的力量是伟大的，但像巨人那样滥用力量即是残暴。”——原注

② 马修·阿诺德（Matthew Arnold，1822—1888）：英国 19 世纪著名诗人、社会批评家。他对近代资本主义文明十分厌恶，认为社会各阶层都丧失了文化教养，向往希腊、罗马的文明制度。他的思想对辜鸿铭产生了较大影响。辜氏经常引用他的论著（特别是《文化与无政府状态》一书）中的话，来表达自己的思想。

然而，犹太人不仅不听他的教诲，反而将耶稣钉死，结果犹太国灭亡了。耶稣对曾是欧洲文明保护者的罗马人，也有过警告："拔剑者必亡于剑!"① 可罗马人不仅置若罔闻，反而还纵容了犹太人对耶稣的迫害。结果罗马帝国土崩瓦解，古老的欧洲文明也随之消失了。无怪乎歌德要这样感叹：

> 要经过多么漫长的历程，人类才能学会温和地对待罪人，宽容地对待违法者，人道地对待野蛮人啊！可以断言，最先这样教导，为把此种可能变作现实而推动它的实践并为之献出生命者，一定是具有神性之人。

在此，我想引用德意志伟人歌德的这几句话，来呼吁德国人和德意志民族，除非他们设法改变那种对不义所抱的偏激、冷酷、刻毒和无节制的仇恨，除非他们铲除由此而产生的对强权的迷信与崇拜，否则，德国就会像犹太国一样灭亡，甚至欧洲的现代文明也将因失去强有力的保护者同其古代文明一样走向毁灭。我认为正是这种恶性发展的憎恨与仇视，导致了德意志民族的强权崇拜与迷信；而这种崇拜与迷信，又使得德国的外交官、政府官员和一般百姓在与其他民族的国际交往中，变得那样不识轻重和蛮横无理。我的德国朋友曾要我拿出证据来证明他们对强权的崇拜和蛮横无理，我只简单地以北京的克林德牌坊为例。北京的克林德牌坊是德国人强权崇拜的纪念碑，是德国外交蛮横无理的纪念碑，也是德意志民族在其与他国的国际交往中蛮横无理

---

① 这里指的是一切依赖和只信仰物质残暴力量的人，或像爱默生所说的搞滑膛枪崇拜的人。——原注

的纪念碑①。正是这种对强权的崇拜和外交上的蛮横无理，激起了俄国沙皇的不满，他愤而言道："我们已经容忍七年了，现在一切都该结束了！"德国外交上的无理行径，迫使真正热爱和平的统治者沙皇以及欧洲最优秀、最高尚、最可爱、最仁慈和最慷慨的俄国人，站在英法群氓和群氓崇拜者一边，并同他们缔结了三国协约。最后，俄国人甚至还支持了塞尔维亚的无政府主义暴徒②，战争也就由此爆发了。总之一句话，正是德国在外交上的蛮横无理，或者说是德意志民族的蛮横无理，直接导致了这场战争。

因此，我认为作为目前欧洲现代文明真正的、合法的、正统的保护者，德意志民族要想不被毁灭并挽救欧洲现代文明，就必须设法克服那种对不义所抱之狂热的、偏激的、冷酷的、刻毒的和无节制的仇恨。因为这种仇恨会导致对强权的迷信和崇拜，而这种迷信和崇拜又正是德意志民族不识轻重、蛮横无理的根源。可是，德意志民族要到哪里去找医治其顽疾的灵丹妙药呢？我认为，对这一切，他们伟大的歌德其实早就准备好了答案："在这个世界上，有两种和平的力量，即义与礼。"

这里所说的"义与礼"，实际上就是孔子赋予我们中国人的"良民宗教"的精华。特别是"礼"，更为中国文明的精髓。希伯来文明曾授予欧洲人以"义"的知识，但没有授之以"礼"；希腊文明曾给

---

① 德国驻华公使克林德在中国狂热的庚子事变期间，被狂热士兵中的一个疯子意外杀死。作为对这个疯子行为的惩罚，德国外交官坚持要在中国京城的主街竖立这块克林德纪念碑，从而在整个中华民族的前额烙上一个永久的耻辱标志。已故的喀希呢公爵正好在庚子事变爆发前任俄国驻华公使，曾在会谈中对美国记者说道："中国是一个礼仪之邦，然而英国和德国使臣的无礼——特别是驻北京的德国使臣的无礼，实在让人无法容忍。"——原注

② 指刺杀斐迪南大公的凶手。

欧洲人以“礼”的知识，但未兼及“义”；而中国文明，其教化是“义”与“礼”并重的。欧洲人以希伯来《圣经》为蓝本，建立了现代的欧洲文明。这部《圣经》教导欧洲人要热爱正义，要做一个真正的人，要行得正。而中国的四书五经——孔子为拯救中华民族而设计的文明蓝图，虽然也这样教导我们中国人，但它还补充了一句：“要识礼。”简而言之，欧洲宗教要人们“做一个好人”，而中国的宗教则要人们“做一个识礼的好人”；基督教叫人“爱人”，而孔子则叫人“爱之以礼”。这种“义”“礼”并重的宗教，我称之为“良民宗教”。我相信，对于欧洲人，特别是那些正处于战争灾难之中的欧洲人，他们要想制止这场战争，要想挽救欧洲文明乃至世界文明，良民宗教就是他们需要的新宗教。而这种新宗教就存在于中国——在中国的文明中。因此，在这本小书里，我力图阐明并揭示它的价值——中国文明的价值。我希望所有受过教育的、善于认真思考的人，在读了这本书以后，都能够对这场战争爆发的道德根源有更深刻的理解，从而帮助制止这场人类迄今为止所经历的残酷、野蛮、无益，乃至是最骇人听闻的战争。

然而，要想制止这场战争，我们所有人首先必须消除的是当今世界上的群氓崇拜，其次便是强权崇拜。因为正如前文所言，它们是导致这场战争的根源。可消除群氓崇拜，又要从我们每个人日常生活的每一件事做起，从我们的一言一行做起。它要求我们所有人考虑问题不应从个人的私利和权宜出发，不应去想我将会得到什么样的报偿，而应当以歌德所说的“义”为出发点。孔子说过：“君子喻于义，小人喻于利。”此外，我认为只有当我们鼓足勇气，不计个人私利，拒绝参与和追随群氓的时候，我们才有可能消除群氓崇拜。

伏尔泰曾说："正人君子最大的不幸，就是缺乏勇气。"我以为，正是我们自身的自私与怯懦，导致了今天世界上的群氓与群氓崇拜。这是因为，自私使我们见利忘义，而怯懦则使我们不敢独自反抗群氓。人们认为今日世界的敌人和危险是德国军国主义，我则以为真正的敌人恰恰是我们自身的自私与怯懦。这二者结合，产生了商业主义。这种商业主义精神笼罩世界各地，尤以英美为最，它成了当今世界的真正大敌。所以我认为，今日世界真正的、最大的敌人是体现在我们身上的商业主义精神，而不是德国军国主义。这种由自私与怯懦结合而生的商业主义精神，造成了群氓崇拜教；而又正是英国的群氓崇拜教，导致了德国的强权崇拜教和军国主义，并如我适才所言，最终促成了这场战争的爆发。因此，我要说，战争的根源不是军国主义，而是源于自私与怯懦的商业主义。所以，要想制止这场战争，我们就得首先消除商业主义精神，克服我们自身的自私与怯懦，简而言之，我们必须首先见义非利，树立孤军奋战以抗群氓的勇气。这样，也只有这样，我们才能消除群氓崇拜和群氓崇拜教，从而结束这场战争。

一旦我们消灭了群氓崇拜，强权崇拜以及普鲁士和德国的军国主义就不难消除了。要清除强权崇拜，打倒普鲁士、德国或世界其他任何军国主义，我们只需牢记歌德所说的另一个字——"礼"，时刻想着它，以它束缚自己的行为。一句话，循规蹈矩即可。这样一来，强权、军国主义，甚至德国军国主义，都将变得无的放矢。因为在懂得如何严格以礼行事的人面前，它们的存在既没有用也没有必要。这种"礼"就是"良民宗教"的本质，就是中国文明的奥秘，同样也是德国人歌德教给欧洲人的新文明的奥秘，即不以暴抗暴，而应诉诸义礼。事实上，要想清除强权以及这个世界上一切不义的东西，都不能依赖强权，而只能靠我们每个人优雅得体的举止。以礼来自我约束，非礼毋言，非礼毋行①。这就是中国文明的精华和中华民族精神的精髓所在。我在这本书中要加以阐明和解释的，也正是这一点。

最后，我想以法国诗人贝朗瑞的几句诗作结。这几句诗，我也将其用在中国庚子事变后所写的《总督衙门论文集》一书的结尾。我觉得此时此刻，把它们用在这里再合适不过了。

我目睹和平徐徐降临，
她把金色的花穗撒满大地；
战争的硝烟已经散尽，
她抑制了使人昏厥的战争霹雳。
啊！她说，同样都是好汉，
法、英、比、俄、德人
为结成一个神圣同盟，
拉起你们的手吧！

辜鸿铭

北京，1915年4月20日

---

① 孔子曰："君子笃恭而天下平。"——原注

导　论

良民宗教

难道这样做有什么不对吗？群氓，我们不能不愚弄他们；
你瞧，他们多么笨拙无能！看上去多么野蛮！
所有亚当的子民被愚弄之时，
都是笨拙无能和野蛮的，
唯有真诚，才能使其焕发人性。

——歌德

目前的这场大战，正把世界人民的注意力从其他一切事情上吸引过来。然而，我认为，这场战争必会让能够认真思考的人将注意力转移到“文明”这个大问题上来。一切文明都起源于对自然的征服，即通过征服和控制自然界可怕的物质力量，使人类免受其害。必须承认，今日欧洲的现代文明在征服自然方面的确取得了成功，而且迄今为止，尚没有任何别的文明能达到这一点。但是，在这个世界上，还有一种较自然界的物质力量更可怕的力量，那就是蕴藏于人心的情欲。自然界的物质力量对人类所能造成的伤害，是没法与人类情欲所造成的伤害相比的。如果这一力量——人类情欲——不予以恰当调控的话，那么不仅无文明可言，人类的生存也是不可能的。

在人类社会的初始阶段，人们不得不利用物质力量来压抑和克制其内心的情欲，这样，原始人群就不得不受制于纯粹的物质力。但随着文明的进步，人类逐渐发现，在征服和控制人类情欲方面，还有一种比物质力更加强大和更加有效的力量，名之曰“道德力”。在过去的欧洲，这种曾有效地征服和控制人们情欲的道德力是基督教。可是现在，这场用武器装备武装起来的战争似乎表明，基督教作为一种道德力量已然失去了效用。因缺乏一种有效的道德力去控制和约束人们的情欲，欧洲人又不得不重新采用物质力量来维持社会秩序。恰如卡莱尔一语所道破的，目前的欧洲是“混乱加上一个警察”。这种为维持秩序而对物质力量的利用，导致了军国主义。实际上，在今日欧洲，军国主义是必要的，因为当前缺乏一种有效的道德力量。可是，军国主义会导致战争，而战争就意味着破坏和耗费。这样，欧洲人便被逼迫到了两难绝境：如果要摆脱军国主义，混乱就将破坏他们的文明；假如要保留军国主义，那么文明又将被战争摧毁。然而，英国人却说他们决心要打倒普鲁士军国主义，基奇纳勋爵相信他以三百万训练有素的士兵是能够捣碎普鲁士军国主义的。可是，在我看来，即使普鲁士军国主义真的就这样被捣碎了，继之而起的也不过是另一种军国主义——不得不予以捣碎的英国军国主义罢了。而这样，似乎就没有办法能摆脱此种恶性循环了。

可是，真的没有摆脱的办法吗？不，我相信是有的。美国人爱默生早前曾经说过："我能够很容易地看到那可鄙的滑膛枪崇拜的破产——尽管大人物们都是些滑膛枪崇拜者；正如上帝存在一样，毫无疑问不能以暴易暴，唯有以爱和正义的法则，方能导致一场彻底的革命。"现在，欧洲人如果真的想推倒军国主义，那么他们就只能采用一种行动方式，即用爱默生所说的不以暴易暴，而以爱和正义的法则——实际上，就是诉诸道德力量。拥有一种有效的道德力量，军国主义就会变得毫无必要从而自行消亡。可是既然基督教作为一种道德力量已丧失其效用，欧洲人又该到何处去寻找这种能取代军国主义的新而有效的道德力量呢？

我相信，欧洲人会在中国——在中国的文明里找到它。中国文明中的这种使军国主义失去必要性的道德力量，便是"良民宗教"。可是，人们会问我："在中国不也存在战争吗？"的确，在中国也存在战争，不过自从两千五百年以前孔子的时代开始，我们中国人就没有产生过像今天在欧洲所看到的那种军国主义了。在中国，战争是一种意外；可是在欧洲，战争则是一种必需。我们中国人是会打仗的，但是我们并不生活在对战争的持续期待之中。实际上，在我看来，欧洲国家最不能让人容忍的，并不在于战争，而在于他们每个人总担心邻居一旦强大到一定程度，就要抢夺和谋害自己，因此他们不得不武装起来或者雇用武装警察来保护自己。这样，压在欧洲人心头的便不是偶然的战争，而是不断地武装自己的需要，一种必须利用物质力量来保护自己的绝对的需要。

但是，在中国，因为我们有"良民宗教"，所以并不感到有用物质力量来保护自身的必要。我们极少诉诸警察与国家的物质力量来维护自己的利益。在中国，一个人会受到他邻居的正义感之保护，受到他同胞出于道德义务感的自觉自愿的保护。实际上，在中国，个体之所以感到不需要用物质力量保护自己，是因为他确信公理和正义被公认为是一种高于物质力的力量，而道德责任感则被公认为是一种必须服从的东西。现在，如果全人类都能承认公理和正义为一种高于物质力的力量，都能承担道德责任，那就没必要利用物质力的力量来维持社会秩序了，这个世界也就不会有什么军国主义了。当然，每个国家都总会有一小撮人、犯罪分子，世界上也会有少数野蛮人和暴徒不认可公理和正义为一种高于物质力的力量，不愿意承担道德责任。因此，为镇压罪犯和野蛮暴徒，一定数量的物质力或警察武力，乃至军国主义，在世界上的各个国家也还是有必要存在的。

然而，人们又会问我：如何才能使人类承认公理和正义为一种高于物质力的力量呢？我的回答是：你必须首先使人类信服公理和正义的功效，使他们确信公理和正义乃是一种力量。实际上，就是使他们相信善的力量。然而，怎么实现这一点呢？好，我告诉你：要做到这一点，中国的“良民宗教”在每个小孩刚能识字的时候就教给他一句话，“人之初，性本善。”①

我认为，今日欧洲文明的基本谬误，正源于对人性的错误认识，即源于人性本恶的观念。因为这种错误的观念，欧洲的整个社会结构总要依赖武力来维系。在欧洲，人们赖以维持社会秩序的东西有

---

① 在中国，每个小孩上学时，交到他手里的第一本书的第一句话，就是这句。——原注

两样：一是宗教，再是法律。换言之，欧洲人所以就范于秩序，主要依靠对上帝的敬畏和对法律的畏惧。畏惧本身就意味着武力的使用。而为了保持对上帝的敬畏，欧洲人不得不斥巨资养活一大批游手好闲之辈，名曰“教士”。不说别的，这项开支如此巨大，最终让欧洲人不堪重负。实际上，在三十年宗教战争中，欧洲人意欲摆脱教士。在摆脱这些通过让人敬畏上帝来维持秩序的教士之后，欧洲又试图通过让人畏惧法律来维持社会秩序。可是，要保持对法律的畏惧，欧洲人又不得不花更多的钱养活另一群更游手好闲之辈，名曰“军警”。现在，欧洲人又发现用军警来维持秩序，比用教士昂贵得多。事实上，正如同在三十年宗教战争中欧洲人想要摆脱教士一样，在目前的这场战争中，欧洲人真正想要做的，乃是要摆脱军警。可是，如果欧洲人意欲摆脱军警，那摆在他们面前的选择，要么就是重新召回教士以唤起人们对上帝的敬畏，要么就是去寻找另一种东西，像敬畏上帝和畏惧法律一样，帮助其维持社会秩序。我想，广而言之，大家都会承认，这就是战后摆在欧洲人面前的一个巨大的文明难题。

现在，我认为，已经有过教士统治教训的欧洲人，是不愿意召回教士的。俾斯麦就说过：“我们决不回到卡诺莎。”（我们决不去卡诺莎①，无论是身体还是精神！）况且，现在即使教士被召回，也实

---

① 卡诺莎：意大利北部的古城堡（在今雷焦附近的卡诺莎村）。神圣罗马帝国皇帝亨利四世因同罗马教皇格列高利七世争夺主教继任权，被后者开除教籍，帝国境内诸侯乘机叛离。1077年1月，亨利被迫冒着风雪严寒，翻越阿尔卑斯山到卡诺莎向教皇“悔罪”。据载，亨利身着罪衣，立于城堡门口三个昼夜，始得教皇赦免。后来“去卡诺莎”成为“屈辱投降”的同义语。但辜鸿铭这里有意指回归教士统治时代。

在无济于事，因为欧洲人对上帝的敬畏之心早已荡然无存。所以说，欧洲人如果想要摆脱军警，那么摆在他们面前的就仅存另一选择，即求得一样东西，能像对上帝的敬畏和对法律的畏惧一样帮助他们维持秩序。我相信，在目前，这种东西，正如我在前面所提过的，欧洲人能在中国文明中找到。这就是我所谓的“良民宗教”。中国的良民宗教，是一种不需教士和军警就能保证全国秩序的宗教。事实证明，由于拥有这种“良民宗教”，中国人——这个人口即使不比整个欧洲大陆人口多，至少也和其不相上下的民族——即使没有教士和军警，也能确实保持着和平与秩序。凡是来过中国的人都知道，那些教士和军警，在帮助维持公共秩序方面只起极其不明显的、微不足道的作用。在中国，只有最愚昧无知的阶层才需要教士，只有那最邪恶的罪犯才需要军警。所以我说，欧洲人如果真想摆脱宗教和军国主义，摆脱给他们带来无穷灾难、让他们流血牺牲的教士与军警，他们就不得不来到中国，获取这种我所谓的“良民宗教”。

简而言之，我要唤起欧美人注意的是，值此文明濒临破产的关头，在中国这儿，存有一笔无法估价的、迄今为止毋庸置疑的文明财富。这笔财富不是该国的贸易、铁路，也不是该国的矿藏——金、银、铁、煤之类。在此，我要指出的是，这笔文明的宝藏，正是中国人——那拥有“良民宗教”且尚未遭到破坏的真正的中国人。我认为，真正的中国人是一笔无价的文明的财富，因为他作为一个人，极少或几乎不花费什么资源，就能规规矩矩就身秩序。在此，我倒是要警告欧美人，不要去毁灭这笔无价的文明的财宝，不要去改变和糟蹋那真正的中国人——就像他们今天正努力以他们的“新学”所做的事情那样。如果欧美人成功地破坏了真正的中国人、那中国式的人，且成功地把他们变成欧美人，也就是说，将其变成需要教士和军警才能就身秩序的人，那么无疑，他们将为这个世界徒增宗教抑或军国主义的重累罢了，而后者目前已经对人类文明和人性造成了威胁。从另一个角度想，如果能通过某种途径来改变欧美式的人，将其变作不需要教士和军警便能就身秩序的真正的中国人，那么可以预料，世界将因此摆脱一份多么沉重的负担。

下面，我想就这次大战中在欧洲凸显出来的巨大的文明难题，做几句简明的概括。我认为，欧洲人起初试图借助教士来维持社会秩序。但不久，由于教士奢侈无度并造成沉重的负担，欧洲人在三十年战争之后送走了他们，招进了军警来维持社会秩序。可是现在，他们发现军警的奢侈浪费和导致的灾难甚至远远超过了教士。对此，欧洲人该如何是好？是送走军士，再召回教士吗？不！我认为欧洲人是不愿再召回教士的。再说了，即使召回他们也无济于事。那么，欧洲人究竟该如何是好呢？在《大西洋月刊》上，我曾看到剑桥的迪金逊①教授在一篇题为《战争及其出路》的文章中写道："招进群氓。"可我恐怕招进群氓来代替教士和军警，将会给人们带来更大的灾难。在欧洲，教士和军警导致了战争，而群氓则将带来革命和混乱，届时欧洲的境况会比以前更糟。因此，现在我对欧洲人的劝告是：不要召回教士，拜托也不要招进群氓——而只需招进中国人，招进那拥有"良民宗教"、历经两千五百年之久不用教士和军警也能生活在和平之中的真正的中国人。

① 迪金逊（Goldsworthy Lowes Dickinson，1862—1932）：英国学者。剑桥大学教授，曾来华游历。曾著《中国佬约翰来书》批评西方近代文明、赞赏中国文化，一举成名。书中的观点与辜鸿铭的思想颇为相似。

实际上，我的确相信，欧洲人于这场大战之后，将在中国这儿，找到他们解决战后文明难题的钥匙。我再说一遍，正是在中国，存在一笔无法估价的、迄今为止毋庸置疑的巨大的文明财富。这笔财富，就是真正的中国人，因为其拥有欧洲人战后重建新文明的奥秘，而这种新文明的奥秘就是我所谓的良民宗教。这种良民宗教的第一条原则是相信“人性本善”，相信善的力量，相信美国人爱默生所说的爱和正义的法则之力量与效用。可是，什么是爱的法则呢？“良民宗教”教导人们，爱的法则就是要爱你的父母。那么，什么又是正义的法则呢？“良民宗教”告诫人们：正义的法则就是要真实、可信、忠诚。每个妇人必须无私地、绝对地忠诚其丈夫，每个男人必须无私地、绝对地忠于其君主、国王或皇帝。在此，我想最后指出，这种“良民宗教”的最高责任，就是忠诚之责任。忠诚，不仅表现在行事上，而且蕴藏于内心，或如丁尼生[①]所言：

> 尊国王兮如良心，
> 敬良心兮似国王，
> 破异教兮崇基督，
> ……

---

① 丁尼生（Alfred Tennyson，1809—1892）：英国诗人。1850年发表诗集《悼念》，得到女王赏识，被封为“桂冠诗人”。作品格律严谨，声调和谐，被认为是维多利亚时代最杰出的诗人之一。

中国人的精神*

首先，请允许我解释一下今天下午所讨论的主题。我所说的“中国人的精神”，并不仅仅是指中国人的性格或特征。关于中国人的特性，已经有许多人描述过。但是，诸位一定会同意我这样一个看法，即迄今为止，尚没有人能够勾画出中国人的内在本质。此外，当我们谈及中国人的性格或特征时，是很难简单概括、笼统言之的。因为众所周知，正如德国人的性格不同于意大利人的性格一样，中国北方人与南方人的性格也不同。

我所指的中国人的精神，是中国人赖以生存之精神，是该民族在心、性和情方面本质上的独特之处。这种精神使之有别于其他任何民族，特别是有别于现代的欧美人。将我们的论题定为“中国型的人”，或简明扼要地称之为“真正的中国人”，或许能更准确地表达我的意思。

---

* 该文曾于1914年6月发表在英文报纸《中国评论》上，为辜鸿铭在北京东方学会上所宣讲的论文。在美国留学的胡适看到此文，并在日记中略有评论。

那么，何为真正的中国人？我相信诸位一定会同意这是个很有意思的问题。特别是在目前，从今日中国正发生的一切看来，典型的中国人，即真正的中国人正趋于消亡，取而代之的乃是一种新型的中国人，即进步的或者说是现代的中国人。我建议，在真正的中国人，也即旧式的、典型的中国人彻底消失之前，我们应该仔细地看上最后一眼，看看究竟是什么使真正的中国人本质地区别于其他民族，并且区别于如今正在形成的新型的中国人。

首先，我想诸位感触最深的，一定是在旧式的、典型的中国人身上，没有丝毫的蛮横、粗野或暴虐。借用一个应用在动物身上的术语来说，我们或许可以将真正的中国人称为被驯化的动物。我认为一个最下层的中国人与一个同阶层的欧洲人相比，他身上的动物性（即德国人所说的“蛮性”）也要少得多。事实上在我看来，用一个英文词就可以把典型的中国人给你们留下的印象归纳出来，这就是 gentle（“温良”或“文雅”）。我所谓的“温良”或“文雅”，绝不意味着懦弱或是软弱的服从。正如已故麦嘉温①博士所言：“中国人的温良，不是精神颓废的、被阉割的驯良。”这种温良意味着没有冷酷、过激、粗野和暴力，即没有任何使诸位感到不快的东西。在真正的中国型的人身上，你能发现一种温和平静、稳重节制、从容练达的品质，正如你在一块冶炼适度的金属中所能看到的那样。真正的中国人在物质和精神上的缺陷和不足，即使不能完全被其温良文雅

① 麦嘉温（John Macgowan，？—1922）：英国伦敦会在华传教士，近代汉学家。1860 年来华，在中国生活了几十年。曾著有《近代中国的人和生活方式》《中华帝国史》等书，对中国人的自治能力甚为欣赏。

之性消弭和补救，至少也会被其淡化。真正的中国人或不免于粗，但粗而不臃、粗而不劣；或不免于丑，但丑而不恶，不至令人恐怖；或不免于俗，但俗而不嚣，不会侵凌他人；或不免于愚，但愚而不谬，不至荒唐可笑；或不免于滑，但滑而不奸、滑而不毒。实际上，我想说的是，就其身、心、性格的缺点和瑕疵而言，真正的中国人也没有使你感到厌恶的东西。在老派的真正的中国人那里，你很难找到一个完全令你讨厌的人，即使在社会最下层亦然。

我曾提到，典型的中国人给诸位留下的总体印象是温良，是他那种难以言喻的文雅。当你分析真正的中国人这种温文尔雅的特性时，就会发现，此种温良或文雅乃是同情与智能这两样东西相结合的产物。我曾把典型的中国人比作被驯化的动物，那么是什么使得被驯化的动物如此不同于野生动物的呢？被驯化的动物已经具有了某些我们认为的人的属性。但是人之为人到底哪里不同？人与动物的区别何在？就在于智能。不过，被驯化的动物的智能不是一种思想型的智能，它不是由推理而来，也不是源于本能——就像狐狸那种狡猾的本能，知道在何处可以找到美味的小鸡。这来源于本能的智能不仅狐狸有，所有的被驯化的动物都有，甚至野生动物也有。但我们所说的被驯化的动物所具有的某些人类的智能，与狐狸或动物的智能是有不同之处的。它既不源于推理，也不发自本能，而是起自同情心、爱心和依恋。一匹纯种阿拉伯骏马之所以能够明白英国主人的意图，既不是因为它学过英语语法，也不是因为它有英语天分，而是因为它热爱并依恋它的主人。这就是我所说的区别于狐狸或动物智能的人类智能。正是因为具有人性的这种智能，使得驯化的动物有别于野生动物。同样，我认为也正是这种有同情心的、真实的人类智能造就了中国式的人之类型，从而形成了真正的中国人那难以言表的温良。

我曾读过一位外国友人的言论，这位外国友人曾久居日本和中国：作为外国人，在日本居住的时间越长，就越发讨厌日本人；相反，在中国居住的时间越长，就越发喜欢中国人。我不知道这样评价日本人是否准确，但我相信在中国生活过的诸位都会同意上述对中国人的判断。外国人在中国居住得越久，就越喜欢中国人，这已是众所周知的事实。中国人身上有种难以形容的东西，尽管他们缺乏卫生习惯、生活不甚讲究，尽管他们的思想与性格有许多缺点，但仍然赢得了外国人的喜爱，而这种喜爱是其他任何民族所无法获得的。我把这种难以形容的东西概括为“温良”。在外国人的心目中，尽管真正的中国人在物质和道德上有这样那样的缺陷，然而这种温良即使不能完全消弭和补救，至少也可以淡化以上的缺陷。这里再次提到的温良，就是我曾给诸位展示过的源于同情心或真正人类智能的温良或文雅——既不是源于推理，也非产自本能，而是源于同情心——来源于同情心的力量。那么，中国人又是何以具备这种同情心的力量的呢？

我将在这里冒昧地给诸位一个解答——或者说是一个假设。中国人之所以有这种力量、这种强大的同情心的力量，乃是因为他们完全或几乎完全地过着一种心灵的生活。中国人的全部生活是一种情感的生活——这种情感既不是来源于感觉意义上的身体器官，也不是来源于你们说的那种奔流的情欲意义上的神经系统，而是一种产生于我们人性最深处——心灵或灵魂的激情或人类之爱那种意义上的情感。实际上，正是由于真正的中国人太过注重心灵或情感的生活，以至于可以说他有时过多地忽视了他该做的事，甚至忽视了生活在这个由肉体和灵魂组成的世界上人的一些必不可少的需要。中国人之所以对不优美和不清洁的生活环境不甚在意，原因正在于此。当然，这是题外话了。

中国人之所以具有同情心的力量，是因为他们完全过着一种心灵的生活——一种情感的、人类之爱的生活。我在这里举两个例子加以证明。我的第一个例子是：在座的或许有人知道我在武昌的一位好朋友和同僚，曾任外务部尚书的梁敦彦①。梁先生告诉我，当他最早被任命为汉口海关道时，他立志要努力奋斗，成为达官贵人，享有顶戴花翎。他得到这个职务时很快乐，并不是因为他多么在乎这顶戴花翎，也不是他从此可以发财自立——我们在武昌时都很穷。他快乐的原因，乃是他的升迁能够讨他在广东的老母亲之欢心。这就是我所说的中国人所过的心灵的生活——一种情感的、人类之爱的生活。

另一个例子是在海关任职的苏格兰朋友告诉我的。他说他曾经有过一个中国仆人，一个十足的流氓，不但说谎、敲诈，而且还经常去赌博。但当我的这位朋友在一个偏僻的口岸染上伤寒，且身边无一个外国朋友能照料他时，他的中国仆人、那个十足的流氓却精心地侍候他，使他获得了从至交、近亲那里都无法得到的照顾。《圣经》中谈到一位妇女时曾说："多给一些他们宽恕吧，因为他们爱得是那样深。"② 这句话不仅适用于那个中国仆人，总体上也适用于一

---

① 梁敦彦（1857—1924）：字崧生，广东顺德人。第一批赴美留学幼童之一。回国后长期在张之洞手下任职，曾官至外务部尚书。民国时曾参与张勋复辟，负责外交联络。辜鸿铭曾声称他是其反对西方物质实利主义与文明斗争的战友。

② 选自《圣经·路加福音》，英文原文应是："Wherefore I say unto thee，her sins，which are many，are forgiven；for she loved much…"

般的中国人。在中国生活的外国人耳闻目睹了中国人在习惯和性格上的缺陷与不足，但仍然乐意与中国人相处，就是因为中国人有着一颗爱心。这也就是我曾说过的，中国人过着一种心灵的生活，一种情感的或人类之爱的生活的缘故。

现在我们已经掌握了解开中国人同情心之谜的线索——同情心的力量给予了真正的中国人以有同情感的或人性的智慧，造就了他那难以言表的温良。下面让我们对这条线索或假设进行检验。看看顺着这条中国人过着一种心灵生活的线索，是否不仅可以解释前面我曾提到过的两个例子，而且还可以解释中国人在实际生活中所表现出来的一般特征。

首先，我们来看看中国语言。因为中国人过着一种心灵的生活，所以我说中国的语言也是一种心灵的语言。一个众所周知的事实就是：那些生活在中国的外国人中，儿童和未受教育者学习中文比成年人和受过教育者要容易得多。原因何在？就在于儿童和未受教育者是用心灵的语言来思考和说话的。相反，受过教育者，特别是受过现代欧洲理智教育的人，他们是用大脑和智力来思考和说话的。事实上，外国的知识分子之所以觉得中文难学，正是由于他们受过太多的教育，受到过多理智与科学的熏陶。有一种对天国的说法，用来描述中国语言也同样合适："除非你变成一个小孩，否则你就难以学会它。"

其次，我们再指出一个众所周知的、中国人日常生活中的事实：中国人具有惊人的记忆力。其秘密何在？就在于中国人是用心而非用脑去记忆的。用具有同情力量的心灵记事，既柔且黏，如胶似漆，远胜于用既干且硬的大脑或理解力去记。也正是因为这个原因，我们所有人都是童年时记住的东西比成年后记住的东西要牢。儿童，就像中国人一样，是用心而非用脑去记忆的。

接下来的例子，依旧是在中国人日常生活中得到大家承认的一个事实：中国人讲礼貌。中国一向被视为礼仪之邦，那么其礼貌的本质是什么？就是体谅、照顾他人的情感。中国人有礼貌是因为他们过着一种心灵的生活，他们了解自己的情感，很容易将心比心，推己及人。中国人的礼貌虽然不像日本人那样繁杂周全，但它是令人愉快的。正如法语所绝妙表达的，它是一种发自内心的礼貌。相反，日本人的礼貌尽管周全，却令人不快。对此，我已经听到过一些外国人的抱怨。这种礼貌或许应该被称为排练式的礼貌——如剧院排戏一样，需要死记硬背。它不是发自内心、出于自然的礼貌。事实上，日本人的礼貌是一朵没有芳香的花，而真正的中国人的礼貌则是发自内心，散发着一种类似名贵香膏般奇异的芬芳。

最后，让我们再举一个关于中国人特性的例子，即不讲究精确。这是阿瑟·史密斯牧师提出并由此扬名的一个观点。那么，中国人做事不讲究精确的原因又何在呢？我还是认为，是因为他们过着一种心灵生活的缘故。心灵是纤细而敏感的，它不像头脑或智力那样僵硬、刻板，你不能指望心也像头脑或智力那样以稳定、死板、精确去考虑事情。至少，那样做是极为困难的。实际上，中国人写字的毛笔或许可以被视为中国人心灵的象征。用毛笔书写或绘画非常困难，好像也不容易精确，但是一旦掌握了它，你就能够得心应手，创造出美妙而优雅的书画来，而用西方坚硬的钢笔是无法获得这种效果的。

以上有关中国人生活的几个简单的例子，是任何人，甚至是对中国一无所知的人也能观察到和理解的。通过这些例子，我已经充分证明了这样一个假设：中国人过着一种心灵的生活。

正是由于中国人过着一种心灵的生活，一种像孩子一样的生活，以致他们在生活方式的许多方面，竟是那样简单淳朴。的确，作为一个历史如此悠久的伟大民族，中国人直到今天在很多方面仍然保持着如此原始淳朴之态，真是令人惊叹。而正是这一点，使得一些浅薄的研究中国的外国学生认为，中国人未能使文明得到任何发展，中国文明是一种被抑制的文明。必须承认，就智力发展而言，中国人的确是被人为抑制了。众所周知，在有些领域中国人只取得了很小的成就，甚至根本没有什么进步。这不仅包括自然科学方面，也包括纯抽象科学方面，诸如数学、逻辑学、形而上学。实际上，欧洲语言中的“科学”与“逻辑”，是无法在中文里找到完全对等的词加以表达的。像孩童一样过着心灵生活的中国人，对抽象科学没有丝毫兴趣，因为在这方面心灵与情感无计可施。事实上，每一件无须心灵与情感参与的事，诸如统计图表一类的工作，都会引起中国人的反感。如果说统计图表和纯抽象科学只是引起了中国人的反感，那么欧洲人现在从事的自然科学研究，那种为了证明一种科学理论而不惜去摧残、肢解生物的所谓科学，则使中国人感到恐怖和厌恶。

我承认，单就中国人的智识生活而言，其是被抑制的。中国人直至今天仍然过着孩童般的、心灵的生活。就此而言，中华民族这一古老的民族，仍旧呈现出原始淳朴之相。但有一点诸位务必牢记，这个淳朴的民族，虽然过着一种心灵的生活，虽然在许多方面尚显幼稚，但却有着一种思想和理性的力量，而这是一般原初民族所不具备的。这种思想和理性的力量，使得中国人成功地解决了社会生活、政府以及文明中许多复杂而困难的问题。我敢冒昧断言，无论是古代还是现代的欧洲民族，都未能取得像中国人这样辉煌的成就——他们不仅将亚洲大陆的大部分人口置于一个庞大帝国的统治之下，而且实际上维持了它的和平与秩序。

实际上，我在此要指出的是，中国人最美妙的特质并非他们过着一种心灵的生活。所有处于原初阶段的民族都过着一种心灵的生活。正如我们大家都知道的一样，欧洲中世纪的基督徒们也同样过着一种心灵的生活。马修·阿诺德就说过："中世纪的基督教诗歌的存在依赖于心灵和想象。"但我在此想说的是，中国人最美妙的特质，其实是当他们过着心灵的生活，像孩子一样生活时，却同时具有中世纪欧洲基督徒或其他任何原初民族所没有的思想和理性的力量。换言之，中国人最美妙的特质就是：作为一个有着悠久历史的成熟民族，一个有着成年人理性智慧的民族，他们至今仍然能够过着孩子般的生活——一种心灵的生活。

因此，与其说中国人的发展受到了阻碍，还不如说它是一个青春常驻的民族。简言之，作为一个民族，中国人最美妙的特质就在于他们拥有了永葆青春的秘密。

现在我们可以回答最初提出的问题了——什么是真正的中国人？我们已经知道，真正的中国人有着赤子之心和成年人的智慧、过着心灵的生活。简言之，真正的中国人既拥有成年人的智慧而又童心未泯。因此，中国人的精神乃是一种永葆青春的精神，是族类不朽的精神。那么，这种使中国人永远年轻的秘密又何在呢？诸位一定还记得在前面我曾说过：是同情的或真正的人类智能造就了中国式的人之类型，从而形成了真正的中国人那种难以言表的温文尔雅。这种真正的人类的智能，是同情与智能的有机结合，它使心与脑得以调和。一言以蔽之，它是心灵与理智的和谐。因此，如果说中华民族之精神是一种永葆青春的精神，是不朽的民族魂，那么这不朽的秘密就是中国人心灵与理智的完美和谐。

现在诸位或许会问：中国人是从何处，又是怎样得到了这种使民族永远年轻、让心灵与理智得以和谐的秘密的呢？答案只能从他们的文明中去寻找。诸位不可指望我在这短短的时间里做一个关于中国文明的报告。然而，我还是试着告诉诸位一些涉及目前论题的有关中国文明的一些情况。

首先，我要告诉诸位，中国文明与现代欧洲文明有着根本的不同。让我引用当下一位著名的艺术评论家伯纳德·贝伦森[1]先生的高见，他在比较欧洲与东方艺术时曾说过："我们欧洲人的艺术有着一个致命的、向着科学发展的趋向。而且几乎每幅杰作都有为瓜分利益而斗争的战场的印记。"正如贝伦森先生对欧洲艺术的评价一样，我也认为欧洲的文明是为瓜分利益而斗争的战场。在这种为瓜分利益而进行的连续不断的战争中，一方面是科学与艺术的对垒，另一方面则是宗教与哲学的对立。事实上，在这一可怕的战场中，人们的头脑与心灵——理智与心灵——之间产生了永恒的冲突和混乱。然而在中国文明中，至少在过去的两千五百年里，是

① 伯纳德·贝伦森（Bernard Berenson，1865—1959）：美国很有影响力的艺术评论家和历史学家。在鉴赏绘画，特别是意大利艺术品的真伪方面，尤其擅长。著有《美学、伦理学和历史》等书。

没有这种冲突与混乱的。中国文明与欧洲现代文明的根本区别就在于此。

换句话说，在现代欧洲，人们拥有一种满足心灵而不是头脑需求的宗教，有一种满足头脑需要而忽视心灵渴望的哲学。我们再来看看中国。有人说中国没有宗教。诚然，在中国即使是一般大众也不认真对待宗教——我指的是欧洲意义上的宗教。对中国人而言，佛寺道观以及佛教、道教的仪式，其消遣娱乐的功能要远远超过教化功能。可以说，它们触及的是中国人的美感，而不是其道德感或宗教感。事实上，对于它们，中国人更多的是诉诸想象力，而不是诉诸心灵或灵魂。因此，与其说中国没有宗教，还不如说中国人不需要宗教——没有感觉到宗教的必要性，更为确切。

中国人，即使是一般大众也不需要宗教，这个如此奇特的现象应该做何解释呢？对此，伦敦大学的汉学家道格拉斯①爵士在其儒学研究中曾有过如下论述：

> 已有四十多代的中国人完全听从一个人的格言。孔子，作为一个地道的中国人，其教化特别适合中国人的天性。中国人是蒙古人种，其黏液质头脑不善思辨穷理，自然就排斥对经验范围之外的事物进行探究。由于来生的观念尚未被唤醒，孔子所阐述的那些简明易懂、注重世俗实际生活的道德规范，已全然满足了中国人的需要。

---

① 道格拉斯（Robert Kennaway Douglas，1838—1913）：英国近代著名汉学家，曾来华任英国领事官。1903—1908 年任伦敦国王学院汉文教授。著有《中国的语言和文学》《非基督教的宗教体系：儒教和道教》《中国的社会》等书。

这位博学的英国教授说中国人不需要宗教，是因为他们已经受教于儒学，这个观点是正确的。但他认为中国人之所以不需要宗教，是蒙古人种的黏液质头脑及不善思辨穷理所造成的，这就完全错了。首先，宗教最初并非产生于思辨，宗教是一种情感、情绪之物，是与人的灵魂息息相关的东西。即便是非洲的野蛮人，在刚脱离纯粹动物般的生活，身上那种被称为“灵魂”的东西刚刚觉醒之时，也立刻对宗教有了一种需要。因此，虽然蒙古人种的头脑或许是黏液质的和不善思辨穷理的，但必须承认，作为蒙古人种的中国人与非洲的野蛮人相比，毕竟是属于更高层次的一种类型，他们也有灵魂。而有灵魂，就会感到需要宗教，除非对他们而言有别的什么东西能够取代宗教。

实质上，中国人之所以没有对于宗教的需要，是因为他们拥有一套儒家的哲学和伦理体系，这种人类社会与文明综合体的儒学取代了宗教。人们说儒学不是宗教。的确，儒学不是欧洲人通常所指的那种宗教。但是，我认为儒学的伟大之处也就在于此。儒学不是宗教，却能取代宗教，能使人们不再需要宗教。

要弄清儒学是如何取代宗教的，我们就必须首先弄懂人类为什么需要宗教。在我看来，人类需要宗教同需要科学、艺术和哲学的原因是一样的，都在于人现在是有灵魂的生物。我们先以科学为例，这里我指的是自然科学。是什么原因促使人们去追求科学的呢？多数人现在会认为是出于对铁路、飞机一类东西的需要。但实际上，吸引那些真正的科学家从事研究的动机，却并非如此。目前那些（所谓）进步的中国人，他们从事科学研究，乃是为了铁路和飞机，因此他们将绝不会得到科学。在欧洲历史上，那些真正献身科学、为科学进步而努力的人，那些使修筑铁路、制造飞机成为可能的人，最初就根本没有想过铁路和飞机。他们献身科学并为科学进步做出贡献，是因为他们的心灵渴望探求这广袤宇宙那令人敬畏的神秘。所以我认为，人类需要宗教，与他们需要科学、艺术乃至哲学一样，都是基于同一种原因，那就是人类是有灵魂的。因为人有灵魂，所以其不仅要探索现在，还要探索过去和未来——而不是像野兽那样，只生活在现在——这就使得人类感到有必要弄懂他们生活于其中的宇宙之神秘。在弄清宇宙之中所见事物的性质、法则和目的之前，人类就如同身处黑屋之中的孩子一样，感到危险、不安，对任何事情都不确定。事实上，正如一位英国诗人所言，宇宙的神秘，沉重地压迫着人们。因此，人类需要科学、艺术和哲学；出于同样的原因，他们也需要宗教，以便减轻：

> 那神秘的重压，
> 那捉摸不定的世界所带来的
> 所有沉重、恼人的负担。

艺术和诗歌能够使艺术家和诗人发现宇宙的美妙及其秩序，从而可以减轻宇宙的神秘带给他们的压力。诗人歌德曾这样说过：“谁拥有了艺术和科学，谁就拥有了宗教……”所以，像歌德这样的诗人不需要宗教。哲学能够使哲学家发现宇宙的法则和秩序，从而缓解了这种神秘所带给他们的重负。因此，对斯宾诺莎那样的哲学家来说，“智识生活的王冠便是一种转移和超脱，正如对于圣徒来说，宗教生活的王冠便是一种转移和超脱一样”，所以他们不需要宗教。最后，科学也能够令科学家认识宇宙的法则和秩序，使来自神秘的负担得以减轻。因此，像达尔文和海克尔①教授那样的科学家，也不需要宗教。

然而，对于大多数人来说，他们既不是诗人和艺术家，也不是哲人和科学家，而是一群凡夫俗子。对于他们来说，生活充满了困苦，每时每刻都要经受各种打击，既有来自自然力的恫吓，也有来自同胞冷酷无情的相煎。有什么东西能够帮助他们减轻这个神秘莫测的世界所造成的重负呢？唯有宗教。但宗教又是如何减轻宇宙的奥秘给芸芸众生带来的负担的呢？我认为宗教的这种作用，是通过给人以安全感和永恒感来实现的。面对自然力的恫吓和同胞冷酷无情的相煎，以及由此激发的神秘感和恐惧感，宗教给普通大众提供了一个避难所——正是在这个避难所中他们找到了安全感。此种避难所就是一种信仰，相信有某些超自然的存在，或者某些具有绝对力量、能够控制那些威胁他们的东西的存在。此外，人类面对世事的沧桑、人生的沉浮、不定的变迁——从出生、幼年、青年、老年到死亡，以及由此激发的神秘和不确定，宗教同样提供了一个避风港——正是在那里，他们找到了一种永恒感，这个避风港就是对于来生的信念。因此，我认为，宗教正是通过提供这样一种安全感和永恒感，方才使得那些既非诗人和艺术家，也非哲人和科学家的百姓们，得以减轻这个神秘莫测世界的种种奥秘给他们带来的重压。耶稣说过："我赐给你安宁。这种安宁，世界不能给予你，也无法将它从你身上剥夺。"这就是我所说的，宗教给予众生安全感和永恒感的含义。因此，除非你能找到像宗教那样能给大众以同样的安宁、

---

① 海克尔（Ernst Haeckel，1834—1919）：德国自然科学家，达尔文学说的著名支持者。著有《人类的进化》等。

安全感和永恒感的东西，否则芸芸众生将永远需要宗教。

但是我曾说过，儒学不是宗教，却能取代宗教。因此，在儒学中必定存在像宗教那样能给众生以安全感和永恒感的东西。现在，让我们来探寻一下，儒学中的这种东西究竟是什么。

常常有人问我：孔子对中华民族的贡献何在？我本可以告诉你们许多孔子的贡献，但今天由于时间的关系，我只能将孔子最主要也是最重要的一个贡献告诉诸位。孔子自己曾说："知我者，其惟《春秋》乎！"当我对此加以解释之后，诸位就会明白何以儒学能像宗教那样给人以安全感和永恒感。为了将这个问题解释清楚，请允许我先对孔子及其生平做一简要说明。

在座诸位也许有人知道，孔子生活在中国历史上所谓的"扩展"时期——那时封建时代已经走到尽头，半宗法式的社会秩序与统治方式有待发展和重建。这种巨大的变化，不光让各地局势混乱不堪，同时也造成了人们思想的混乱。我曾说过，在中国两千五百年的文明中，没有心灵与头脑的冲突。但现在我必须告诉诸位，在孔子生活的时代，中国也同现在的欧洲一样，人们的心灵与头脑是曾发生过可怕冲突的。生活在孔子时代的中国人发现自己有一套由制度、成规、教条、风俗和法律组成的庞大系统——事实上，这是一套从他们尊敬的祖先那里继承下来的庞大的社会制度和文明系统。他们的生活不得不在这个系统中延续。然而，他们开始感到这个系统不是他们创造的，与他们的实际生活绝不相适应。对于他们来说，这些只不过是惯例的沿袭而非理性的选择。中国人的这种两千五百年前的意识觉醒，就是今日欧洲所谓的现代精神——自由主义精神、追根究底的探索精神之觉醒。其时，有了这种现代精神的中国人，发现旧的社会秩序和文明与自己的现实生活需求不符，于是要着手重建一个新的社会秩序和文明，并要为之寻找一个基础。然而在当时的中国，为这个秩序和文明寻找新基础的种种尝试均告失败。有的尽管满足了头脑、理性的需要，但却未能使他们的心灵得到抚慰；有的满足了心灵的渴望，却又忽略了头脑的需求。因此，如我说过的那样，两千五百年前的中国人也发生了心灵与头脑的冲突，恰与今日的欧洲相同。这种在重建社会和文明新秩序过程中出现的冲突，使中国人对一切文明都感到不满，在这种不满带来的极度的痛苦与绝望中，他们想毁掉一切文明。有些人，比如老子（中国的老子就仿佛今日欧洲的托尔斯泰），看到了心脑冲突给人类造成的不幸后果，认为社会制度与文明的本质构成带有某些根本性的错误。于是，老子及其最得意门生庄子就告诉中国人，应该抛弃所有文明。老子对中国人说："放弃你所有的一切，跟随我到山中去当隐士，过一种真正的生活——一种心灵的生活、不朽的生活。"

但是，同样是看到了社会与文明的苦难和不幸，孔子却认为罪恶并不在于社会制度与文明的本质构成本身，而在于这个社会与文明采取了错误的路径，在于人们为这个社会与文明打下了错误的基础。孔子告诫中国人不要抛弃他们的文明。他认为，在一个真正的社会与真正的文明里，在一个具有真实可靠基础的社会与文明中，人们也能够过上真正的生活、一种心灵的生活。实际上，孔子毕生都致力于将社会与文明引入正确的轨道，并为之找到真实可靠的基础，从而阻止文明的毁灭。但是在他的晚年，当他已经意识到实在无法阻止文明毁灭的时候，他做了什么呢？正如一个建筑师，当看到他的房子起火了，屋子在燃烧、坍塌时，他明白已无法保住房子了，那么他唯一能够做的就是抢救出房子的设计图，这样日后才有可能重建它。当孔子看到中国文明这一建筑已不可避免地趋于毁灭时，他认为他需要抢救这些图纸，于是他努力完成了这一任务。这些被抢救出来的中国文明的图纸和设计，现在被保存在中国的“旧约圣经”，即五经之中。所以我认为，这就是孔子对中华民族的伟大贡献，他抢救出了中国文明的图纸和设计。

抢救出中国文明的图纸是孔子对中华民族的一大贡献，但这还不是他为中华民族所做的主要的和最伟大的贡献。孔子的最大贡献是抢救了中国文明的图纸和设计，并对文明的图纸进行了新的综合、新的阐发。通过这一工作，他给中国人提供了一个真正的国家观念——为国家奠定了一个真实的、理性的、不朽的、绝对的基础。

然而，古代的柏拉图、亚里士多德和近代的卢梭、赫伯特·斯宾塞同样对文明进行过新的综合，并试图给予人们一个真正的国家观念。这些欧洲大哲学家的理论体系与儒家的哲学、道德规范相比，有何不同呢？我认为不同之处就在于：欧洲哲人们的学说并未成为宗教或准宗教，未能成为一个国家或民族的广大民众之共同信仰。相反，儒学在中国则为整个民族所接受，它成了中国广大民众的宗教或准宗教。我这里所说的宗教是就其普遍和宽泛的广义而言的，并非指欧洲狭义上所说的那种宗教。歌德说过：“唯有广大民众懂得什么是真正的生活，唯有广大民众过着真正人的生活。”现在我们谈到的广义的宗教，通常指的是带有行为规范的教化体系。正如歌德所说，它被人类大众，至少被某个民族或国家的广大民众视作真理和有约束力的准则。就此广义而言，基督教、佛教是宗教，儒家学说也是宗教。因为正如你们所知，儒学在中国得到了全民的信仰，它的规范为中华民族所遵从。相反，柏拉图、亚里士多德和斯宾塞的哲学即使在广义上说也未能成为宗教。这就是欧洲哲学与儒学的不同：一个是仅为学者所研究的哲学，另一个则成为宗教或相当于宗教的东西，不仅得到学者的信仰，并且得到全民族的信仰。

就广义而言，我认为儒家学说是宗教，正如基督教、佛教是宗教一样。但诸位也许还记得，我曾说儒学并非欧洲意义上的宗教。那么儒教与欧洲意义上的宗教有何区别呢？显然，区别在于一个里面有超自然的起源和因素，另一个则没有。但除此之外，儒教与欧洲意义上的宗教如基督教、佛教仍存在其他不同。这种不同之处在于：欧洲意义上的宗教教导人们做一个好人；儒教则不仅如此，还更进一步，教导人们去做一个好公民（良民）。基督教教义手册这样发问："人的主要目的是什么？"而儒教教义手册却是这般提醒："公民的主要目的是什么？"这里不是指个体的人及其个人生活，而是指与其同胞密切相关、与国家密切相关的社会人。关于人生的主要目标，基督教的答案是："赞美上帝，为之增光。"儒教则回答说："人生的主要目标，是做一个孝顺的儿子和良善的公民。"在《论语》中，孔子的弟子有若（字子有）曾说："君子务本，本立而道生。孝悌也者，其为仁之本欤！"① 总之，欧洲意义上的宗教，意在使每一个人都变成完人、圣者、佛陀或天使。相反，儒教却仅仅使人成为好公民、孝子良民而已。换言之，欧洲人的宗教会这么说："如果你想拥有宗教，你就一定要成为一个圣者、佛陀或天使。"而儒教则会

① 关于这句话，辜鸿铭的译文与原文略有出入。他译成："君子务本——把人生的基础打好了，智慧、信仰也就会随之产生。像一个孝子良民那样生活，难道不正是人生的基础，即一个君子主要的人生目的吗？"辜氏将"悌"一贯译成"做一个良民"。

这么说："如果你是个孝子良民，你就拥有了宗教。"

实际上，儒教与欧洲意义上的宗教（如基督教、佛教）之间真正的不同在于：一个是个人的宗教或称教会宗教，另一个则是社会宗教或称国家宗教。我认为，孔子对中华民族最大的贡献，是给予了人们真正的国家观念。孔子正是在给予这种真正的国家观念的过程中，使这种观念成为宗教的。在欧洲，政治是一门科学；而在中国，自孔子以来，政治成为一种宗教。简言之，孔子对中华民族最大的贡献，就在于他给了人们一个社会宗教或曰国家宗教。在其生命的最后日子里，孔子写了一本书，传授了他的这种国家宗教，他将此书命名为《春秋》。之所以如此命名，是因为该书旨在揭示支配国家治乱兴衰——民族的"春和秋"之真正道德根源。我们可以称这本书为《近世编年》，像卡莱尔所撰的那部《近世纪事》一样。在这部书中，孔子勾勒出一种社会和文明处于错乱和衰败状态的历史概貌，追溯了此种错乱和衰败社会与文明的所有苦难和不幸的真正根源。他指出这一问题的根源正在于：人们缺乏一种真正的国家观念，对国家和国家首脑（他们的统治者和君王）应负责任之真正本质缺乏正确的了解。从某种意义上说，孔子在书中宣扬了君权神授的主张。我知道，在座诸位绝大多数是不相信君权神授的。我并不想就这个问题与诸位展开讨论，我只希望诸位等我把话讲完再下结论也不迟。同时也请允许我在此引述一句卡莱尔的名言："君权对于我们来说，要么是神授的权力，要么是魔鬼般的罪恶。"① 在讨论君权神授这个问题时，请诸

① 卡莱尔原话是："... That in Kings, and in all human Authorities ... there is verily a Divine right or else a Diabolic wrong ..."

位牢记并深思这句话。

在《春秋》这部书里，孔子教导人们，人类社会的所有日常交往中，除了存在利益和恐惧这种低层动机之外，还包含一种影响行为的更为高级、更为高贵的动机，这种动机超越了对利益和恐惧的各种顾虑，可以称之为责任（感）。在所有人类社会的重要关系中，即一个国家的人民与其首脑之间，也存在这种更为高级、更为高贵的责任动机，以影响和激励他们的行为。然而，这种责任的理性基础是什么呢？孔子以前的封建时代，采用的是一种半宗法的社会组织形式和统治形式，国家或多或少像个家族。那时人们对部族首脑自然尽忠，不需要一个非常明确而又坚实的基础，因为所有成员都属于一个家族或宗族，其血缘纽带或天然情愫已经以某种方式将他们与首脑，也就是家族或宗族中的长者，紧紧联系在一起了。但正如我说过的，在孔子的时代，封建时代已经到了末期，国家已经超出了家族或宗族的范围，其臣民不再仅限于家族或宗族的成员。因此，民对君的责任关系，就需要有一个新的、明确的、理性的、坚实的基础。那么，孔子为这种责任关系找到了一个怎样的新基础呢？这个新基础，便是“名分”。

去年我在日本时，日本前文部大臣菊池男爵从《春秋》一书中找出四个字让我翻译，这四个字就是“名分大义”①。我将其译为“有关名誉与责任的重大原则”。正是由于这个原因，中国人一般不把孔子所传授的教化体系称为“教”，而是称为“名教”——一种名分宗教。在汉语中，“教”字乃是用来指代其他宗教，诸如佛教、伊斯兰教和基督教那一类宗教。儒家教义中的另一个词“君子之道”，

① 译名参照了鱼返善雄的日译本。

在欧洲语言中最接近的对等词是 moral law（道德法），其字面意思是指 the Law of the Gentleman（绅士的法则），理雅各[①]博士将其译为 the way of the superior man。其实，孔子的整个哲学和道德体系，都可以用一个词来概括，即“君子之道”。孔子将这一思想编纂成典，并使之成为宗教——国家宗教。国家宗教中最重要的信条就是“名分大义”——关于名誉与责任的原则，或许也可以称之为“名分（或荣誉）法典”。

孔子在国家宗教中教导人们：君子之道、人的名分或荣誉意识、廉耻感不仅是一个国家，而且是所有社会和文明唯一真正的、合理的、永久的绝对基础。我想诸位都承认，甚至连那些认为政治毫无道德可言的人也会承认，荣誉感和廉耻感对于人和人类社会是多么重要。但我不能确定，诸位是否都意识到了这种荣誉感在维护社会各部分正常运转方面的绝对必要性。正如俗语所说：“盗亦有道。”人若丧失了荣誉感和廉耻感，所有的社会和文明就会在顷刻间崩溃。请允许我对此略加解释。就拿社会生活中一件微不足道的小事——赌博来说吧！大家坐下来一起赌钱，如果参与者在约定的牌和骰子出现之时，没有荣誉感和廉耻感的约束，不认账付钱，那么赌博立刻就无法进行下去了。再以商人为例，如果没有荣誉感和廉耻感迫使他们去履行契约，那么所有的贸易也将被迫停止。或许你会说，

---

① 理雅各（James Legge，1815—1897）：19 世纪英国最伟大的汉学家之一。1840 年到马六甲，后任英华书院院长。奠定他汉学地位的，是他从 19 世纪 60 年代开始翻译出版的《中国经典》系列。他翻译了儒家十三经中的大部分经书，外加老子的《道德经》和《庄子》，在 25 年内陆续推出。这些翻译以严谨著称，不少译著至今仍受到推崇。1875 年，牛津大学特别为其设汉文讲座，他一直任教至去世。除了翻译中国经典外，他的著作还有《孔子的生平及其学说》《孟子的生平及其学说》《中国的宗教：儒教和道教评述及其与基督教的比较》等。

商人拒绝践约，可以诉之法院。此话极是。但如果没有法院又该如何？即使有法院，法院又当如何迫使违约的商人践约？只有靠武力执行。实际上，人若没有了荣誉感和廉耻感，社会就只能依靠武力来维系一时。但我可以证明，武力无法使一个社会长治久安。警察可以靠武力迫使商人履行合同，但律师、地方官或共和国总统又如何使警察恪尽职守呢？你们知道不能通过武力。那么又是用什么呢？要么是靠警察的荣誉感和廉耻感，要么就利用欺骗手段。

在当今世界，很遗憾也包括中国在内，律师、政客、地方官和共和国总统都在使用欺骗手段使警察尽职。他们告诉警察他必须忠于职守，因为这是为了社会和国家的利益；而社会的利益就意味着，警察可以按时领到薪水，若无此薪水，他自己连同家属都不免要饿死。律师、政客或共和国总统如此告诫警察，我认为用的是诈术。我之所以认为它是一种欺诈，是因为这种国家利益对警察来说，只意味着每星期 15 个先令的薪水，意味着他及他的亲属刚刚免于饿死；而对那些律师、政客、地方官员和共和国总统来说，则意味着每年一到两万英镑的高薪，意味着有豪宅、电灯、汽车以及其他舒适、奢侈之物，所有这些都是成千上万人的血汗换来的。我之所以认为这是一种欺诈，是因为全社会若不承认荣誉感和廉耻感，不认同能够使输牌的赌徒付出口袋里最后一个便士的这种名分意识、荣誉感和廉耻感，那么所有导致社会上贫富不均的财富之转让和占有，就如同赌桌上钱的转移一样，全无正当性和约束力可言。因此，那些律师、政客、地方官员和共和国总统，虽然侈谈着社会和国家的利益，但他们实际上真正依靠的，是警察潜意识中的荣誉感和廉耻感。这种荣誉感和廉耻感不仅使警察忠于职守，而且使之尊重他人的财产权并安于每星期 15 先令的现状。但与此同时，律师、政客和共和国总统却拥有着每年一到两万英镑的收入。我说这是欺诈，是因为他们要求警察应该有荣誉感和廉耻感，而他们自己，这些现代社会的律师、政客、地方官员和共和国总统，却公然宣传并按照那种政治无道德可言、不讲荣誉感和廉耻感的原则行事。

诸位一定还记得我曾引用过的卡莱尔的那句名言：“君权对于我们来说，要么是神授的权力，要么是魔鬼般的罪恶。”在现代社会中，律师、政客、地方官员和共和国总统之欺诈，便是卡莱尔所说的魔鬼般的罪恶。现代社会的公职人员一方面装模作样地大谈社会利益和国家利益，可其言谈举止又毫无道德、毫无荣誉感和廉耻感。正是这种伪善、这种表里不一的耶稣会主义，才导致了卡莱尔所说的“无边的苦难、反抗、谵妄；过激分子暴动的狂怒、复辟暴政的冷酷；千百万人的残暴堕落、被纵容的机关之轻薄”。这一切，乃是我们所见到的现代社会的真实写照。一言以蔽之，正是这种欺诈与武力的结合、耶稣会主义与军国主义的携手、律师与警察的合作，造就了现代社会的无政府主义者与无政府主义。武力和欺骗的这种组合玷污了人们的道德感，使人疯狂；这种疯狂促使无政府主义者向律师、政客、地方官员和共和国总统投掷炸弹和爆炸物。

事实上，在一个社会里，如果人丧失了荣誉感，而其政治又不讲道德，那么我认为这个社会最终是无法维系下去的，或者说，它无论如何都难以持久。因为在这样一个社会里，警察——那律师、政客、地方官和共和国总统赖以实施欺诈的警察，将陷于难以说服自身的窘境之中。作为警察，他被告知必须为社会而忠于职守；而他这个可怜的警察本身也是社会的一部分——至少，对他自己和他的家庭来说，还是社会最为重要的组成部分。现在如果有别的工作比当警察更好，比如充当反抗警察的人能使他挣得更多的钞票，并可以因此改善自身和家庭的条件，这对社会也同样有好处。这样一来，警察早晚会得出一个结论：既然政治已全无廉耻与道德可言，既然个人能获取更高的薪水，对社会也有好处，那么还有什么理由可以阻止自己放弃警察的身份，成为一个革命党徒或无政府主义者呢？一旦警察得出这样的结论——为了更多的收入而变成革命党徒或无政府主义者，那么这个社会也就到该毁灭的时候了。孟子说："孔子成《春秋》，而乱臣贼子惧。"① 在《春秋》中，孔子提出了他的国家宗教思想，断言彼时的社会已经无药可救，因为人们的荣誉感和廉耻感已然丧尽，而政治亦无道德操守可言，就如同今日的世界一样。

下面还是言归正传。我认为，如果一个社会没有荣誉感和廉耻感，那么它最终是无法维持下去的。因为正如我们所看到的那样，在社会生活中，即便是对赌博、经商这一类小事所涉及的人际关系而言，荣誉感和廉耻感也是如此地重要和必不可少，那么对于人类社会已经建立起来的两个最基本的制度——家庭与国家，及其中人与人之间的关系来说，它就更加重要和不可或缺了。众所周知，历史上所有国家公民社会的兴起，总是始于婚姻制度的确立。欧洲的教会使得婚姻成为圣礼，即使之成为某种神圣和不可侵犯的事情。在欧洲，神圣婚姻的约束力出自教会，而约束的权威则来自上帝。不过这只是一个表面的、外在形式上的，或者说法律的约束。对这种神圣婚姻真正的、内在的、名副其实的约束——正如我们在那些

① 《孟子·滕文公下》。——原注

没有教会的国家所见到的，乃是男人和女人自身的荣誉感和廉耻感，即君子之道。所以孔子说："君子之道，造端乎夫妇。"① 换言之，在所有存在公民社会的国家里，对荣誉感和廉耻感——君子之道的公认，使婚姻制度得以确立，而婚姻制度则又使家庭得以确立。

我曾说孔子所传的国家宗教是一部名分（或荣誉）法典，而且指出过孔子是通过君子之道来制定这部法典的。但现在，我必须告诉诸位，在孔子以前很遥远的年代，就已经有了尚不十分明确、未诉诸文字的君子之道，也即"礼"，关于礼节、礼貌、得体的行为方式的"礼"。后来，到孔子时代之前，一个伟大的政治家、中国法律的缔造者在中国出现了，这就是人们通常所说的周公（公元前 1135 年)。他最先明确、定型并制定了成文的君子之道——关于得体的行为方式的法律。这部由周公制定的第一部成文的君子法，就是著名的《周礼》——周公之礼。它或许可以被视为中国的前儒教，或者，像基督教产生前犹太民族的《摩西法典》② 一样，被视为中华民族的"旧约教"。在中国，正是《周礼》这部最早成文的君子之道，第一次规定了婚姻的神圣和不可侵犯性。中国人从此将婚姻圣礼称为周公之礼——周公制定的关于良好行为方式的法律。这种婚姻圣礼制度，这个前儒教，使中国人建立起了家庭制度，并令中国人的家庭得到了稳定与持久的维系。或许可以将这个前儒教、周公之礼称为家庭宗教，以区别于后来孔子所传的国家宗教。

相较于我所说的孔子以前的家庭宗教，孔子在他所传的国家宗教中创立了一个新的制度，给出了一个"新约"。换言之，孔子在其

---

① 《中庸》第 12 章。——原注
② 《圣经·旧约》前五卷。

国家宗教中，对于君子之道进行了新的、更宽泛、更全面的应用。如果说孔子之前的家庭宗教，或中国的“旧约教”，确定了婚姻圣礼，那么孔子，经由他传授的这种国家宗教中的君子之道，则制定了新的圣礼。孔子将这一新圣礼称为“名分大义”，而不再称之为礼。我将其翻译为“有关名誉与责任的重要法则”或“名分（或荣誉）法典”。孔子所创的以名分大义为主旨的国家宗教，取代了从前的家庭宗教，成为全中国人的信仰。

在“旧约教”之下，即孔子之前的家庭宗教，妻子和丈夫受到婚姻圣礼——周公之礼——的约束，以确保他们的婚姻契约不被侵犯，并使他们务必要遵守契约。同样，在孔子所创的新的国家宗教之“新约教”制度下，中国人和他们的帝王都要受到新的圣礼——名分大义的约束。这部由国家宗教规定的、有关名誉和责任的重要法则，或称为“名分（或荣誉）法典”，是由君臣共同遵守、神圣而不可侵犯的契约。简言之，昔日周公制定的是婚姻圣礼，孔子的名分（或荣誉）法典所确立的则是忠诚圣礼。我说过，通过这种方法，孔子给予君子之道一个新的、更广泛、更全面的应用。相较于他之前时代的家庭宗教，孔子在中国建立起了一个“新约教”，并使之成为国家宗教。

换句话说，正像在从前的家庭宗教里把婚姻契约变成圣礼一样，孔子的国家宗教则把忠诚契约变成圣礼。家庭宗教建立的婚姻圣礼，使妻子有绝对忠诚于丈夫的责任；同样，在孔子传授的国家宗教中，忠诚的圣礼即名分大义的确立，则要求中国人有绝对效忠于君主的责任。国家宗教的这种关于忠诚的圣礼，或许可以被称为“忠诚圣礼或忠诚宗教”。你们会记得，我曾说过孔子在某种程度上是主张君权神授——君主的神圣权力的。其实，与其说孔子主张君权神授——君主的神圣权力，不如说孔子强调的是“忠诚的神圣责任”。在欧洲，人们用超自然的上帝或某种深奥的哲学来为君权神授正名；可是在中国，孔子教导人民绝对地效忠皇帝，其有效性和约束力却来源于君子之道——来源于人的名分意识和荣誉感。在所有国家里，正是这种荣誉感使得妻子忠实于自己的丈夫。事实上，孔子关于对君王绝对忠诚的理论，就是来源于简单的名分意识和荣誉感，这种荣誉感使商人信守诺言、履行合同，使赌徒按规则行赌并偿还赌债。

我在谈到家庭宗教时曾经指出，中国的这种旧约教制度和所有国家中的教会宗教一样，它通过确立婚姻圣礼及其不可侵犯性，使家庭得以建立；同样，孔子传授的我称之为的国家宗教，则通过制定忠诚契约的新圣礼，从而使国家得以确立。在这个世界上，如果说首创家庭宗教、确立神圣的婚姻制度，可以被认为是对人类和文明事业的伟大贡献，那么你就不难了解，孔子创立国家宗教、确立忠诚宗教乃是一项多么伟大的工作。婚姻圣礼的制定巩固了家庭，使之得到长久的维系；没有了它，人类便会灭绝。忠诚契约的新圣礼的制定则巩固了国家，使之长存不朽；没有了它，人类社会和文明都将遭到毁灭，人类自身也将退化成野蛮人或是动物。因此我说，孔子对中国人民最伟大的贡献，乃是给予了中国人一个真正的国家观念——一个真实的、理性的、不朽的、绝对的基础，并且在这一过程中，他还把此观念变成一种宗教——一种国家宗教。

孔子是在一部名为《春秋》的书中传授这一国家宗教的。正如我曾经说过的，该书是他在其生命的最后日子里写成的。在这部书中，孔子首先制定了名为“名分大义”或“名分（或荣誉）法典”

的忠诚契约之新圣礼，这个圣礼因此通常被称为“春秋名分大义”，或简称为“春秋大义”。孔子的这部书就是中华民族的“大宪章”，它明确了忠诚的神圣责任，使全中国人和整个国家绝对地效忠于皇帝。这个神圣的契约、这部名分（或荣誉）法典，在中国不仅是国家和政府，而且是中国文明唯一的真正的宪法。孔子说过，后人将通过这部书来了解他，了解他曾为这个世界做过些什么（“知我者，其惟《春秋》乎！”）。

我恐怕谈得太多，绕得太远，你们已经不耐烦了。现在言归正传。记得我曾说过，芸芸众生之所以总是感到需要宗教——我指的是欧洲意义上的宗教——是因为宗教可以为他们提供一个避难所。通过对一个全能之物即上帝的信仰，他们可以为自己的存在找到一种永恒感。但是我也曾说过，孔子的哲学体系和道德学说，即著名的儒家之教，能够取代宗教，能够使人们，甚至是普通大众不再需要宗教。那么在儒教之中，必定有一种同宗教一样的东西存在，它能够给人们以安全感和永恒感。现在，我想我们已经找到了这个东西，这就是孔子在其国教中给予中华民族的“忠诚于皇帝的神圣责任”。

在中华帝国的每个男人、妇女和儿童的心目中，这种绝对效忠皇帝的神圣责任赋予了皇帝绝对的、至高无上的、超越一切的全能力量。而正是这种对绝对的、至高无上的、超越一切的全能的皇权之信仰，给予了中国人一种安全感，就像其他国家的大众因信奉上帝而得到的安全感一样。这种对皇权的绝对信仰，保证了中国人心目中国家的绝对稳定和持久。而国家的绝对稳定和持久，又使人们确信社会发展的无限连续性和持久性，并由此最终使中国人坚信族类不朽。族类不朽的意识起源于对全能皇权的信仰，而对全能皇权的信仰则来源于忠诚的神圣责任。因此，在其他国家中，信仰来世的宗教给予了大众以永恒感；而在中国，这种永恒感则来自忠诚宗教。

正如孔子所传授的忠诚之神圣责任使人们坚信民族的永生，同样，儒教所宣传的祖先崇拜，又使人们在家庭中体认到族类的不朽。事实上，中国的祖先崇拜与其说是建立在对来世的信仰之上，不如说是建立在对族类不朽的信仰之上。当一个中国人临死的时候，他并不是靠相信还有来生而得到安慰，而是相信他的子子孙孙都将记住自己、思念自己、热爱自己，直到永远。这样，在中国人的想象中，死亡就仿佛是将要踏上一次漫长的旅行，即使不是怀揣希冀，至少在幽冥之中或许还有与亲人重逢的很大"可能"。因此，儒教中的祖先崇拜和忠诚之道，使中国人在活着的时候得到了生存的永恒感，而当他们面临死亡时也由此得到了慰藉。在其他国家中，这种对大众的慰藉则是来自信仰来世的宗教。中国人对祖先的崇拜与对皇帝的效忠具有同等重要的意义，原因正在于此。孟子说："不孝有三，无后为大。"因此，反映在国家宗教之中的孔子的教化体系，其实只包含了两项内容：对皇帝尽忠、对父母尽孝，即中文所说的"忠孝"。事实上，在中国的儒教或国家宗教之中，有三项最基本的信仰，在中国被称为"三纲"。按照重要性其排列的顺序依次是：首先，绝对效忠于皇帝；其次，孝顺父母、崇拜祖先；再次，婚姻神圣、妻子绝对服从丈夫。三纲中的后两项，在我所说过的家庭宗教，或称孔子之前的"旧约教"制度中，就已经具有相同的内容。但是三纲之首——绝对效忠于皇帝，则是由孔子首次阐发，并规定于他所创立的国家宗教即“新约教”制度之中的。儒教中的第一信条——绝对效忠于皇帝——取代了并且等同于其他任何宗教中的第一信条——对上帝的信仰。正因为儒教之中有了这种相当于信仰上帝的内容，所以它能够取代宗教，使中国人甚至是普通大众，也没有感到有宗教存在的必要。

通过对上帝的信仰，利用上帝的权威，可以使人们服从并遵守宗教的道德规范。但是现在你或许会问，没有了对上帝的信仰，怎么能够使人们、使普通民众服从并遵守孔子所传授的道德规范呢？又怎么能让人们绝对地效忠皇帝呢？在回答这个问题之前，请允许我首先指出一个极大的误解，即认为使人们遵从道德规范的约束力来自上帝的权威。我讲过，在欧洲，神圣不可侵犯的婚姻要由教会来认可，教会则声称约束婚姻的权威力量来自上帝，但我认为这只是一个表面现象。正如我们在所有没有教会宗教的国家所看到的那样，神圣婚姻真正的内在约束力，其实是男人和女人自身的荣誉感、廉耻感和君子之道。因此，使人们遵从道德规范的真正权威，乃是人们的道德感，是君子之道。所以我说，信仰上帝并非人们遵守道德规范的必要条件。

正是这样一个事实，使得19世纪的怀疑论者伏尔泰和汤姆·佩恩，以及当代的理性主义者海勒姆·马克西姆爵士指责道：对上帝的信仰，是始于宗教创始人并由神父们维持下去的一种欺诈行为。然而，这是一种下流的、荒谬的诽谤。所有伟人、所有富于智慧的人通常都信仰上帝。孔子也信奉上帝，虽然他很少提及这一点。甚至像拿破仑这样富于实践经验、智慧过人的豪杰，也同样信奉上帝。正如赞美诗的作者所言：“只有傻瓜——思想卑劣、肤浅的人才会在心中说：‘根本没有上帝。’”然而，富于智慧的人对上帝的信仰又通常有别于普通人对上帝的信仰。他们对上帝的信仰，乃是斯宾诺莎所说的对神圣的宇宙秩序的信仰。孔子曾说“五十而知天命”①，“天命”即神圣的宇宙秩序。富于智慧的人给这种宇宙秩序起了不同的名字：德国哲学家费希特称之为“神圣的宇宙观”，中国的哲学则称之为“道”。但无论它被赋予何种名字，正是知道了神圣的宇宙秩序的存在，富于智慧的人才认识到：道德法则或“道”属于宇宙秩序的一部分，必须绝对地予以遵守。

因此，虽然信奉上帝不是人们服从道德准则的必要条件，但是信奉上帝可以使人们认识到服从道德准则的绝对必要性。正是出于对这种遵守道德准则绝对必要性的认识，使得那些富于智慧的人服从并遵守了道德准则。孔子说：“不知命，无以为君子也。”② 而那些不具备如此智慧的大众，因为无法领会神圣的宇宙秩序，也就不懂得遵守道德准则的绝对必要性。正如马修·阿诺德所言：“道德准则，总是先作为观念被理解，然后才被当作法则去严格奉行，这只有圣贤才能做到。大众既无足够的清晰理解道德准则的智力，亦无足够的严格遵守道德准则的能力。”由于这个原因，柏拉图、亚里士多德以及赫伯特·斯宾塞所宣传的哲学和道德学说，只对学者有意义和价值。

但是，宗教的价值和意义则在于，它能够使既无智力又无能力的普通大众严格地服从并遵守道德准则。而宗教又是如何做到这一点的呢？人们以为是宗教教人信奉上帝使然。但是，正如我已经说

① 《论语·为政第二》。——原注
② 《论语·尧曰第二十》。——原注

明的那样，这是一个极大的误解。使人们真正服从道德法则或行为准则的权威其实只有一个，那就是人们自身的道德感，即君子之道。孔子曾说："道也者，不可须臾离也，可离非道也。"基督传教时也说："上帝就在你的心中。"因此，宗教通过教导人们信仰上帝从而服从道德法则的观点，是错误的。马丁·路德在《但以理书》的评注中说得不错："上帝不过是人们心中忠诚、信义、希望和慈爱之所在。心中有了忠诚、信义、希望和慈爱，上帝就是真实的；反之，上帝则成为虚幻。"因此，宗教所宣传的信仰上帝，不过是人们心灵的一种寄托和慰藉而已，我称之为避难所。路德又说："这种寄托，也即对上帝的信仰，必须是真实的；否则的话，必属虚幻。"换言之，对上帝的信仰必定是真正知道上帝，真正了解神圣宇宙秩序的知识。正如我们所知，此种知识，只有杰出的才智之士才能获得，而普通民众则无法得到。因此，你们就明白了，宗教所宣扬的信仰上帝，以为它能使芸芸众生服从道德规范，乃是虚假的。人们把这种对上帝的信仰，把宗教所教导的对宇宙神圣秩序的信仰，称为"信念"和"信任"是正确的，我则将其称作"避难所"。然而，此种避难所，此种宗教所鼓吹的对上帝的信仰尽管虚假，尽管属于一种虚幻之物，它却的确有助于人们遵从道德准则。因为正如我说过的，这种信仰能给人们、给广大民众带来一种安全感和永恒感。歌德指出："虔诚，宗教所宣扬的对上帝的信仰，其本身并不是目的，而只是一种手段。它通过给人带来一种心性之完美的宁静，以达到文明的最高状态或人类至善至美的境界。"换言之，宗教所传授的上帝信仰，通过给人一种生存的安全感和永恒感，使他们平和宁静，给他们带来必要的心灵与性情的平静和祥和，从而使之感受到君子之道和他们自身的道德感。我再重申一遍，这才是让人们真正服从道德规范和行为准则的唯一权威。

如果说宗教倡导的对上帝的信仰只有助于人们服从道德法则，那么它得以实现这一点，主要依靠的又是什么呢？靠的是启示。马修·阿诺德说得对："无论持何种信仰的高贵灵魂，异教徒恩培多克勒也好，圣徒保罗也好，都主张启示的必要性，主张靠激发人生命的灵感来完善道德。"那么，这种启示或激发人生命的灵感，这种宗教赖以促使大众遵从道德法则的最重要品质又是什么？

我曾告诉过诸位，孔子的整个教化体系或许可以概括为：君子之道。我说过，在欧洲语言中意思与之最为相近的是"道德法则"。孔子称君子之道是个"秘密"。他说："君子之道费而隐。"① 又说："夫妇之愚，可以与知焉……夫妇之不肖，可以能行焉。"同样知道这一秘密的歌德，则把它称为"公开的秘密"。那么，人类是在何处，又是怎样发现这一秘密的呢？诸位想必还记得，我曾说过，对君子之道的认识始于对夫妻关系，即对男女在婚姻中的真正关系的认识。歌德所谓的"公开的秘密"，孔子所说的"君子之道"，首先是被夫妇发现的。但是，他们又是如何发现这一秘密——发现孔子的君子之道的呢？

我曾告诉过诸位，在欧洲语言中，与孔子的"君子之道"一词最为相近的是"道德法则"。但是孔子的"君子之道"与"道德法则"还是有区别的——我指的是哲学家、伦理学家的道德法则，而不是宗教或宗教家所宣扬的道德法则。为了弄清孔子的君子之道与哲学家、伦理学家的道德法则之间有何差别，让我们首先找出哲学

---

① 《中庸》第12章。——原注

家、伦理学家的道德法则与宗教之间有何不同。孔子说："天命之谓性，率性之谓道，修道之谓教。"① 因此，按孔子的意思，"教"与"道"，即宗教与哲学家、伦理学家的道德法则之间的差别在于，宗教是提炼过的、井然有序的道德法则，一种更深刻、更高级的道德规范。

哲学家的道德法则告诉我们：我们必须服从人之性，即"理性"。但是，理性通常被理解为一种思维推理的力量，它是人头脑中的一个缓慢的思维过程，可以使我们区别和认知事物外在形式的可定义的属性与品质。因此，在道德关系方面，在明辨是非或公正之时，理性，也即我们的思维能力，只能帮助我们认识那些可以名状的特质，比如习俗惯例、德行等，亦可以说是非或公正的躯壳、皮毛而已；至于是非或公正那些无法名状的、鲜活的、绝对的本质，或者说公正的生命与灵魂，单是理性，单是我们的思维能力是无能为力的。因此，老子说："道可道，非常道；名可名，非常名。"道德学家的道德法则再次告诉我们，我们必须服从人之性，即"良心"，人心。然而正如希伯来《圣经》中的圣人所言：人心充满着各种欲念。因此，当我们把良心、人心视作人之性而加以服从时，我们服从的往往并非我所谓的公正的灵魂，公正那无法名状的绝对本质，而恰恰是充满欲念的人心。

换言之，宗教教我们服从的人之性，我们必须服从的人之真性，即人真正的存在之道。这种本性既不是圣保罗所说的"世俗或肉体之性"，亦非奥古斯特·孔德的著名弟子利特尔先生所说的人类自我保护和繁衍的本性。这种人之真性是圣保罗所说的"灵魂之性"，也

---

① 《中庸》第1章。——原注

就是孔子所言的君子之道。简言之，宗教告诉我们必须服从自己的真本性，这个本性就是耶稣所说的我们心中的天国。由此我们就可以理解，正如孔子所言，宗教是一种精致的、精神化的、条理清晰的道德法则，是比哲学家和伦理学家的道德法则更深更高的标准。因此耶稣说："除非你比法律学家和法利赛人①（即哲学家和伦理学家）更为正直（或道德），否则你根本进不了天国。"

与宗教一样，孔子的君子之道也是一种精致有序的、比哲学家和伦理学家的道德法则更为深刻、更为高级的法则。哲学家和伦理学家的道德法则要求我们必须服从人之性，哲学家将其称为"理性"，伦理学家则称之为"良心"。像宗教一样，孔子的君子之道也要求我们必须服从自己真正的本性，遵从人之为人的存在之道——但绝非庸俗、卑劣之人性及其生存法则，而是爱默生所说的一种"至纯至诚的灵魂之性"及其存在之道。事实上，要懂得何为君子之道，我们就必须首先成为一个君子，具备爱默生所说的至纯至诚的灵魂之性。因此孔子说："人能弘道，非道弘人。"②

然而孔子还说过：如果我们学习并试图拥有君子的优雅情趣和得体的举止，那么我们就可以理解何为君子之道。人们对孔子学说中的"礼"有着各式各样的解读，比如礼仪、礼节和礼貌等，但这个"礼"的真正意思应该是 good tast（文雅、得体、有礼）。当被用来指道德行为的时候，"礼"指的就是欧洲语言里的 the sense of honour（荣誉感和廉耻感）。事实上，孔子的君子之道不是别的，正

---

① 法利赛人是一个犹太人宗派，墨守传统礼仪。基督教《圣经》称其为拘泥于形式的、言行不一的伪善者。

② 《论语·卫灵公第十五》。——原注

是一种荣誉感和廉耻感。它不像哲学家和伦理学家的道德律令，是关于是非的形式或程式化之枯燥而又没有生命力的僵死知识；而是像基督教《圣经》中的“正义”一样，是一种对是非或公正那无法名状的绝对本质之直觉与洞察，对名分、荣誉的公正之生命与灵魂的直觉与洞察，这是一种本能的、活生生的感知与洞察。

下面，我们能回答这个问题了：确定夫妻关系的男女是如何首先发现那个秘密——歌德所说的“公开的秘密”，孔子的“君子之道”的？他们能够发现君子之道，是因为他们具备了君子美好的情趣和得体的举止，应用在道德行为上即是荣誉感和廉耻感。这使得他们能够明辨是非，能够把握公正的生命与灵魂，也就是名分、荣誉那无法名状的绝对本质。但是，又是什么赋予、激发了他们这种美好的情趣、得体的举止或荣誉感与廉耻感的呢？茹贝尔的一句妙言可以对此做出解释。他说：“一个人除非爱邻居，否则不能公正地对待邻居。”由此可见，是爱，使人们明白茹贝尔的“公正”和公正灵魂的“荣誉感与廉耻感”；是爱，使人们发现歌德的“公开的秘密”和孔子的“君子之道”。可以这么说，正是男女之爱产生了君子之道，人类也因此不仅建立了社会和文明，而且还创建了宗教——找到上帝。你现在可以理解歌德借浮士德①之口而说出的对信仰的告白了，它是以这样两句话开头的：

> 我们的头上难道不是茫茫的苍天？
>
> 我们的脚下岂非坚实可靠的大地？

我曾告诉过诸位，并不是宗教所宣扬的信仰上帝使人们遵守道

---

① 浮士德：歌德著名诗剧《浮士德》中的主人公。

德规范。真正使人们服从道德规范的乃是宗教所诉诸的君子之道——我们内心的天国。因此，宗教真正的生命所在是君子之道。反之，对上帝的信仰，以及宗教所规定的各种道德法则都只是宗教的外在形式。如果说宗教的生命是君子之道，那宗教的灵魂、宗教的灵感之源则是爱。这种爱并不仅限于男女之爱，人类只是首先从男女之间学到了爱。人类之爱包括了人类所有纯真的感情，这里既有父母与孩子之间的那种亲情，也含有人类对于万事万物所抱有的慈爱、怜悯、同情和仁义之心。事实上，人类所有纯真的情感均可以容纳在一个中国字中，这就是“仁”。在欧洲语言中，古老的基督教术语中的“神性”一词与“仁”的意义最接近。因为“仁”是人所具有的一种神圣的、超凡的品质。在现代术语中，“仁”相当于仁慈、人类之爱，或简称“爱”。简言之，宗教的灵魂、宗教启示和感化力的源泉便来自这个中国字“仁”，来自爱——不管你如何称呼它。在这个世界上，这种爱最初起自夫妇。宗教的启示和感化力就在于此，这也是宗教中的至上之德。正如我曾说过的那样，宗教正是据此使人服从道德规范或者服从“道”（它构成神圣的宇宙秩序的一部分）。孔子说：“君子之道，造端乎夫妇，及其至也，察乎天地。”

现在，我们已经在宗教之中发现了启示或活的情感。但是，这种启示或活的情感却并非仅存于宗教之中——我指的是教会宗教。每一位曾感受过那种冲动、那种激发自己克服自私自利或恐惧以使自己服从道德行为法则的人，都能够了解这种启示与活的情感。事实上，凡是为责任感和荣誉感所推动而不是为任何自私或恐惧的动机所驱使的行为中，都存在着这种启示或活的情感。在我看来，这种启示或活的情感虽并非宗教里才有。但宗教的可贵之处正在于拥有这种情感，世界上所有伟大的宗教创始者留传后世的道德法则都饱含这种情感，而这一点也正是哲学家和伦理学家的道德说教所缺乏的。正如马修·阿诺德所说，宗教中的这一情感照亮了道德法则，从而使人易于遵循。但是，这种启示或活的情感也并非宗教所独有。在所有的文学巨匠，特别是诗人的作品中，也同样存在。例如，在我曾引述过的歌德的作品中就有。不过不幸的是，这些伟大的作品却无法对大众产生影响，因为文学巨匠们所使用的是受过教育者的语言，这使得大众无法理解他们的作品。世界上所有伟大宗教的创始人都有一个优势，即他们大多没受过教育，他们讲着平民百姓所喜闻乐见的、朴素明了的语言，从而能让大众理解他们。因此，所有伟大的宗教，其真正价值正在于能够把启示或活的感情传达给大众。为了弄懂宗教——世界上所有伟大宗教——是如何具有这种情感的，我们首先要考察一下这些宗教是如何产生的。

正如我们所知，世界上所有伟大宗教的创始者，都是具有异常的，甚至强烈到变态的情感天性的人。这使得他们感受到一种强烈的爱，或人类之爱。我说过，这种爱使宗教具有了感化之力，它是宗教的灵魂。这种强烈的情感，这种爱的情愫或人类爱心，使人们发现了我所说的是非或公正那无法名状的绝对本质，即公正之魂，他们将之称为“义”。这种对公正之绝对本质的生动把握，使他们能够洞悉是非法则或道德法则的统一体。由于他们都是一些有着强烈情感的特殊人物，所以又不乏非凡的想象力，这种非凡的想象力使得他们在不知不觉之中，把这种道德法则的统一体人格化为一种全能的、超自然的存在。他们将此种超自然的全能存在，此种想象中的道德法则的人格化统一体，称为“上帝”。他们还坚信，自己所感受到的那种强烈的爱或人类爱心，也来自上帝。于是，启示或活的情感就这样进入了宗教。这种圣启照亮了宗教里的道德行为法则，为普通信众追随那艰难的正义之路提供了情感支柱或动力。然而，宗教的价值还不仅在于此。世界上所有伟大宗教的价值还在于，它拥有一种能够唤醒、激发、鼓舞这种情感的组织，从而使人们感到有必要服从道德法则。这个在世界上所有伟大宗教中都存在的组织就是教会。

许多人相信，建立教会是为了教人信仰上帝，此乃大错。现代基督教会的这一大错，使得像已故的弗劳德①这样诚实的先生对此感到厌恶。他说：“我曾在英国的教会听过上百次布道，但所听到的要么是关于信仰的秘密，要么是神父们的神圣使命和使徒相传的统绪，等等。但是，我从不记得有一次听到过教会宣讲普通的诚实，那些最基本的戒律，如‘不要说谎’‘不要偷窃’。”虽然我非常尊重弗劳德先生，但他认为教会、基督教会应教人以道德准则这一点，我却不敢苟同。毫无疑问，建立教会的目的是使人从善，使人遵从道德准则，如“不要说谎”“不要偷窃”。但是，世界上所有伟大宗教之教会，其真正的功能并不是宣讲道德，而是传播宗教。正如我曾说过的那样，教会不是要教授诸如“不要说谎”“不要偷窃”之类的僵死戒律，而是要以一种圣启、一种活的情感去打动人心，使人们遵从这些准则。因此，教会的真正功能不是教授道德，而是给人启

---

① 弗劳德（James Anthony Froude，1818—1894）：英国历史学家和作家，卡莱尔的友人和思想信徒，也是卡莱尔在遗嘱中指定的处理其文学遗著者之一。曾出版卡莱尔的《回忆录》，著有《信仰的因果》《托马斯·卡莱尔——他一生的前四十年》等。

示，并激起活的情感，使人遵守道德。换言之，世界上所有伟大宗教的教会都是这样一种组织，他们激发和唤醒人们的启示或活的情感，使之遵从道德法则。但是，教会又是如何做到这一切的呢？

众所周知，世界上所有伟大宗教的创始者不仅在宣讲道德准则时投入强烈情感，唤醒和点燃人们的启示或活的情感，而且其人格魅力也让嫡传门徒对之怀有无限的崇拜、敬爱和狂热的情感。当伟大的宗教创始者死后，其嫡传门徒为了将对他的这种无限崇拜、敬爱和狂热的情感保持下去，于是就建立了教会。世界上所有伟大宗教的教会之起源，无不如此。教会唤起和点燃人心所必需的启示与活的情感，让人遵守道德行为准则，其途径就在于保持、激发和唤起门徒们最初对首任教主的人身和品格的无限崇拜、敬爱和狂热。人们不仅把对上帝的信仰，而且也把对宗教的信仰称为一种信仰、一种信任。那么，被信任者是谁呢？就是他们的宗教创始人——在伊斯兰教中，他被称为先知；在基督教中，他名为耶稣基督。如果你问一个虔诚的伊斯兰教徒为什么要相信上帝并服从道德法则，他会肯定地回答你：因为相信先知穆罕默德。如果你问一个虔诚的基督徒为什么要相信上帝并服从道德法则，他也会肯定地答：因为爱戴耶稣。这样你就可以懂得，所谓信仰先知穆罕默德、爱戴耶稣，正如我上面所说，这种对首任教主无限的崇拜、敬爱和狂热正是世上所有宗教感化力的源泉，是其真正的力量所在。教会则不断地激发这种感情，以此使人们、使大众服从道德行为准则①。

① 孟子讲到中国历史上两个最纯洁和最具基督性的人时说道：“故闻伯夷之风者，顽夫廉，懦夫有立志。”（《孟子·万章下》）——原注。译者按：另一人指叔齐，孟子引文中未涉及。

讲完这一段长篇大论之后，现在我可以回答你们刚才的问题了。你们问我，如果没有了对上帝的信仰，那么又如何让人服从孔子国家宗教中的道德法则——绝对效忠于皇帝呢？我已经向诸位阐明，使人服从道德法则的力量，并非来自宗教所宣传的那种对上帝的信仰。宗教能够使人服从道德法则，依靠的是一种名为教会的组织，通过教会激发、唤起人们遵守道德法则所必需的那种启示或活的情感。为回答诸位的问题，接下来我要告诉你们，孔子的教育体系，也即中国的国家宗教——儒教，同其他国家的教会宗教一样，也是利用了一种相当于教会的组织来使人服从道德法则的。在中国的儒教里，这个组织就是学校。在中国，学校就是孔子国家宗教里的教会。如你们所知，在中文里，宗教与教育所用的是同一个“教”字。事实上，正如教会在中国就是学校一样，宗教对中国人来说就是“教育”“培养”之意。与现代欧美的学校不同，中国学校的教育目的与目标不是教人如何谋生、赚钱，而是像教会宗教那样，传授一些诸如弗劳德先生所说的基本戒律，如“不要说谎”“不要偷窃”。实际上，中国的学校是以教人明辨是非、成为好人为目标的。约翰逊博士说：“不论是要学务实本领还是为了炫口才，不论是出于实用的目的还是愉悦的目的，我们首先需要掌握的乃是关于是非对错的宗教与道德知识；其次，则需要熟知人类历史以及那些可以被用来表现真理、证明合理看法的事例。”

然而，我们已经知道，教会宗教里的教会能够使人们服从道德行为法则，靠的是激发和点燃人们心中的启示或活的情感，即激发教徒对宗教创始人的无限崇拜、敬爱和狂热。不过，中国的学校——孔子国家宗教里的教会，与其他国家宗教里的教会相比又有所不同。学校——中国国教里的教会，虽也是通过唤醒和点燃人们的启示或活的情感，使之服从道德行为法则，这同宗教里的教会并无两样，但是，中国学校所借以唤醒那份活的情感的方法，却与宗教里的教会有所区别。在中国，学校——孔子国家宗教里的教会，不是靠激励和唤起对孔子个人无限的崇拜、敬爱与狂热的情感来启示或激发人们的启示或活的情感。的确，孔子生前也曾激起其嫡传弟子对他的无限敬拜、敬爱和狂热的情感；他死后，也曾在那些研究和了解他的伟大人物之中激发起同样的情感。但无论是生前还是死后，孔子都没有像世界上其他伟大宗教的创始者那样，在人类大众、芸芸众生中激发过同等的崇拜、敬爱和狂热的情感。中国广大民众对孔子，有别于伊斯兰国家的百姓对穆罕默德或欧洲的民众对耶稣那样敬拜尊崇。就此而言，孔子不属于宗教创始者那一类人。要成为欧洲意义上的宗教创始者，一个人必须有着异乎寻常的，甚至强烈到变态的情感天性。孔子的确是中国商王朝贵族的后裔，商朝在孔子生活的王朝之前统治着中国。商族人有着强烈的情感天性，就像希伯来人一样。但是，孔子本人生活在周王朝时期，而周族人，那个曾出过周公（我说过，他是前儒教的建立者，或者说是中国“旧约教”的真正代表）的种族，却像希腊人一样，拥有着优良的理智天性。因此，如果要做一个类比，可以说孔子生来具有希伯来人般的出身，遗传了强烈的情感天性，又受到了最好的理智文化的训育，因此具有希腊文明中最杰出的理智文化所赋予的一切优长。事实上，在现代欧洲，伟大的歌德迟早会被欧洲人视为最完美的人格楷模，视为欧洲文明所孕育出的“真正的欧洲人”。正如孔子一直被中国人公认为一个有着最完善人格的典型，一个诞生在中国文明中的“真正的中国人”。同歌德一样，孔子的文化素养太高，所以不属于宗教创始者那一类。实际上，孔子生前除了最亲密的弟子之外，鲜为人所了解。

我认为，中国的学校——孔子在中国国家宗教里的教会，并不是通过激发人们对孔子的崇拜、敬爱和狂热的情感，来唤醒和点燃人们的启示和活的情感，从而使人服从道德行为准则的。那么，中国的学校又是如何激发人们心中的启示和活的情感、使之服从道德行为法则的呢？孔子说：“兴于诗，立于礼，成于乐。”学校——中国国家宗教里的教会，通过教人以诗文，唤醒和激发人心中那启示和活的情感，使之服从道德行为法则。事实上，正如我曾说过的，所有伟大的文学作品，也都具有宗教道德准则所具有的那种圣启和情感力量。马修·阿诺德在谈及荷马以及《荷马史诗》所表现出来的高雅品质时说：“《荷马史诗》以及为数不多的文学巨人的作品，其高尚品质，可以令蛮野生番变得高雅起来，促其脱胎换骨。”实际上，无论什么东西，只要是真实的、公正的、纯洁的、可爱的、被人传颂的，只要其中有美德和值得赞赏之处，中国国家宗教里的教会即学校，就会让学生去思考。通过思考这些美好事物，唤醒和激发出人们心中的启示和活的情感，从而使之自觉地遵守道德法则。

然而，我曾告诉过诸位，真正的文学巨人的杰作，像《荷马史诗》，其影响力并不能达及普通民众。因为这些文学巨人使用的是受过教育者的语言，这种语言是普通大众所无法理解的。那么既然如此，孔子的教育体系儒教——中国的国教，又是如何唤醒和点燃大众的启示和活的情感而使之服从道德准则的呢？我曾说过，在中国国教中，学校相当于其他国家宗教里的教会。但更准确地说，在中国的国家宗教里，相当于其他国家宗教里的教会组织的，乃是家庭。在中国，孔子国家宗教的真正教会是家庭，学校只不过是它的附属之物而已。在中国，每家都有祖先牌位或祠堂，每个村庄或城镇都有供奉祖先的祠堂或庙宇。我曾经指出，世界上所有伟大宗教之所以能够使人、使普通大众服从道德法则，是因为它能够激发起人们对创始人无限的崇拜、热爱和狂热的情感，其借助的是教会的力量。但是在中国，孔子的国家宗教之所以能够使人服从道德法则，其圣启和真正感化力的源泉，却来自“人们对父母的敬爱”。基督教的教会教导人们：“要热爱上帝。”中国国家宗教的教会——每个家庭供奉的祖先牌位则教导人们：“要敬爱父母。”圣保罗说：“让每个人以基督的名义起誓：永离不义。”而写成于汉代的《孝经》（类似于西方的《效仿基督》）一书的作者却说：“爱亲者，不敢恶于人。”一言以蔽之，基督教、教会宗教真正的本质、动力、启示和感化力的源泉，在于对上帝的热爱；然而儒教，中国的国家宗教，其本质、动力、启示和感化力的源泉，则来自“对父母的敬爱”——孝顺，一种伴随着祖先崇拜祭仪的纯孝。

孔子说：“践其位，行其礼，奏其乐，敬其所尊，爱其所亲，事死如事生，事亡如事存，孝之至也。”又说：“[曾子曰:] 慎终追远，民德归厚矣。”我想起过去的日子，追忆已往的岁月。中国的国家宗教儒教，之所以能够打动人心，使之服从它的道德法则，原因就在于此。在儒教的各种法则之中，最高、最重要的法则，就是对君王的绝对效忠，就像世界上所有宗教均以敬畏上帝为至高无上的法则一样。换言之，教会宗教——基督教告诫说：“敬畏上帝并服从它。”孔子的国家宗教——儒教却告诫说：“尊崇君王并效忠他。”基督教说：“如果你想要敬畏上帝并服从它，你就必须先爱基督。”儒教则说：“如果你想要尊崇君王并效忠于他，你就必须先爱父母。”

现在我已经说明了自孔子以来的两千五百年的时间里，中国人为什么没有发生心灵与头脑的冲突的原因。那就是中国人，即便是普通百姓也都不需要宗教——我指的是欧洲意义上的宗教。中国人不需要宗教，是由于儒教之中的某些内容可以取代宗教。这就是孔子在其国家宗教中所传授的绝对的忠君原则，即名分（或荣誉）法典，又可称之为名分大义。所以我曾说过：孔子对中国人民最伟大的贡献，就是在国家宗教中宣讲这个绝对的忠君原则。

我认为有必要就孔子及其对中华民族的贡献谈些看法，因为这与我们现在讨论的问题——中国人的精神密切相关。我希望通过这次演说能够使诸位了解：一个中国人，特别是一个受过教育的中国人，如果他背叛了名分（或荣誉）法典，即孔子国家宗教中的名分大义，抛弃了忠君之道，那么，他就丧失了民族精神和种族精神，这样的中国人就不再是一个真正的中国人了。

最后，让我再简要地概括一下我们所讨论的主题——中国人的精神或什么是真正的中国人。我已经向诸位阐明，真正的中国人是有着成年人的理智而又童心未泯的这样一种人；中国人的精神是心灵与理智完美和谐的产物。如果你考察一下中国文学艺术的典范作品，你就会发现，正是这种心灵与理智美妙的和谐，使得它们那么赏心悦目。马修·阿诺德对《荷马史诗》的一番评价，也极适合于中国所有的典范文学：“它不仅具有一种伏尔泰的作品所难以企及的撼人心魄、触及灵魂的力量，而且还能用伏尔泰所具有的一切令人钦佩的质朴和理性来表述思想。”

马修·阿诺德把希腊最优秀诗人的诗歌称为富于想象理性的女祭司。而中国人的精神，正如在中国最优秀的文艺典范作品中所见到的那样，正是马修·阿诺德所说的富于想象的理性。马修·阿诺德说："近世异教徒的诗歌有赖于感觉和理解，中世纪基督教的诗歌有赖于心灵与想象。而现代精神生活的主要成分、今日欧洲人的现代精神，则既不是感觉和理解，也不是心灵与想象，它是一种富于想象力的理性。"

今日欧洲人现代精神的核心是一种富于想象力的理性，如果马修·阿诺德的这种说法属实，那么你就可以晓得，中国人的精神——马修·阿诺德所说的富于想象的理性，对于欧洲人来说是何等可贵！它是何等珍贵、何等重要，诸位应该研究它，并试着去理解它、热爱它，而不应该忽略它、蔑视它并试图毁灭它。

在结束演讲之前，我想给诸位一个提醒。我要告诫诸位，当你们思考我所试图解释的中国人的精神这一问题时，应该记住，它不是像勃拉瓦茨基夫人①或贝赞特夫人②的神智论或"主义"那样的某种科学、哲学、神学或任何"主义"。中国人的精神甚至也不是你们所说的大脑活动的产物。我要告诉你们，中国人的精神是一种心灵状态、一种灵魂趋向，你无法像学习速记或世界语那样去学会它。简言之，它是一种心境，或用诗人的语言来说，一种恬静如沐天恩

---

① 勃拉瓦茨基夫人（H. P. Blavatsky，1831—1891）：俄国人。1875年11月17日在纽约参与创立了神智学会。1877年发表了《司殖女神的真面目》，其中关于人类和宗教发展的惊人理论，立即引起了广泛的注意和评论。1891年，她在世界各地已拥有近十万信徒。同年5月8日，她死的日子被信徒定为白莲节。

② 贝赞特夫人（Annie Besant，1847—1933）：英国神智论者。曾经是一个热忱的自由思想者，后来思想日渐趋向于社会主义。1889年，她又突然加入神智学会，变成勃拉瓦茨基夫人的忠实信徒，全力投身于印度的事业。1907年当选为神智学会主席。1916年创立印度自治联盟，任该联盟主席。1917年，当选为印度国大党主席。

的神圣心境。

最后，请允许我在这里引用几句最具中国风格的英国诗人华兹华斯的诗句，它在描述恬静的如沐天恩的神圣心境方面，恰如中国人的精神，比我已经说过的或所能说的都要贴切。这几行诗句展示给你们的，是中国式的那种心灵与理性的绝妙和谐，是恬静的、如沐天恩的神圣心境所赋予真正的中国人那难以言表的温文尔雅。华兹华斯在他关于廷滕寺的那首诗中写道：

……我同样深信，是这些自然景物
给了我另一份更其崇高的厚礼——
一种欣幸的、如沐天恩的心境：
在此心境里，人生之谜的重负，
幽晦难明的尘世的如磐重压，
都趋于轻缓；在此安恬心境里，
爱意温情为我们循循引路，——
直到这皮囊仿佛中止了呼吸，
周身的血液仿佛不再流转，
躯壳已昏昏入睡，我们成了
翩跹的灵魂；万象的和谐与怡悦
以其深厚的力量，赋予我们
安详静穆的眼光，凭此，才得以
洞察物象的生命。①

---

① 译诗采自杨德豫译《廷滕寺》(《华兹华斯诗选》)，另可参见王佐良译《丁登寺旁》(《英国诗选》)。

这种能使我们洞悉物象内在生命的恬静和如沐天恩的神圣心境[1]，便是富于想象力的理性，便是中国人的精神。

[1] 王佐良先生译为“恬静和幸福的心情”。

中国妇女

马修·阿诺德在谈起一场下院辩论援引《圣经》里的论据、要求准许男人娶他已故妻子的姊妹的法案时说道："如有人真正思考此事，谁会相信，当女性、理想女性以及我们与她们的关系成为问题时，印欧人——那曾造就过女神缪斯、骑士制度和圣母玛利亚的优雅而敏悟的天才们——却要到那闪族人——那最智慧的国王娶有七百妻、纳有三百妾的闪米特族人的风俗制度中，去寻找问题的最终答案呢?"

为了说明我的问题，我要从上述这段冗长的引文里借用"理想女性"这个词。那么，中国人的"理想女性"是什么样的？中国人心目中的理想女性以及他们与这种理想之间的关系又如何？在做进一步阐述之前，我要在此指出，尽管我尊重马修·阿诺德的意见，敬重他所属的印欧种族，但闪米特人、古希伯来人的理想女性，却并不像他在如上所引论述中展示给我们的那般恐怖。关于古希伯来的理想女性，我们可以从其文学作品中得见一斑："谁能找到这样一个德行出众的妇人呢？她的价值远胜过红宝石。丈夫对她完全放心、信任。……天未亮她就起床忙碌，为丈夫做好早餐并给闺女们特备一份。……她纺纱织布，经常手不辞纺锤，指不离纱杆。……下雪了她也不必替家人担心，因为家人都穿得漂亮暖和。……她出言巧慧，柔声细语，和善可亲。她精心地照管一家而不吃闲饭。她的孩子起床就向她祝福，她的丈夫也是如此，并对她赞不绝口。”

我想，闪米特人的这种理想女性，总还不至于是那么可怕、那么糟糕的吧。当然，她是比不上印欧种族的女神玛利亚和缪斯那样优雅脱俗。但有一点必须承认——玛利亚和缪斯作为画像挂在人的房间里尽管美妙绝伦，但假如你递给缪斯一把扫帚，或是把可爱的玛利亚送进厨房，那么你的房间准会灰尘满地，次日早晨也可能没有半点早餐可用。孔子曰：“道不远人，人之为道而远人，不可以为道。”① 我想，希伯来的理想女性即便不能与玛利亚和缪斯相比，但同现代欧洲人的理想女性、那现今欧美的印欧种族之理想女性，却很可以比一比。我不想谈论英格兰的那些妇女参政论者。我们可以对比一下古希伯来人的理想女性同现代欧洲小说中的女主人公，如小仲马笔下的“茶花女”。顺便说一下，人们也许有兴趣了解这样一个事实，即在所有被译成中文的欧洲文学作品中，小仲马的这部将堕落的风尘女子视作超级理想女性的小说，在目前赶时髦的现代中国最为卖座，获得了极大的成功。在中国，这本法国小说被译为《茶花女》，甚至已被改编为戏剧，风行于大江南北的新式剧院。现在，如果你将闪米特种族的古代理想女性，那无惧风雪因其已确保家人都穿得漂亮暖和的女性，同今日欧洲印欧种族的理想女性——

---

① 《中庸》第 13 章。——原注

那没有家人，用不着关心家人的衣着，自己打扮得华贵体面，胸前佩戴一朵茶花，供人拍照仰慕的茶花女式的女性相比，你就会懂得什么是真实的文明，什么是虚伪的、华而不实的文明了。

不仅如此，即使你把古希伯来人的理想女性——那手不辞纺锤、指不离纱杆，那勤于家务、从不吃闲饭的妇人，同现代赶时髦的中国妇女——那指不辞钢琴、手不离鲜花、穿着黄色贴身裙、满头遍挂镶金饰，在基督教青年会大厅里，站在乱七八糟的人群前搔首弄姿吟唱的女人相比，那你就会明白，现代中国是多么迅速地远离了真正的文明。因为一个民族中的女性正是该民族的文明之花，是表明该民族文明程度的象征之花。

现在，我们还是回到问题上来：中国的理想女性到底是什么样的？我的回答是，她与我上面所讲的古希伯来人的理想女性本质上一样，但又有一个重要的区别。区别容后再表。两者的相同点在于，这两种理想女性都既不是仅仅挂在屋子里的一幅画像，也不是男人终日拥抱和崇拜的对象。中国的理想女性是一个手拿扫帚打扫和保持房子清洁的妇人。事实上，中国的“婦”字，本来就由一个“女”和一个“帚”两部分构成。古代汉语即官话，把妇女称作厨房的主人——主中馈。毫无疑问，这种真正的理想女性——一切具有真正而非华而不实文明的人们心中的理想女性，无论是希伯来人，还是古希腊和罗马人，本质上都与中国人心中的理想女性一样：真正的理想女性总为家庭之主妇①。

下面，让我们讲得更为详细些。中国人的理想女性，从远古时

① Hausfrau 为德文，la dame de ménage 为法文，都是“管家务的女人”之义，即家庭主妇之意。“chatelaine”也是法文，意即“领主夫人”。

代以来，就一直被概括在“三从”和“四德”里。那么何为“四德”呢？首为“女德”，次为“女言”，三为“女容”，最后为“女工”。“女德”并不意味着特别有才智，而是要求谦恭、乐观快活、纯洁坚贞、整洁干净，有无可指摘的品行和完美无缺的举止。“女言”的意思不是要求妇人有雄辩的口才或才华横溢的谈吐，而是要言辞谨慎，不能使用粗鲁的语言，并晓得什么时候当讲，什么时候该住嘴。“女容”意味着不必要求太漂亮或太美丽的容貌，但必须收拾得整齐干净，穿着打扮恰到好处。最后，“女工”不是要求妇人有什么专门的技能，只要求她们勤快而专心致志于纺织，不把时间浪费在嬉笑之上；要做好厨房里的事，把厨房收拾干净，并准备好食物，家里来了客人时尤应如此。这些都是汉朝伟大的史学家班固之妹曹大家或曹太太写在《女诫》中的四条对妇女言行的根本要求。

那什么又是中国妇道中的“三从”呢？所谓“三从”，实际上指的是三种无私的牺牲或“为他人而活”。也就是说，在家从父、出嫁从夫、夫死从子。事实上，在中国，一个妇人的主要生活目标，不是为她自己而活，也不是为社会而活；不是去做什么改良者或者什么女子天足会的会长；甚至不是去做什么圣徒或在世上行慈善。在中国，一个妇人的主要生活目标就是做一个好女儿、一个好妻子和一个好母亲。

我的朋友，一个外国太太曾写信问我，中国人是否真的像穆斯林一样，相信妇人是没有灵魂的。我回信告诉她说，我们中国人并不认为妇女没有灵魂，我们只是认为一个妇人——一位真正的中国妇人是没有自我的。谈起中国妇人的这种“无我”，我得在一个非常难的问题上多说几句。这个问题不仅难，而且要使那些受过现代欧洲教育的人明白它，恐怕几乎是不可能的，这就是中国的纳妾制。我担心纳妾这个问题不仅难谈，而且在公开场合讨论它还是挺危险的。但是，正如一位英国诗人所说："傻瓜冲进了连天使都畏惧不前的地方。"在此我将尽最大努力去解释，为什么纳妾在中国并不像人们通常所想象的那样是一个不道德的风俗。

关于这个纳妾问题，我首先要讲的是，正是中国妇女的那种无私无我，使得纳妾在中国不仅成为可能，而且并非不道德。在做进一步阐述之前，请让我说明一下，在中国，纳妾并不意味着娶许多妻子。按照中国的法律，一个男人是只能娶一个妻子的，但他却可以纳许多侍女或妾，只要他乐意。在日本，侍女或妾被称作"手靠"或"眼靠"——这就是说，当你累了的时候，手有所触摸，眼有所寄托。我说过，在中国，理想女性并不要求一个男人终其一生去拥抱和崇拜她，而恰恰是她自己要纯粹地、无私地为丈夫活着。因此，当她的丈夫因操劳过度而病倒，需要一个侍女、"手靠"或"眼靠"使他恢复健康去适应生活和工作时，"无我"的妻子便给予他这一切。这就好比在欧美，当丈夫病了或需要的时候，一个好妻子适时地递给他一把靠椅或一杯山羊奶。事实上在中国，正是妻子的那种无我、那种责任感、那种自我牺牲的精神，允许男人可以有侍女或纳妾。

然而人们会对我说："为什么只要求妇女无私和自我牺牲呢？为什么不要求男人？"对此，我的回答是，在中国，男人不是没有自我牺牲——那些辛辛苦苦支撑家庭的丈夫，尤其当他是一个士人的时候，他不仅要对家庭尽责，还要对皇帝和国家尽责，甚至在为皇帝和国家服务的过程中，有时还要献出生命。这难道不是在牺牲吗？

康熙皇帝临终前躺在病床上发出的遗诏中曾说，他直到临终时才知道，在中国做一个皇帝，是一种多么大的牺牲。

让我在此顺便说一下，濮兰德和白克好司先生在他们最近出版的著作中，将康熙皇帝描绘成一个身宽体胖、无助而又令人恶心的“淫棍”，并认为他最终是葬送在一大批妻儿手里的。当然，对当代人如濮兰德和白克好司之流来说，纳妾这种不可思议的事情，是卑鄙、龌龊、令人作呕的。因为在他们这种人病态的想象中，除了将“纳妾”视为卑鄙、龌龊、令人作呕的一件事外，别无他想。当然这无关紧要。下面我想说，每个真正的中国男人——上自皇帝，下至人力车夫——以及每一个真正的妇人，实际上他们过的都是一种自我牺牲的生活。在中国，一个妇人的牺牲是为她那被称作丈夫的男人无私地活着；一个男人的牺牲是想尽办法养活和保护他带回家中的女人连同她们可能生下的孩子。的确，我要对那些爱谈中国纳妾之不道德的人说：在我看来，有些坐在小汽车里的欧洲人，从马路上捡回一个无依无靠的妇人，供其消遣一夜之后，次日凌晨又将其重新抛回马路上。中国那些纳妾的达官贵人，比他们要更少些自私和不道德的成分。纳妾的中国官员或许是自私的，但他至少为妾们提供了栖身之所，并承担了终身供养之责。事实上，如果说中国官员是自私的，那么我会说那些坐在小汽车里的欧洲人不仅自私，而且是懦夫。罗斯金①说过：“毫无疑问，一个真正的战士的荣誉，并不是能杀敌人，而是愿意并随时准备好去献身。”同理，我说，一个

---

① 罗斯金（John Ruskin，1819—1900）：近代英国著名政治家、文艺评论家、浪漫主义文化思潮的重要代表。他谴责近代资本主义制度的不合理和罪恶，痛恨资本主义文明的事务主义、实用主义和商业主义精神，具有浓烈的返古意识。他还将其乌托邦的复古计划付诸实践。其思想对辜鸿铭影响颇大。

妇人的荣誉——在中国，一个真正的妇人，不仅要爱着并忠实于她的丈夫，而且要绝对无私地为她的丈夫而活。事实上，这种“无我宗教”就是中国的妇女，尤其是淑女或贤妻之道。这正如我在别的地方努力阐明的“忠诚宗教”，即男人之道——中国的君子之道一样。外国人只有弄懂了这两种“教”，中国人的“忠诚宗教”和“无我宗教”，他们才能理解真正的中国男人或真正的中国妇女。

然而，人们又会问我：“爱何在？一个爱着妻子的男人，还能忍心在同一屋里安置其他女人吗？”对此，我的回答是：是的——为什么不能呢？因为一个男人真正爱其妻子，并不意味着他就应该一辈子拜倒在她的脚下去奉承她。衡量一个男人是否真正爱他的妻子，是要看他是否能尽心尽力，不仅保护她，而且不做伤害她及其感情的事。而现在要带一个陌生女人到家，是一定会伤害妻子及其感情的。然而，在此我要指出的是，正是这种我所称的“无我宗教”可以保护妻子免受伤害。正是中国妇女这种绝对的无私无我，使得她在看到丈夫带别的女人进家门的时候，不感到受伤害。换句话说，在中国，正是妇女的那种无私无我，使她的丈夫能够或被允许纳妾，同时她却没有受伤害的感觉。对此，请允许我说明一下：在中国，一个绅士——一个堂堂正正的君子，是从来不会不经其妻子的允许就擅自纳妾的；一个真正的淑女或贤妻，不论何时，只要她丈夫有纳妾的合理理由，她也绝不会不同意。我就知道许多丈夫人过中年，因无后想纳妾，但因妻子不同意而最终打消了念头的。我甚至还得知这样一件事：有个丈夫，他妻子有病，身体很差，但他却不因此作纳妾之想。当妻子催促他赶紧纳妾的时候，他拒绝了。可他的妻子不仅瞒着他为他纳进一妾，还迫使其与妾同房。

事实上，在中国，防止纳妾风俗被滥用的有效保护妻子的办法，便是丈夫对妻子的爱。所以，在中国，与其说丈夫纳妾就不是真爱他的妻子，毋宁说正因为他们确实爱他们的妻子，才有了纳妾的特权和自由，且不用担心滥用这种特权和自由。这种特权、这种自由，有时，甚至常常会被滥用，尤其是在今日这般混乱的中国，男人的荣誉感、廉耻感处于最低状态的时候。但我还是认为，在允许男人纳妾的中国，对妻子的保护，仍然是丈夫对她的爱，一种丈夫之爱，并且，我在此必须补充的是，他的得体——那种真正的中国绅士之高雅完美之礼。我真怀疑在一千个普通欧美人中，是否能有一个男人在同一间房里拥有一个以上的女人而不把家变成斗鸡场或地狱。简而言之，正是这种得体——真正的中国绅士那种高雅完美之礼，使得丈夫在纳进一个妾、一个“手靠”或“眼靠”入室时，他的妻子不感到受伤害的情况成为可能。概括地说，正是那种“无我宗教”，那种妇女、那种淑女或贤妻的纯粹的无私——那种丈夫对妻子的爱，还有他的得体——那种真正的中国绅士完美高雅之礼，正如上文我所说过的，使得纳妾在中国不仅可能，而且并非不道德。孔子曰：“君子之道，造端乎夫妇。”

下面，为了说服那些可能仍然对中国丈夫们的“真爱”持怀疑态度的人，我可以从中国的历史和文学作品中举出充分的证据来。在这里，我本十分愿意引用和翻译一首挽歌，它是唐代诗人元稹为悼念亡妻而作的；但遗憾的是这首诗太长了，在已经过于冗长的拙文里再加引用不太合适。然而，熟悉汉语的人，如果想了解那种深沉的感情、那种真正的爱，而不是当今人们常常误解为爱的所谓性爱，了解在中国，一个丈夫对他妻子的爱是多么真挚，就应该去读一读这首挽歌。任何一本唐诗集中都能找到这首挽歌，名为《遣悲怀》。由于不能在此引用这首长诗，我打算援引一个现代诗人所写的一首四行短诗，这个诗人曾是已故总督张之洞的幕僚①。他为追随总督，携妻赴武昌，在那儿待了多年之后，其妻去世。随后，他也不得不离开那个地方。在动身时，他写下了这首挽诗。原文如下：

此恨人人有，
百年能有几？
痛哉长江水，
同渡不同归。

同以下丁尼生的诗相比，这首诗的感情即便不更深沉，至少也是同样深沉。而它的用字却更少，语言则更为简洁精练。丁尼生的诗写道：

拍啊，拍啊，拍啊，
拍在你那灰冷之岩上，噢，海呀！
……
你轻抚的手虽然消失，
你的声音却犹然在耳！

但如今在中国，妻子对她丈夫的爱又如何呢？我认为这无须证明。在我们中国，新娘和新郎按规矩在婚前的确是彼此不能相见的，但即使这样，新娘和新郎之间的爱却依然存在。这一点从唐代的一首四行诗中可以看到：

---

① 这里实际上是辜鸿铭自指。下面一首诗也是他本人所作，是纪念他的日本亡妾吉田贞子的。

洞房昨夜停红烛，
待晓堂前拜舅姑。
妆罢低声问夫婿，
画眉深浅入时无？①

不过，为了理解上面这首诗，我必须谈谈中国婚姻的某些风俗。在中国，合法的婚姻必行“六礼”：第一是“问名”，即正式提婚。第二是“纳采”（接受丝织赠品），即订婚。第三是“定期”，订下结婚的日子。第四是“亲迎”，即迎娶新娘。第五是“奠雁”，洒酒雁上，即山盟海誓，保证婚约，之所以如此命名，是因为雁被认为极其忠诚于配偶。第六是“庙见”。在这六礼之中，最后两礼至关紧要，为此，我打算对它们进行详细描述。

目前，第四礼“亲迎”，除了在我的家乡福建省仍保持着这古老的风俗外，其他地方一般都省却了，因为它会给新娘家造成太多的麻烦和花费。如今，新娘已不再是被迎娶，而是被送到新郎家去。当新娘进入新郎家时，新郎站在门口迎接，并亲自打开新娘的轿门，迎她到堂屋中。新娘和新郎在堂屋拜天地，也就是他们双双面对着厅堂的大门，面向苍天跪拜。厅堂里放一张桌子，桌上摆两根红烛，接着丈夫洒酒在地——前面放着新娘带来的双雁（多为野雁，如野雁不可得，则用家鹅代之）。这一礼节就是所谓的“奠雁”，在雁前面洒酒祭奠，男女之间海誓山盟——他发誓对她忠诚，她也发誓对他忠贞，正如同他们眼前所看到的双雁一样，坚贞不渝。从这时开始，可以说他们就变成了理所当然的情人夫妇了。这种结合，只是

① 此诗是唐代诗人朱庆馀的诗，题为《近试上张水部》。

通过道德法、君子之道，他们彼此互予忠贞二字，还没有得到公民法的认可。所以，这一礼节可以被称作道德婚姻或宗教婚姻。

接下来的礼节是“交拜”。站在厅堂右边的新娘，首先跪在新郎面前，新郎也相对而跪；然后他们交换位置，新郎站到新娘站过的地方，朝她跪下——她也如法回敬。在此，我希望指出的是，毫无疑问，这种交拜礼证明了在中国的男女之间、夫妇之间，是完全平等的。

如前所述，誓约礼可以被称为“道德婚姻”或“宗教婚姻”，以区别于三天之后的“公民婚姻”。在道德婚姻或宗教婚姻中，男女在道德法面前、在上帝面前结成了夫妻。这种婚姻仅限于该男该女之间，在中国所有的社会和公民生活中，家庭几乎都代替了国家，国家只是作为一个可以上诉的法庭而存在。中国的家庭对这种婚姻或行这种誓约礼的男女是不认可的。实际上，从行婚约礼的第一天起到第三天举行的公民婚姻之前，新娘不仅不会被引见，而且也不被允许见新郎家的家庭成员或被他们见到。

这样，中国的新娘和新郎在一起住过了两天两夜，可以说不算合法，而是作为情人。第三天，中国婚姻中的最后一礼到来了——“庙见”，或称作“公民婚姻”。在第三天举行庙见礼，这是《礼记》中的规定（所谓“三日庙见”）。但如今，为了减少麻烦和花费，一般在第二天便举行“庙见”这一礼仪。如果其家族的祖庙就近，当然在祖庙举行这一礼仪；但对于那些住在城镇而附近又没有祖庙的人，在小型的家祠前举行便可——无论是有身份有名望的家庭，还是很穷的人家，都有这种小型家祠。这种祖庙、庙堂或家祠，里面都有灵台或在墙上贴有红纸，正如我在别的地方所说过的那样，它们是儒教这一国家宗教的教堂。中国的这种教堂，在性质上同基督教国家中的教会宗教的教堂是一样的。

这一仪式——庙见，首先由新郎的父亲去跪到祖庙的灵台前，如果家中无父，则由家庭中最亲的长者代行，以此宣告祖宗亡灵，家庭中一位年轻成员现已娶妇进门。然后，新郎新娘依次跪到同一祖宗灵前。从这时开始，该男该女不仅在道德法或上帝面前，而且在家庭面前、国家面前、国法面前，结成了夫妻。因此，我称这一庙见礼仪——中国人婚姻中的祠堂祭告——为“公民婚姻”。而在此公民婚姻之前，那个女子，即新娘——按照《礼经》的规定——是不能算一个合法的媳妇的（“不庙见不成妇”）。如果新娘在庙见前暴亡，据《礼经》规定，则不许葬在夫家祖坟，她的祭奠灵位也不能放在夫家的祖庙里。

如此，我们看到在中国，一个合法的公民婚约不是那个女子和男人之间的事，而是那个女子同她丈夫家庭间的事。她不是同他本人结婚，而是嫁进他的家庭。在中国，一个太太的名片上，往往不写成某某的夫人，如“辜鸿铭夫人”，而是刻板地写成“归晋安冯氏裣衽”之类语。在中国，妇女同夫家之间的这种婚约，夫妇双方都绝不能不经夫家的许可任意撕毁。这正是中国和欧美婚姻的根本不同。在欧美，人们的婚姻是我们中国人所谓的情人婚姻，只基于单个男女之间的爱情。而在中国，婚姻正如我曾说的，是一种公民婚姻，一种不建立在夫妇之间而介于妇人同夫家之间的契约。在这种契约中，她不仅对丈夫本人负责，还对他的家庭负有责任；通过家庭再到社会，到维系社会或公民秩序；实际上，最终推及到整个国家。最后，让我在此指出，正是这种婚姻的公民观念，使得家庭稳固，从而保证了整个社会和公民秩序，乃至中国整个国家的稳固。至此，请允许我进一步指出，在欧美，除非人们懂得真正的公民生活意味着什么，懂得并真正认识作为一个真正的公民意味着什么——一个公民并不是为他自身活着，而首先是为他的家庭活着，进而为公民秩序或国家而活，除非人们懂得这样的道理，否则就不可能有真正意义上的稳定的社会、公民秩序或国家。今天我们在现代欧美所见的国家，其国中的男男女女对公民生活并没有一个真实的观念，尽管这样的国家有议会和国家机器，但充其量也只能被称作“一个巨大的商行”。或者说，在战争期间，它简直就是一群匪徒和海盗，而不像一个国家。实际上，在此容我进一步指出，正是这种把国家视为只关心最大股东自私物质利益的大商行的错误观念——这种具有匪徒合伙精神的错误的国家观念，归根到底，乃是目前欧洲正在进行的可怕战争的根源。

简而言之，缺乏对公民生活的真实观念，就没有也不可能有真正的国家，哪里还谈得上什么文明！对我们中国人来说，一个不结婚、没有家庭和栖身之所的男人，是不能成为一个爱国者的。如果他自称为爱国者，我们中国人会将其称为一个强盗爱国者。事实上，一个人要想拥有真正的国家或公民秩序的观念，他就必须首先拥有真正的家庭观念，而要拥有真正的家庭和家庭生活观念，他又必须首先拥有真正的婚姻观念——结婚不是去结一种情人婚姻，而是去结上述我努力描述的那种公民婚姻。

还是言归正传吧。现在你能够想象出那可爱的妻子是如何等待到天明——要去敬拜公婆，梳妆完毕低声问夫婿，她画的眉好不好看。从这里你能晓得我所说的中国的夫妇之间存在爱情，尽管他们在婚前彼此并不相识，甚至在婚礼的第三天也如此。如果说你认为上述的爱还不够深，那么接着，我再举一个妻子写给她身在远方的丈夫的两行诗：

当君怀归日，
是妾断肠时。

莎士比亚《皆大欢喜》剧中人罗瑟琳对她的表妹西莉娅说："哦，表妹，表妹，我可爱的小表妹，你要知道我的爱有多么深！但我无法表达，我的爱就像葡萄牙海湾一样深不可测。"在中国，一个妇人——妻子对她丈夫的爱，和一个男人——丈夫对他妻子的爱，可以说就像罗瑟琳的爱一样深不可测、无法形容，它如同葡萄牙海湾那般没有底止。

然而，我要来谈谈中国人心目中的理想女性和古希伯来人的理想女性之间的差异。《所罗门之歌》中的希伯来情郎这样表达他对恋人的爱："你是多么漂亮，哦，我的爱人，你和苔尔查一样美，像耶路撒冷一样标致，像一支携旗而来的军队那样恐怖！"即使在今天，凡见过有着美丽黑眼睛的犹太女人的人，都会承认，这幅描绘古希伯来情郎赋予他们种族的理想女性形象的图景真实而又鲜明。可是，对于中国人的理想妇女形象，在此，我想指出的是，其中却丝毫不存在使人感到恐怖的因素，无论在肉体上还是在精神上都是如此。即使是中国的"海伦"——历史上那个"一顾倾人城，再顾倾人国"的美人——说她可怕，也只是打个比方而已。我在《中国人的精神》一文中，曾谈到过一个英文单词 gentle（温良或文雅），并用它来概括中国式的人给我们留下的整体印象。如果可以用这个词来形容真正的中国人，那么用它来形容真正的中国妇女，就更加准确了。事实上，真正中国人的这种“温良或文雅”在中国妇女那儿，就变成了甜蜜的温柔。中国妇人的那般温柔、那般谦恭和柔顺，可以同弥尔顿《失乐园》中的夏娃相媲美，夏娃对夫君说：

上帝是你的法律，你是我的法律；

妇人最幸福的知识和荣耀莫过于知晓此理。

确实，中国人的理想女性形象中的这种至善至美的温柔特性，从其他任何民族的理想女性形象中都无法找到——其他任何文明，无论是希伯来、希腊还是罗马文明，都不具备这一特性。这一完美的、神圣的中国理想女性式的温柔，只有在一种文明——基督教文明，在它臻于极致的文艺复兴时期才能找到。如果你去读薄伽丘《十日谈》中格丽塞尔达的美丽故事，你将从中窥见真正的基督教的理想女性形象。然后，你就会懂得中国人的理想女性形象中这种完美的恭顺，这种神圣的、纯粹无私的温柔意味着什么。简而言之，就这种神圣的温柔而言，真正的基督教的理想女性形象，同中国人的理想女性形象是大体相同的，但也有细微的差别。假如你仔细地把基督教中的圣母玛利亚的形象，与杰出的中国艺术家所刻画的仙子和女妖形象，而不是佛教中的观音菩萨相比，你就能看出基督教的理想女性形象同中国的理想女性形象间的不同。圣母玛利亚很温柔，中国的理想女性也温柔；圣母玛利亚优雅脱俗、轻灵绝妙，中国的理想女性也同样优雅脱俗、妙不可言。然而，中国的理想女性要更胜一筹，她们是妩媚与优雅的（debonair）。要想了解 debonair 一词所表达的这种妩媚与优雅，你不得不回到古希腊去——哦，在斯派尔希奥斯河的旷野，拉科尼亚的贞女们使得泰格特斯山麓的祭司们都如痴如醉了！事实上，你将不得不去色萨利原野和斯派尔希奥斯河畔，去纯情的拉科尼亚少女们跳酒神舞的丘陵——泰格特斯山丘。

毋庸讳言，中国自宋朝以来，那些可被称作儒家清教主义者的宋代理学家把儒教精神、中国文明的精神弄得狭隘、僵化、庸俗化了。从那时起，中国的女性丢掉了许多 debonair 一词所包含的优雅与妩媚。因此，如果你想在真正的中国理想女性形象中看到 debonair 所表达的优雅与妩媚，你只能去日本。在那里甚至直到今天，依然保存着纯粹的唐朝时期中国文明的遗风。Debonair 一词所表示的这种优雅与妩媚，与中国理想女性形象中那神圣的温柔，二者共同赋予了日本女子以“名贵”的气质，甚至当今最贫困的日本妇女也不例外。

谈到 debonair 一词所表达的这种优雅与妩媚，请允许我在此引用马修·阿诺德的几句话，他借此将英国古板拘泥的新教徒的理想女性形象，同法国轻柔优雅的天主教徒的理想女性形象做了对比。在比较法国诗人莫里斯·德·介朗挚爱的妹妹欧金尼娅·德·介朗和一个名叫埃玛·泰瑟姆的英国女诗人时，他说：“这个法国妇女是朗格多克的一名天主教徒，那个英国妇女则为马盖特的一名新教徒。马盖特英国新教徒那古板拘泥的形象，表现在它所有的单调乏味、丑陋不堪之中——补充一句，也显现在它全部的有益健康之中。在这两种生活的外在形式和方式之间，一面是朗格多克圣诞节期间天主教徒介朗小姐的‘nadalet’，复活节时她那长满苔藓的礼拜堂，她对圣徒传的每日诵读……”；另一面则是泰瑟姆小姐那干瘪、空洞和狭隘的英国新教仪式，她与“马盖特霍利广场上的礼拜者结成的教会帮”，她用柔软、甜腻的声音吟唱那令人兴奋的短诗：

让我主耶稣知道，并感受他血液的流动，

这就是永恒的生命，这就是人间的天国！

还有她那来自主日学校的年轻女教师，以及她那位“可敬的唱诗班领袖托马斯·罗先生”。在这两种生活的外在形式和方式之间，差异多么大！从基础上看，这两种生活是相似的；可她们生活的具体环境，却又是多么地不同！对于这种不同，有人说是非本质和无关紧要的。不错，这种差异是非本质的；但若认为它是无关紧要的，那就错了。英国新教的宗教生活缺乏优雅和魅力，这绝非一件无关紧要的事，它是一种真正的弱点。“这些是你们应当做的，但其他的也不可疏忽。”

最后，我想指出中国人理想的女性形象中最重要的特质，那种鲜明地有别于所有其他古代或现代的国家和民族之理想妇女形象的特质。不错，就中国女人这一品质本身而言，它是世界上任何自命为文明的国家和民族的理想妇女所共同拥有的；但在此，我要强调的是，这一品质在中国发展到如此完美的程度，恐怕是世界上任何别的地方都望尘莫及的。我所讲的这一品质，用两个中国字来描述，就是“幽闲”。在前文曹大家所著《女诫》的引文中，我将其译作 modesty and cheerfulness。中国的“幽”字，字面意思是“退隐”“僻静”“神秘”；“闲”字的字面意思是“自在”或“悠闲”。对于中国的“幽”字，英语 modesty（“谦和”“端庄”“淑静”）、bashfulness（“羞怯”）只能让你明白一个大意，德语的 Sittsamkeit（“羞怯”“忸怩”）同它较为接近，但恐怕法语 pudeur（“腼腆”“羞涩”）同它的本意最为接近了。这种腼腆、这种羞涩，“幽”字所表达的这种品质，我可以说，它是一切女性的本质特征。一个女人这种腼腆和羞涩的品质愈显现，她就愈具有女人味——雌性；事实上，她也就越是一个完美的、理想的女人。相反，一个女人若丧失了“幽”字所表达的这种特性，丧失这种羞涩、这种腼腆，那么她的女性、雌性，连同她的醇香芬芳也就一并丧失了，从而变成一具行尸走肉。因此，正是中国女性理想形象中的这种腼腆、“幽”字所表达的这种特性，使得或应当使得每个真正的中国妇女本能地感到在公共场合抛头露面是不成体统的。按照中国人的正统观念，上戏台和在大庭广众面前抛头露面，即便是去基督教青年会的大厅里吟唱，都是有伤风化的。总而言之，正是这种“幽闲”、这种对与世隔绝的幽静之爱、这种对招摇过市的反感、这种中国理想女性的腼腆羞涩，赋予了真正的中国女人那种世界上其他民族的妇女所不具备的芳香，一种比紫罗兰、比无法形容的兰花香还要醇浓的芳香。

两年前，我曾在《北京每日新闻》上翻译过《诗经》的第一首诗。我相信，它是世界上最古老的情歌。这首诗这样描述了中国人理想的女性形象：

关关雎鸠，在河之洲。窈窕淑女，君子好逑。

“窈窕”两字与“幽闲”有同样的含义。从字面上讲，“窈”即幽静恬静的、温柔的、羞羞答答的；“窕”字则是迷人的、轻松快活的、殷勤有礼的。“淑女”两字则指纯净、贞洁的少女或妇人。这样，在这首中国最古老的情歌中，你能发现中国理想女性的三个本质特征：爱幽静、羞涩或腼腆，debonair 一词所表达的无法言状的优雅与妩媚，最后是纯净或贞洁。简而言之，真正或真实的中国女人是贞洁的，是羞涩腼腆而有廉耻心的，是轻松快活而迷人的，是殷勤有礼而优雅的。只有具备了这三个特征的女人，才配称作中国的理想女性——才配称作真正的“中国妇女”。

儒家经典之一的《中庸》，我曾译作《人生指南》，它的第一部分内容包含了孔子在人生准则方面的实践教义。这部分以对幸福家庭的一段描述作结：

> 妻子好合，如鼓瑟琴；
> 兄弟既翕，和乐且耽；
> 宜尔室家，乐尔妻帑。①

中国的这种家庭是一个小型的人间天堂；而有着良好公民秩序的国家——中华帝国——则是一个真正的天堂，天国降临大地，降福于中国人民。于是为君子者，以其廉耻感、名分心，以其“忠诚宗教”，成为国家公民秩序的坚强卫士；同样，中国的女人，那些淑女或贤妻，以其轻松快活、殷勤有礼的妩媚和优雅，以其贞洁、腼腆，最重要的是以她的“无我宗教”，成为中国之家庭——那小型人间天堂的守护神。

---

① 该诗出自《诗经·小雅·棠棣》，后在《中庸》第15章中被引用。

中国语言

所有致力于学习汉语的外国人，都说它是一门非常难学的语言。果真如此吗？在回答这个问题之前，让我们先来弄清所谓的汉语到底是什么。众所周知，在中国有两种语言（不是指方言）：口语和书面语（白话和文言）。顺便问一问，有谁知道中国人坚持保留这两种不同的语言的原因吗？是这样的，在中国，正如在欧洲有段时期，当拉丁语作为学术语或书面语的时候，人民被彻底划分成两类：受过教育者和未受过教育者。通俗语或口语专门为未受教育者所用，而书面语则完全服务于受过教育者。在这种情况下，半受教育的人是不存在的。我认为这就是中国人坚持保留两种语言的原因所在。现在，我们来考虑一下，一个国家如果存在半受教育者将会产生什么后果。看看今天的欧洲和美国吧，自从废弃了拉丁语，口语和书面语之间的明显区别消失了，由此兴起了 一个半受教育阶层，他们被允许和真正受过教育的人使用同样的语言。他们高谈什么“文明”、“自由”、“中立”、“军国主义”和“泛斯拉夫主义”，却一点儿也弄不懂这些词本身的含义。人们认为普鲁士军国主义对文明构成了危险；但在我看来，似乎半受教育者、那些今日世界上半受教育者组成的群氓，才对文明构成了真正的危险。我扯得远了。

下面，让我们回到正题上来：汉语到底难不难？我的回答是：难，也不难。首先让我们来看看汉语口语。我认为汉语口语不仅不难，而且与我所掌握的其他半打语言相比，除了马来语外，它可算是世界上最容易的了。我之所以这么说，是因为它非常简单：既没有语格、时态，又没有规则和不规则动词，实际上也没有语法，或者说不受任何规则束缚。可有人对我讲，正是由于汉语口语太简单，没有规则或语法，它才实在难学。然而，事实并非如此。马来语和汉语一样，也是一门没有语法或规则的简单语言，可学习它的欧洲人却没有觉得它难。所以就它本身而言，以及对中国人自己来说，起码汉语口语是不难的。然而，来到中国的受过教育的欧洲人，尤其是半受教育的欧洲人，甚至连学习汉语口语也觉得异常困难，这是为什么呢？在我看来，这是由于汉语口语属于没有受过教育者，或者说完全未受过教育者的语言，事实上是一种孩童的语言。众所周知，在那些博学的语言学家和汉学家们大讲汉语如何如何难学时，欧洲的孩童们轻而易举就学会了说汉语，这一点已足资证明我的观点了。汉语、汉语口语，我再说一遍，它是一门孩童的语言。所以，我给那些想学汉语的外国朋友的第一个忠告就是：“保持一颗孩童之心，那么你不仅可以进入天国，而且可以学会汉语。”

下面，我们再来看看文言或书面汉语。在进一步阐述之前，我先介绍一下，书面汉语也同样存在着不同种类。传教士们将书面汉语划分为简易文理和繁难文理两类。但我认为，这个分类不能令人满意。在我看来，合理的分法应当是简单欠修辞的语文、通行的语文和高度优雅的语文三类①。假如你爱用拉丁语，可以称它们为：普通汉语或日常事务汉语（litera communis or litera officinalis）、低级古典汉语（litera classica minora）和高级古典汉语（litera classica majora）。

如今，许多外国人都自称或被称为中国学家。大约三十年前，我给《字林西报》② 写过一篇关于中国学的文章——哎！那些旧上海的日子呀，时光变换人事非（Tempora mutantur, nos et mutamur in illis）——我在那篇文章中指出："许多身居中国的欧洲人，他们出版了几本关于中国某几省的方言汇编，或者收集了百来条中国谚语之后，便立刻有权自称为汉学家。"我还说："当然，只取一个名目倒也不打紧。按条约中'治外法权'一款，一个英国佬在中国，甚至可以泰然自若地自称为孔子，只要他乐意！"现在，我想要说的是，那些自称为汉学家的外国人，他们当中究竟有多少人意识到了我所讲的高级古典汉语，那种用高度优雅的汉语写成的中国文学里，蕴藏着多少人类文明的宝贵财富？我之所以称它是一笔文明的宝藏，是因为我坚信，中国文学中的高级古典汉语，具有马修·阿诺德评论《荷马史诗》时所指出的那种"令蛮野生番变得高雅起来，促其脱胎换骨"的功能。事实上我相信，中国文学中的高级古典汉语终有一天能够改变那些正带着野蛮动物的相争本能鏖战于欧洲、尚处

---

① 鱼返善雄的日译本作"平服语言、制服语言和礼服语言三种"，可供参考。

② 《字林西报》(*North China Daily News*)：又称《字林报》，英国在上海创办的英文报纸。以向西方介绍、评论中国的情况为主要旨志，是近代关于中国的影响最大的英文报纸之一。1864年创刊，1951年停刊。

在自然原始状态的爱国者，使他们变成和平、文雅和礼让的人。文明的目的，正如罗斯金所说，就是使人摆脱粗俗、暴力、残忍和争斗之性，从而成为礼让者。

还是言归正传。中国书面语言到底难否？我的回答依然是：难，又不难。我认为，书面汉语，即使是我所谓的高度优雅的汉语、那种高级古典汉语，也都不难，因为它如同汉语口语一样，极为简单。对此，我不妨随便举一个普通例子向你们说明这一点。我举的这个例子是一首七言唐诗，它描述了汉族人民为抵抗来自北方野蛮而又凶残彪悍的匈奴，为保卫自己的文明所做出的牺牲。这首诗的中文是这样的：

誓扫匈奴不顾身，
五千貂锦丧胡尘。
可怜无定河边骨，
犹是春闺梦里人。①

逐字逐句翻译成英文，是这样：

Swear sweep the Huns not care self,
Five thousand embroidery sable perish desert dust;
Alas! Wuting riverside bones,
Still are Spring chambers dream inside men!

自由一点的英文译诗，可以像这样：

They vowed to sweep the heathen hordes

① 这是唐代诗人陈陶的诗，题为《陇西行》。

From off their native soil or die：
Five thousand tasselled knights，sable-clad，
All dead now on the desert lie.
Alas！the white bones that bleach cold
Far off along the Wuting stream，
Still come and go as living men
Home somewhere in the loved one's dream.

现在，假如将原文和我蹩脚的英译文两相比较，你就会发现，汉文原诗，其遣词和风格是多么质朴，意思是多么简明。然而，在这如此简明的遣词、风格和意思中，却又蕴含着多么深刻的思想和多么深沉的情感。

要想体会这种中国文学——用极其简明的语言表达深刻思想和深沉情感的文学——你必须去读希伯来《圣经》。希伯来《圣经》是所有世界文学中最深刻的著作之一，然而它的语言却极为简洁。不妨摘一段为例："可叹，这个忠实的城市怎么变成了妓女？……身居高位的男人都是不忠诚的叛徒和强盗的同伙；人人都喜欢受贿并追逐赃私；他们既不为孤儿申冤，也不受理呈到他们面前的寡妇诉讼。"（《以赛亚书》1：21-23）还有另外一段也出自同一先知之口："我将让孩童去做他们的高官，用婴儿统治他们，人们将受到压迫……孩童将傲视老者，卑鄙者将傲视正派者。"好一幅恐怖的图景！一个国家或民族沦落到这种可怕的状态。你看到眼前这幅景象了吗？事实上，假如你想得到那种能改变人、能使人类变得文明的文学，你就只有到希伯来和希腊文学中，或者到中国文学中去寻找。可是，希伯来语和希腊语如今都已变成了僵死的语言，而汉语则完

全是一种活生生的语言——今天仍为四万万中国人所使用。

概括言之，口头汉语也好，书面汉语也好，在某种意义上来说都是很难的；但是，它难并不是因为它复杂。许多欧洲语言如拉丁语和法语，它们难是由于它们复杂、有许许多多的规则。而汉语则不然，它难在深奥，难在要用简明的语句表达深沉的情感。汉语难学的奥秘正在这里。事实上，正如我在别的地方所说过的，汉语是一种心灵的语言，一种诗的语言。这便是为什么即使是一封用古典汉语写的简单的散文书信，读起来也像一首诗的缘故。所以，要想懂得书面汉语，尤其是我所谓的高度优雅的汉语，你就必须使你的全部天赋——心灵与大脑、灵魂与智慧的发展齐头并进。

受过现代欧式教育的人觉得汉语异常难学，原因也正在于此，因为现代的欧式教育，只注重发展人天性的一部分——智力。换言之，汉语对于一个受过现代欧式教育的人来说之所以很难，是因为汉语深奥；而现代欧式教育，仅仅盯着知识的数量而忽视质量，只能培养出一些浅薄之徒。至于那些半受教育之辈，正如我在前文所说过的，对他们来说，即便是汉语口语，也是十分困难的。要想他们懂得高级古典汉语，就好比人们谈起富人时曾说的，那简直比骆驼穿过针眼还难，因为书面汉语只供真正受过教育者所用。简而言之，书面汉语难就难在它是真正受过教育者的语言，而真正的教育本身就是一件很难的事情。希腊谚语说得好："美的东西，都意味着难。"

在结束本文之前，让我再来举一个关于书面汉语的例子，说明我所讲的淳朴和深沉的感情即使是在低级古典汉语，即那种正式通行的汉语文学中，也随处可见。这个例子是一首四行诗，由一位现代诗人作于新年除夕之夜。该诗的中文是这样的：

示内

莫叹家贫卒岁难，
北风曾过几番寒。
明年桃柳堂前树，
还汝春光满眼看。①

就字面意，译成英文是——

"To My Wife"

Don't say home poor pass year hard,
North wind has blown many times cold,
Next year peach willow hall front trees,
Pay-back you spring light full eyes see.

自由一点，可以译成如下诗句：

"To My Wife"

Fret not, —though poor we yet can pass the year,
Let the north wind blow ne'er so chill and drear;
Next year when peach and willow are in bloom,
You'll yet see Spring and sunlight in our home.

在此，我还可举一个更长、流传更久远的作品，即中国的华兹华斯——唐代诗人杜甫的一首诗。下面，我首先给出我的英语

① 有学者新近考证，此诗为清朝诗人沈受宏的作品，曾收入沈德潜编《国朝诗别裁集》下。沈受宏，字台臣，江苏太仓人，功名不显。我们原以为此诗为辜鸿铭自作，误。

译文：

"Meeting with an Old Friend"

In life, friends seldom are brought near;
Like stars, each one shines in its sphere.
To-night, —oh! what a happy night!
We sit beneath the same lamplight.
Our youth and strength last but a day.
You and I—ah! our hairs are grey.
Friends! Half are in a better land,
With tears we grasp each other's hand.
Twenty more years, —short, after all,
I once again ascend your hall.
When we met, you had not a wife;
Now you have children, —such is life!
Beaming, they greet their father's chum;
They ask me from where I have come.
Before our say, we each have said,
The table is already laid.
Fresh salads from the garden near,
Rice mixed with millet, —frugal cheer.
When shall we meet? 'tis hard to know.
And so let the wine freely flow.
This wine, I know, will do no harm.
My old friend's welcome is so warm.

To-morrow I go, —to be whirled,
Again into the wide, wide world.

上述译文，我承认几乎是拙劣的，它仅仅译出了中文诗的大意而已，原作绝非如此水平。它的确是诗，简单得近乎口语化，却优雅而不失庄重、悲怆、哀婉与高贵。这一切，我无法表达出来，也不可能用同样简洁的英语表达出来。

赠卫八处士

人生不相见，动如参与商。
今夕复何夕，共此灯烛光。
少壮能几时，鬓发各已苍。
访旧半为鬼，惊呼热中肠。
焉知二十载，重上君子堂。
昔别君未婚，儿女忽成行。
怡然敬父执，问我来何方。
问答乃未已，儿女罗酒浆。
夜雨剪春韭，新炊间黄粱。
主称会面难，一举累十觞。
十觞亦不醉，感子故意长。
明日隔山岳，世事两茫茫。

约翰·史密斯[1]在中国

腓力斯人不仅忽视一切非自身的生活条件，而且还要求余下人类都去适应他们的生活方式。[2]

——歌德

斯特德[3]先生曾经发问："作家玛丽·科雷利走红一时的秘密何在？"他自己的回答是："有什么样的作家，就有什么样的读者。因为那些阅读玛丽·科雷利小说，沉醉在她世界中的约翰·史密斯们，把她奉为与之共生的那个世界最权威的阐释者。他们生存于其内，活动在其间，从中找到自我。"玛丽·科雷利之于大不列颠的约翰·

---

① 约翰·史密斯：这里特指那些自以为比中国人优越、想要以盎格鲁-撒克逊观念开化中国人的英国人。

② 德文原文："*Der Philister negiert nicht nur andere Zust. nde, als der seinige ist, er will auch, daß alle übrigen Menschen auf seine Weise existieren sollen.*"——原注

③ 斯特德（William Thomas Stead，1849—1912）：英国著名新闻记者，擅长以流畅的文笔和炽烈的感情去揭露各种各样的问题。他有敏锐的观察力和强烈的正义感，撰有《俄罗斯真相》《如果基督来到芝加哥》《世界的美国化》等书。

史密斯，就好比阿瑟·史密斯牧师之于中国的约翰·史密斯。

真正受过教育的人和半受教育者之间的差别也就在这里。真正受过教育的人总想去读些能揭示事物真理的书；而那些半受教育之辈，则更喜欢读那些所揭示的内容跟他主观想法相一致的书，好从中了解他受虚荣心驱使所希望发生的那类事情。在中国的约翰·史密斯极想成为凌驾于中国人之上的优越者，阿瑟·史密斯牧师为此写了一本书，最终证明他——约翰·史密斯确实比中国人优越得多。于是，阿瑟·史密斯牧师自然成为约翰·史密斯非常亲爱之人，他那本《中国人的特性》一书，也就成了约翰·史密斯的一部圣经。

但是，斯特德先生说过："正是约翰·史密斯和他的邻居们现在统治着大英帝国。"所以，最近我不惮其烦，读了那本给约翰·史密斯提供了有关中国和中国人观点的著作。

《早餐桌上的独裁者》一书的主人公把人的心智分为两种：一种是算术型头脑，一种是代数型头脑。他观察说："所有经济和务实的智慧，都是'2＋2＝4'这种算式的推广或变种；而每个哲学型命题则更多地具有'a＋b＝c'这种更普遍的特性。"整个约翰·史密斯家族显然属于独裁者所谓的"算术型头脑"。约翰·史密斯的父亲，老约翰·史密斯，化名约翰·布尔，就是凭借"2＋2＝4"的公理发家的。他到中国来贩卖他的曼彻斯特商品赚钱。他同约翰·中国佬①相处得很融洽，因为无论是约翰·布尔，还是约翰·中国佬，他们都懂得并完全服膺"2＋2＝4"的公理。可是，现今统治大英帝国的小约翰·史密斯却不同了。他带着满脑子连他自己都不明白的

① 约翰·中国佬：这里特指与西方人打交道、接受西方"开化"的那些中国人。

“a+b=c”的东西来到中国，不再满足于贩卖曼彻斯特商品，还想要开化中国人，或者按他的话说，要“传播盎格鲁-撒克逊观念”。结果，约翰·史密斯同约翰·中国佬闹翻了。更糟的是，在约翰·史密斯那“a+b=c”的盎格鲁-撒克逊观念的开化和影响之下，约翰·中国佬不再是曼彻斯特商品的诚实可靠的好主顾。他们玩忽商业，到张叔和的“张园”去庆祝立宪去了。实际上，他们已变成一群疯痴狂乱的改良者。

前不久，在辛博森①先生的《远东的新调整》一书和其他著作的启发下，我致力于为中国学生编写一本盎格鲁-撒克逊的问答传习录。结果，我编来编去，不过是以下这些东西：

1. 人最主要的目标是什么？

人最主要的目标是为大英帝国增光。

2. 你信奉上帝吗？

是的，当我去教堂的时候。

3. 你不去教堂时，信仰什么？

我信仰利益——会有什么报酬。

4. 什么是最正当的信念？

相信人人为己。

5. 工作的目的是什么？

挣钱装腰包。

---

① 辛博森（Bertram Lenox Simpson，1877—1930）：笔名帕特南·威尔（Putnam Weale），英国人，生于宁波。曾在中国海关任职，后出任英国报纸驻北京通讯员。曾被黎元洪和张作霖聘为顾问，是著名的“中国通”。著有《远东的新调整》《东方的休战及其后果》《东亚正在到来的斗争》等书。《远东的新调整》出版于1905年。

6. 何为天堂？

天堂意味着能住进静安寺路①，能开敞篷车。

7. 何为地狱？

地狱乃意味着失败。

8. 何为人类完美的状态？

罗伯特·赫德②爵士控制的中国海关。

9. 何为亵渎神明？

否认罗伯特·赫德爵士是一个天才。

10. 何为极恶？

妨碍大英帝国的贸易。

11. 上帝创造四万万中国人的动机何在？

为了给英国发展贸易。

12. 你如何祈祷？

感谢你，主啊！我们不像邪恶刻毒的俄国佬和蛮横残暴的德国佬那样，想要瓜分中国。

13. 在中国，谁是伟大的盎格鲁-撒克逊观念的传布者？

莫理循③博士，《泰晤士报》驻北京记者。

---

① 上海最时髦的住宅区。——原注

② 罗伯特·赫德（Robert Hart，1835—1911）：英国人，生于北爱尔兰。1854年来华，从19世纪60年代至20世纪初，一直担任中国海关总税务司，控制中国海关达四十多年之久。对近代中国洋务事业和中外关系均产生过影响，被清廷授予太子太保衔。庚子时期，曾著《这些从秦国来：中国问题论集》，促进了庚子议和，辜鸿铭对他控制中国海关十分不满，不时加以嘲讽。

③ 莫理循（George Ernest Morrison，1862—1920）：英国人，生于澳大利亚。1897年任《泰晤士报》驻北京记者。1912年被袁世凯聘为总统府顾问。他是当时舆论界的活跃人物，主张中国政治上“西化”、经济上加强同英国的贸易关系。莫理循为辜鸿铭所恶，也因此骂辜鸿铭为“疯子”。

如果说以上便是一个对盎格鲁-撒克逊观念的真实而全面的表述，可能失之公正。但是，不论何人，假如他不惮其烦地读一下辛博森先生的著作，就不会否认，以上确是辛博森先生以及读过他著作的约翰·史密斯所传布的盎格鲁-撒克逊观念的一个公正的陈述。

最叫人难以理解的是，这种约翰·史密斯的盎格鲁-撒克逊观念，竟然真的在中国产生了影响。在这种观念的影响之下，约翰·中国佬也想要实现中华帝国的辉煌和荣耀。中国会写八股文的老学究本是空洞无害的骗子。而外国人将发现，在约翰·史密斯这盎格鲁-撒克逊的观念影响下，喧嚷着要立宪的新一代中国文人，很有可能变得令人无法忍受，对他们构成威胁。最终，恐怕老约翰·布尔不仅会发现他的曼彻斯特商品贸易要完蛋，而且还不得不支付一笔巨额开销，以派出个戈登①将军或基奇纳勋爵去枪杀他可怜的老朋友约翰·中国佬——那受约翰·史密斯之盎格鲁-撒克逊观念开化而变得精神错乱的中国人。当然这是题外话。

在此我想简要地指出，这就是有头脑的英国人。这些满脑子装着从有关中国人的书中得到的一派胡言的英国人，当他来到中国时还能同他接触的中国人和睦相处，简直是奇谈。我不妨从亚历克西斯·克劳斯所著的题为《远东：它的历史和问题》这本大部头书中，举出一个典型例子来加以说明。该书写道：

> 影响西方列强在远东势力的全部症结，在于对东方精神之真正本质的鉴别。……东方人观察事物不仅与西方人有不同的

---

① 戈登（Charles George Gordon，1833—1885）：英国军官和殖民地行政官。参与侵华英法联军焚毁圆明园。后任“常胜军”统领，帮助清政府镇压太平天国革命，被赏穿黄马褂。后又任苏丹殖民总督，被起义军击毙于喀土穆。

角度，而且他的整个思维和推理方式也与西方人不同。那种植根于亚洲人身上的独特的感知力，与我们被赋予的感知力不同！

在中国，一个读过上述引文最末一句的英国人，假如他听从逻辑混乱的克劳斯先生的劝告，那么当他想要一张白纸的时候，他将不得不对他的儿子说："孩子，去给我拿张黑纸来。"我想，在中国的外国人中有一部分实干家着实令人钦佩，他们在同中国人进行实际交往时，可以抛却这些有关东方精神之本质的胡言乱语。事实上，我相信那些同中国人相处得最好的外国人、在中国最成功的人，乃是那些坚持"2＋2＝4"理论，而把"a＋b＝c"的东方本质理论和盎格鲁-撒克逊观念丢弃给约翰·史密斯和克劳斯先生的人。确实，当人们想起在过去的岁月里，即在阿瑟·史密斯牧师写那本《中国人的特性》之前的日子里，大英商行的老板或经理，像渣甸、马地臣①和他们的中国买办②之间，总是那样亲密无间且代代相传——当人们想起这一点的时候，不禁要问，无论是对中国人还是外国人而言，坚持"a＋b＝c"的东方本质理论和盎格鲁-撒克逊观念的聪明的约翰·史密斯，到底给人们带来了什么好处？

那么，吉卜林③的那句"东方就是东方，西方就是西方"的名言，就一点道理也没有吗？当然有的。当你处理"2＋2＝4"类的问

---

① 渣甸（William Jardine，1784—1843）、马地臣（James Matheson，1796—1878）：二人均为鸦片战争前来华经商致富的英国大商人，怡和洋行的合伙创办者。不过他们能致富，并非如辜鸿铭所说，是因为与中国人相处得好，而主要是他们从事一本万利的罪恶的鸦片贸易的缘故。

② 买办：在中国被外国洋行雇用的、充当他们与中国商人之间的代理人。——原注

③ 吉卜林（Joseph Rudyard Kipling，1865—1936）：英国作家、诗人，生于印度。主要作品有《基姆》《营房谣》等。1907年获诺贝尔文学奖。

题时，可说存在极少或几乎没有什么不同。只有当你面临诸如“a+b=c”这样的问题时，在东方和西方之间，才存在许多的差别。然而要解答东西方之间“a+b=c”的方程，一个人必须具备高等数学的真本事。今日世界之不幸，就在于对远东问题中“a+b=c”的方程的解答掌握在那不仅统治着大英帝国，而且还与日本结盟的约翰·史密斯手里——而那个约翰·史密斯甚至连代数问题的基本原理也一窍不通。在东西方之间，解答“a+b=c”的方程是非常复杂且困难的。其中存在着许多未知数，不仅有孔子的东方、康有为先生和端方总督的东方，还有莎士比亚和歌德的西方和约翰·史密斯的西方。实际上，当你正确解答了“a+b=c”这个方程时，你会发现孔子的东方与莎士比亚和歌德的西方之间，只存有微乎其微的差别；倒是理雅各博士的西方和阿瑟·史密斯牧师的西方之间，反而存在着巨大的差别。对于这一点，让我来举一个例子具体说明一下。

阿瑟·史密斯牧师在谈到中国的历史时说道：

> 中国的历史悠久而古老，这不仅表现在他们总是试图回溯到洪荒时代作为出发点，而且表现为那没完没了的停滞和浑浊不堪的洪流。漂浮于其历史之流上的，不仅有过往年代那巨大的植被，还有木头、干草和稻麦茬之类的一切过往的流水账。除了一个相对不受时间制约的种族，还有谁能撰写或阅读这样的历史？难道不是只有中国人的记忆，才能将这样的历史贮藏在他们宽敞的肚子里吗？

下面，让我们再来听听理雅各博士在同一个论题上是怎么讲的。在谈到中国正统王朝的历史时，理雅各博士说道：“没有任何一个别的民族能有如此完整贯通的历史。就其整体而言，它是值得信任的。”

在谈到另一本规模宏大的中国文献集时，理雅各博士又说：

> 这部书并不像我原先所想的那样是由皇室出版的，而是在两广总督阮元的督查和资助下（还有其他官员的协助），在乾隆最后当朝的第九年即 1820 年①，编定出版。如此大规模的巨著的出版，显示出中国高级官员的公益精神和对文学的热忱。就这一点，外国人就不应该小瞧中国官员。

以上就是我所要表达的意思，即在东西方之间不仅存在着很多差异，而且理雅各博士——那个能对文学之热忱钦佩赞赏的学者的西方，和阿瑟·史密斯牧师——那个为中国的约翰·史密斯所爱戴的人的西方之间，也同样存在着许多的不同。

---

① 这里原文时间上恐有误。因为乾隆于 1796 年退位，1799 年让嘉庆亲政。上文提到的阮元，是清代著名学者，曾官至两广总督、体仁阁大学士。他在两广总督任上，主编过大型类书《皇清经解》，完成时间是 1829 年，即道光当朝的第九年。此处可能是理雅各弄错了。

一个大汉学家

汝为君子儒！无为小人儒！①

——《论语·雍也第六》

我最近在读翟理斯博士的《嵎山笔记》② 一书。在阅读的过程中，我想起了另一位英国驻华领事霍普金斯③先生的一句话："侨居中国的外国人，每当谈起某某汉学家的时候，总以为他们像傻瓜。"

翟理斯博士早就享有"大汉学家"的名声了。如果从其出版过的著作数量来看，他的确并非浪得虚名。但我以为，现在已经到该对他的著作质量和真正价值进行评估的时候了。

---

① 此句本是孔子对门徒子夏的告诫。因为"子夏文学虽有余，然意其远者大者或昧焉"。儒，学者之意，见《论语·雍也第六》。辜氏将"小人"译成 fool，意为蠢人、傻瓜，不太准确，但却和下文霍普金斯的一句话中的"傻瓜"意思相应。

② 《嵎山笔记》(*Adversaria Sinica*)：关于中国文化的一些学术札记。一共两册，第一册 1914 年出版，第二册 1915 年出版。内容涉及"谁是西王母""何为孝""古中国的舞蹈"等广博领域。不过，该书对有些问题的探讨，未免简单武断了些。

③ 霍普金斯（Lionel Charles Hopkins，1854—1952）：又称金璋，英国人，1874 年来华，为使馆翻译生。1901—1908 年任天津总领事，1908 年退休回英。他研究汉学，发表过不少关于甲骨文和钱币的文章。

一方面，翟理斯博士具有以往和现在一切汉学家所没有的优势——他拥有文学天赋，能写非常流畅的英文。但另一方面，翟理斯博士又缺乏哲学洞察力，有时甚至还缺乏常识。他能够翻译中国的句文，却不能理解和阐释中国思想。从这点来看，翟理斯博士具有与中国文人相同的特征。孔子曰："文胜质则史。"（《论语·雍也第六》）

对于中国的文人来说，书籍和文学作品不过是其写作的材料而已，于是他们写了一本又一本书。他们生活、修身养性于书中，与现实世界不发生任何关联。他们从未意识到，著书立说只是达到目的的手段。对于真正的学者而言，文献和文学的研究不过是一种能以此来阐释、批判、理解人类生活的手段罢了。

马修·阿诺德说过："只有通过理解全部文学——整个的人类精神史——或者把一部伟大的文学巨著当作一个有机的整体来理解时，文学的真正力量才能显现出来。"然而，在翟理斯博士的所有著作中，却没有一句能表明，他曾把或试图把中国文学当作一个有机的整体来理解。

正是这种哲学洞察力的缺乏，使得翟理斯博士在他的著作中，对材料的组织安排那样无能。比如他编的那本大字典①，就一点也不像部字典，只不过是一些汉语词语和句子的堆砌罢了。翟理斯博

---

① 指翟理斯的名著《华英字典》（*A Chinese-English Dictionary*），1892 年上海别发洋行初版，1912 年伦敦修订再版。再版共 1 711 页，是一部骇人的大部头。它所收的语句、词汇较此前任何一部同类字典都多，显然编者为此付出了艰巨的劳动。但在编排上确实如辜鸿铭所批评的那样，有些杂乱无章。该字典初版中有不少错误，挑剔的奥地利汉学家查赫曾核查出大大小小千余条错误，翟理斯在再版时对绝大部分错误都予以了更正。

士将这些词句翻译出来，既没有选择、剪裁，也缺乏条理或方法。若要供学者使用，它甚至肯定不如卫三畏①博士所编的那本旧字典价值大。

至于翟理斯博士的那本《中国名人谱》②，必须承认，它的确是一部花费了作者大量心血的著作。不过这部书，同样显示出作者连最起码的评判力也不具备。在这样一部词典里，人们只能指望看到一些真正名人的"题名告示"罢了。

这里有一群为国战伤的勇士，
有一些在世时的圣洁祭司，
有不逊色于费布的虔诚诗人，
有为生活添彩的天才艺术家，
还有一些令人怀念的其他英雄。

在这部《中国名人谱》中，我们发现翟理斯将古代的圣贤与神话传说中的人物混在一起，另外还有陈季同③将军、辜鸿铭先生、

① 卫三畏（Samuel Wells Williams，1812—1884）：美国近代著名汉学家和驻华外交官，传教士出身。曾九次代理美国驻华公使馆馆务，1877 年辞职回美后，任耶鲁大学汉文教授。所著《中国总论》（*The Middle Kingdom*）和《汉英拼音字典》（*A Syllabic Dictionary of the Chinese Language*），曾是外国人研究中国的必备之书。下文提到的他的那部旧字典，指的就是《汉英拼音字典》。不过辜鸿铭认为这本字典胜过翟理斯的《华英字典》，却未必是公正之论。

② 《中国名人谱》（*A Chinese Biographical Dictionary*）：又名《古今姓氏族谱》。1898 年上海别发洋行发行该书初版。是一部有 1 022 页的大部头词典。该书曾获法国汉学家大奖儒莲奖。但书中对中国名人的介绍（按姓氏编排），有不少过于简略。

③ 陈季同（1851—1907）：福建人，近代翻译家。早年留法，精通法文。19 世纪八九十年代曾以法文著书多种，向西方人介绍中国，颇有影响，是《聊斋志异》一书最早的法文本译者。为近代中西文化的交流做出过相当大的贡献。他与辜鸿铭，是仅有的"五四"前在西方产生过一定影响的两个中国人。

张之洞总督和刘布船长，而最后一位唯一的名气就在于常常以无数的香槟来款待外国友人！

最后，这些“笔记”——翟理斯博士最新出版的这本书，恐怕对于翟理斯博士作为一个有辨别力和评判力的学者的声望，是不会有所提高的。因为其绝大部分的选题内容完全没有实际意义，于人无益。它给人的印象就仿佛是，翟理斯博士不厌其烦地写这些书，并不想告诉世人任何关于中国人和他们的文学的东西，而只不过是向世人炫耀一下：我翟理斯博士是一个学识多么渊博的汉学家，我知道的关于中国的东西，比别的任何人都要多得多哩。此外，在这里，翟理斯博士和在别的场合一样，总表现出一种既缺乏哲学头脑（与一个学者不相称），又令人不快的粗率与武断。正是翟理斯博士之流的汉学家的这些特点，恰如霍普金斯先生所说过的那样，使实际居住于远东的外国人视汉学家和中国学为傻瓜和笑柄。

下面，我从翟理斯博士最近出版的著作中选出两篇文章来说明：迄今为止，所有外国学者关于中国学问和中国文学的研究成果完全没有实际意义、于人无益，其错并不在于中国学问和中国文学本身。

第一篇文章的标题是《何为孝》[①]。该文主要集中在对两个汉字意义的理解上。孔子的一个弟子子夏问孔子：“何为孝？”孔子答道：“色难。”

翟理斯博士说：“两千多年过去了，问题仍然是，这两个汉字究竟是什么意思呢？”在对国内外学者所有的解说和翻译进行引用和取

---

① 此文在《嶍山笔记》第一册第 20-25 页。

舍之后，翟理斯博士自然找到了他所谓的真正含义。为了揭示翟理斯博士那种粗率和与学者不相称的武断态度，我在此特引用几句他宣称其发现时所说的原话。翟理斯博士说：

> 在上述叙说之后，即宣称它的意思就在面上，恐怕武断了些。然而，你所能做的也正如诗人所言：
>
> 赶紧俯身，它就在那儿，
>
> 径直去捡，就能手到擒来。
>
> 当子夏问孔子“何为孝”的时候，孔子只是答道：“色难”，即要描述它，是困难的。这真是一个最易懂而恰当的回答。

在此，我并不打算用精确的中国语法来挑翟理斯博士的错误之处；我只想说，假如翟理斯博士在此把“色”字猜想成动词，那么在通顺的中国语文里，那句话就不能说成“色难”，而只能说成“色之维难”。这里，如果“色”字被用作动词，那非人称代词“之”是绝对不可少的。

可是，撇开语法的精确要求不谈，翟理斯博士翻译的孔子答话，联系整个上下文来看，也一点儿都没能把握其真实的观点或意义。

子夏问孝，子曰：“色[①]难。有事，弟子服其劳，有酒食，先生馔，曾是以为孝乎？”（《论语·为政第二》）上文的全部观点已很清楚地摆在这儿了——重要的不在于你对父母履行什么义务，而在于你采取什么样的方式和态度，你在履行这些义务时呈现一种什么样的精神面貌。

---

① 可参考孔子“巧言令色”（《论语·学而第一》）中“色”字的含义。

在此，我想指出的是，孔子道德教义的伟大和真正有效之处，正是翟理斯博士没能体会到的，即对道德义务的履行。其实，孔子所主张的是，重要的不在于做什么，而在于如何做。这就是道德和宗教之间的区别所在，也就是单纯作为道德行为的准则，与伟大的、名副其实的宗教导师之生动教义间的区别所在。道德家只告诉你何种行为道德，何种行为不道德。真正的宗教导师则不止于此，他们不仅谆谆教诲外在方面要行事，而且还主张更重要的乃在于行为的态度，行为的内在方面。真正的宗教导师告诉我们，行为之道德或不道德，并不在于我们做了什么，而在于我们如何做。

这就是马修·阿诺德所说的基督教法。当可怜的寡妇给他一点小钱时，基督叫门徒注意的不是她给了基督什么，而是她如何给的。道德家们说："不许通奸。"可基督说："我要告诉你们，无论是谁，当他带着欲念去窥盯一个妇女时，他在心里已经犯了通奸罪。"

同样，孔子时代的道德家们说：儿女必须为父母劈柴担水，将家中最好的酒食让与他们——那就是孝。可孔子却说："不！那不是孝。"真正的孝，并不在于履行对父母的服侍义务，而在乎你采取怎样的方式和态度，以什么样的精神面貌去履行这些义务。孔子说，难就难在用什么方式和态度去做（色难）。在此，我将最后指出，正是通过其教义中的这种力量，这种以其道德行为之内在方面为重的教育方式，才使得孔子成为一个伟大的、真正的宗教导师，而不是像那些基督传教士所说的那样，只是一个道德家和哲学家而已。

为了进一步解说孔子之道，让我们来看看今日中国的改革运动。那些为外国报纸喝彩的所谓进步官员们，现在正大作文章——他们甚至要到欧美去——试图从那儿找回能被中国采用的改革方式。但不幸得很，拯救中国不取决于这些进步官员所从事的是哪些改革，而取决于这些改革将如何被推行。可惜没有办法阻止这些进步官员到欧美去学习宪法，并迫使他们待在家里好好研究孔子。这些官员必须真正领会孔子的教义和他的方法，并潜心于改革的方法而非改革的内容，否则，中国目前的改革运动只会带来混乱、灾难和痛苦。

此外，我还想粗略谈谈翟理斯博士《嶍山笔记》中的另一篇文章，题为《四个阶层》。

日本人末松男爵①在一次招待会上说：日本人将他们的国民分成四个阶层——士、农、工、商。对此，翟理斯博士说："把'士'译作士兵、武士是不对的，那是后来衍生的意思。"翟理斯博士进一步指出："'士'字最早的用法起于'文士'。"

然而实际情形正好相反。在古代中国，"士"字的最初用法，指的恰是现在欧洲穿军装者一样的士人——佩剑贵族。因此，军队的官兵便被称作"士卒"。

古代中国的文官，被称为"史"。当中国的封建制度被废止的时候（公元前 2 世纪），打仗不再是士人的唯一职业，于是文士阶层便乘势崛起并掌权，形成制礼作乐的穿袍贵族，以区别于原有的佩剑贵族。

武昌的张之洞总督阁下曾问我，何以外国领事属于文职，却要全副戎装，且总要佩剑。我回答说，这是由于他们为"士"。这种"士"，不同于中国古代的文士，而是当兵服役的士人，即"武士"。总督阁下点头称善，并在第二天下令，武昌学堂的所有学生，都必

① 译名参照了鱼返善雄的日译本。

须换上军服。

因此，翟理斯博士提出的这个问题，即中国的“士”字到底指文士还是指武士，实利害攸关，现实意义重大。因为未来的中国到底是独立自主，还是受外强管辖支配，将取决于中国是否能拥有一支强大高效的军队；而是否能拥有强大高效的军队，又取决于中国的受教育阶级和统治阶层能否回归到“士”字真正的古代的含义上去，即不做文人学士，而是去做那佩带武器、能保卫国家免于侵略的武士。

中国学（一）

不久以前，一群传教士在一些学术短文的封面上，自称“宿儒”，闹了许多笑话。这个念头当然是极端滑稽可笑的。在整个中国国内，可以肯定，没有一个中国人敢斗胆妄称自己为“宿儒”。中国的“儒”字，意味着一个学者或文人所能达到的最高境界。然而我们却常常听到某个欧洲人被称作中国学家。《中国评论》的广告里说，“在那些传教士中，高水平的中国学正被辛勤地耕耘着”。然后开列了一批经常出现的撰稿者名单，让我们相信，“所有这些鼎鼎大名的名字本身，就是其扎实可靠的学问和对其研究主题融会贯通的象征”。

眼下，要估价所谓在华传教士辛勤耕耘的学问之高深程度，不必拿德国人费希特在他题为《论学者的使命》的演讲或美国人爱默生在其《文学伦理学》中所提出的高标准来衡量。比如，已故美国驻德公使泰勒先生，就被公认是一个大德国学家。不过，一个读过几本席勒剧本，或在某杂志发表过一些海涅诗歌译作的英国人，尽管可以在他的社交圈子里被认作德国学家，但他自己却绝不会在印刷品中公然以此自称的。但如今在中国的那些欧洲人，他们只出版了几本中国某些省份的方言集或百来条谚语的汇编，就立刻会被冠以“中国学家”的美称。当然，只是这么称称倒也无妨，凭着条约中的治外法权，一个在中国的英国佬，只要他乐意，还可以泰然自若地自称为孔子，而不必担心受到任何责罚。

我们之所以要来考虑这个问题，是因为有人认为，目前中国学已经或正在超越早期开拓时期，即将进入一个新的阶段了。在这一新的阶段中，中国学的研究者将不再满足于编纂字典或诸如此类的搬砖运土性质的基础工作，而是试图去撰写研究专著，翻译中华民族文学中最完美的作品；同时，还要以理性的思辨和充分的论据，去对中国文学圣殿中那些最受推崇的名字，加以评判乃至给予最终论定。现在，我们打算从如下几个方面，来做点考察工作：首先，我们来看看所谓欧洲人的中国知识正经历着上述变化的说法，其真实程度究竟如何；其次，看看以往的中国学都做过些什么；再次，看看目前中国学的实际状况如何；最后，再指出我们所设想的中国学到底应该是什么样的。常言道，站在巨人肩上的侏儒，很容易把自己想象得比巨人更加伟大。但尽管如此，也必须承认，那个侏儒，利用位置的便利，将必定看得更加宽广。因此，我们将站在前辈们的肩上，对中国学的过去、现在和未来做一个鸟瞰。在这一过程中，如果我们提出与先辈们不完全相同的意见，这些意见，希望不要被看成我们有任何自炫高超的意思，我们不过是利用了所处位置的优越条件。

首先来看第一个问题。仅到目前为止，欧洲人的中国知识确实发生了变化。这在我们看来顶多不过意味着掌握语言知识，这一较大的困难已经被排除。翟理斯博士说："有一种流行的习见认为，掌握汉语口语，即便是学会一门汉语方言，都是件大难事。但现如今，早已不是什么难事了。"的确，不仅口头语言，书写语言也是如此。一个英国领事馆的翻译生在北京住上两年或在领事馆工作一两年，便能一眼看懂一封普通电文的大致意思。因此，说迄今在华外国人的中国知识已发生了一定程度的变化，我们欣然承认；不过，对于超过这一界限的任何夸大其词，我们则感到非常怀疑。

继早期耶稣会士之后，马礼逊[1]博士那部著名字典的出版被公认为所有中国学研究成就之"起点"。那部著作无疑已成为一座体现早期新教传教士严肃认真、热情诚挚和尽职尽责精神的纪念碑。在马礼逊博士之后来了一批学者，德庇时[2]爵士、郭实腊[3]博士可以作为代表。德庇时爵士对汉语真的一无所知，他自己也诚实地承认了这一点。他确实会讲官话并且可能能够不太困难地阅读以方

---

① 马礼逊（Robert Morrison，1782—1834）：19 世纪英国乃至整个欧洲中国学的代表性人物，也是外国来华的第一个新教传教士。1807 年来中国。1823 年首次译完并出版中文版新、旧约《圣经》。他的主要汉学著作有《华英字典》《汉语语法》《广东土话字汇》等。《华英字典》1815 年出版第一卷，1819—1820 年出版第二卷（上、下两部分），1822 年出版第三卷；整部字典 1823 年出齐，共 6 大本，计 4 595 页，成为英汉字典的嚆矢，也为近代汉学打下了基础。

② 德庇时（John Francis Davis，1795—1890）：19 世纪上半叶英国著名汉学家。1844 年至 1848 年，曾任英国驻华公使和香港总督。著有《中国诗歌论》《中国见闻录》《中国人：中华帝国及其居民概述》《交战时期及媾和以来的中国》等书。还译有《好逑传》和《汉宫秋》等，对于中国文学的西传颇有贡献。

③ 郭实腊（Karl Friedrich August Gützlaff，1803—1851）：又译作郭士立、郭施腊等。19 世纪早期德国著名汉学家，马克思著作中唯一提到过的来华传教士。著有《中国史略》《开放的中国——中华帝国概述》《道光皇帝传》《1831、1832、1833 年三次沿中国海岸航行日记》等书。

言写成的小说。但是他当时所掌握的那点中国知识，在现今怕是难以胜任任何一个领事馆的翻译职务的。然而值得注意的是，直到今天，仍能发现绝大多数英国人对于中国人的看法，还是来自德庇时爵士那本有关中国的著作。郭实腊博士的汉语知识可能比德庇时爵士多一点，但他却自诩自己比实际知道的要多得多。已故的密迪乐①先生后来在揭露郭实腊的虚荣方面做得不错。诸如此类的人还有传教士古伯察②和杜赫德③。此后，我们莫名其妙地发现布尔杰④先生在其最近出版的新著《中国历史》中，竟把上述这些人当作权威。

在法国，雷慕沙⑤是欧洲所有大学中最先获得汉学讲座教授席位的人。对于他的工作，我们还无法做出适当的评价。但他有一本引人注目的书——法译中文小说《双堂妹》。那本书，利·亨特读过后推荐给卡莱尔，再由卡莱尔传给约翰·斯特林。斯特林读过此书后甚觉喜爱，说它一定出自天才之手，“一个天才的龙的传人”。这

---

① 密迪乐（Thomas Taylor Meadows，1815—1868）：19世纪前期英国汉学家，驻华领事馆翻译。1843年来华，死于牛庄任上。他著有《关于中国政府和人民及中国语言等的杂录》等。还将一些满文资料译成英文。

② 古伯察（Evariste Régis Huc，1813—1860）：19世纪前期法国汉学家，遣使会在华传教士，1839年来华。他的著作多有英文本，一度在欧洲十分流行。

③ 杜赫德（Jean-Baptiste Du Halde，1674—1743）：疑辜鸿铭将18世纪《耶稣会士通信集》的主编杜赫德误认为19世纪法国汉学家。杜氏主编的名著《中华帝国全志》，1735年在巴黎正式出版，对西方认识中国和西方汉学产生了持久的影响。辜鸿铭写这篇文章时他的书仍在欧洲流行。

④ 布尔杰（Demetrius Charles Boulger，1853—1928）：又译包罗杰，19世纪欧洲汉学家。

⑤ 雷慕沙（Jean-Pierre Abel-Rémusat，1788—1832）：19世纪初期法国著名汉学家，法国汉学学科创始人之一。1815年出任法兰西学院汉学首席教授，1822年创刊发行《亚细亚学报》。1826年翻译出版中国小说《玉娇梨》。他最重要的作品是《汉语语法基础》，是西方正式出版的第一部汉语语法著作。

部小说在中国名叫《玉娇梨》，是一部读来令人十分愉快的书；但它只是中国文学中二流作品的一个代表，而且在二流作品中也不占很高位置。不过，一想到出自中国脑袋瓜的思想与想象，实际上已得到像卡莱尔和利·亨特这些人的赞赏，总还是令人高兴的。

继雷慕沙之后的汉学家有儒莲①和鲍狄埃②。德国诗人海涅曾说，儒莲有一个奇妙而重要的发现，即鲍狄埃先生一点也不懂汉语；而后者也同样有一个发现，即儒莲全然不懂梵文。然而，这些作家所做的开拓性工作却是非常重要的。他们的优势在于，对于本国的语言驾轻就熟。另一个可提及的法国作家，是德理文③，他的唐诗翻译是对中国文学其中一个领域的突破，此种工作在此前曾长期没有取得进展。

在德国，慕尼黑的帕拉特④博士出版了一部关于中国的书，题为《满族》。像德国人写的其他著作一样，这是一部无懈可击的佳作，其意在勾勒出中国清王朝起源的历史面貌。但该书的后一部分

---

① 儒莲（Stanislas Julien，1797—1873）：19 世纪中叶法国著名的汉学家。对中国的农商业、佛教禅宗和戏曲等许多领域都有独到研究。曾翻译《蚕桑辑要》《道德经》《大唐西域记》《灰阑记》等。是雷慕沙的得意门生，任法兰西学院讲座教授四十余年。后以他的名字设立的“儒莲奖”，是欧洲汉学界的最高奖项。

② 鲍狄埃（Jean-Pierre Guillaume Pauthier，1801—1873）：又译卜铁，19 世纪中叶法国汉学家。著有中法对照版《大学》《道德经》等。

③ 德理文（Léon d'Hervey de Saint-Denys，1823—1892）：继儒莲之后的法兰西学院讲座教授。译著有《唐诗》《离骚》等。所译《文献通考·四裔考》也负有盛名，给当时西方的人种学研究提供了重要资料。

④ 帕拉特（Johann Heinrich Plath，1802—1874）：19 世纪中叶德国著名的汉学家。曾任哥廷根大学东方学教授，晚年移居慕尼黑。他著有《满族》《关于孔子及其弟子的生平与学说》《中国古代的家庭》《中国古代的法律》等书，是一个高水平的汉学家。他的《满族》一书，至今仍受到西方学者的重视。辜鸿铭对此书加以推崇，确实颇有眼力。

涉及有关中国问题的内容，就我们所知，是在用欧洲文字写成的其他任何一部书中所无法找到的。像卫三畏博士的《中国总论》之类的书，同它比起来，就只能算是一部小人书罢了。另一个德国汉学家是冯·施特劳斯先生，曾任某德意志小公国（1866 年被普鲁士吞并）的大臣。这位老臣卸任后，以研究汉学自娱。他出版过一部《老子》的译著，最近又出版了一部德译《诗经》。在广东传教的花之安①先生认为，施译《老子》中的某些译文还是很完美的。据说他对《诗经》中的《颂》的翻译，也很有神韵。遗憾的是，我们没能获得这些书。

以上我们提到的这些学者，可以被认作早期的汉学家，其工作始于马礼逊博士字典的出版。第二个时期则是以两部权威著作的出版为标志的：一是威妥玛②爵士的《语言自迩集》；另一是理雅各博士的《中国经典》。

说到第一部，那些中国知识现已超越能讲官话阶段的西方人可能会不屑一顾。尽管如此，它却是所有已出版的关于汉语的英文书中，在力所能及的范围内最完美的一部著作。而且，这部书的问世

---

① 花之安（Ernst Faber，1839—1899）：19 世纪著名的德国汉学家、传教士。1865 年来华传教。他的《自西徂东》一书，在近代中国影响不小，是鼓吹“孔子加耶稣”理论的主要代表人物。他对中国的宗教哲学和植物学也很有研究，曾著有《儒学汇纂》《中国宗教学导论》《从历史的角度看中国》《中国古代社会主义的重要思想——哲学家孟子的学说》《孟子的思想——基于道德哲学的政治经济学说》《中国史编年手册》等。

② 威妥玛（Thomas Francis Wade，1818—1895）：19 世纪英国著名的汉学家和驻华外交官。其外交官生涯充满了侵华意味，但他在汉学上还是颇有贡献。曾著有《自迩集》（*Yü Yen Tzu Erh Chih*，又称《语言自迩集》，1867 年出版）、《寻津录》等书，还编有《英华字典》。在中国的语言学方面较有造诣。所创罗马字母拼音方案，被称为“威妥玛氏”注音符号，至今仍为研究汉学的外国人所用。

是时代呼唤的必然结果。诸如此类的书是必须要写的，瞧！它被写出来了。从某种程度上说，它的出现既夺走了同代人的所有机会，也不会有后来者的竞争。

中国经典的翻译工作肯定要有人做，也是时代的必然要求。理雅各博士完成了它，结果出了一规模骇人的巨著。不论质量如何，如果单从数量上来看，确实是惊人的、了不起的成就。面对着卷帙浩繁的译著，我们谈起来都不免咋舌。不过必须承认，这些译著并不都令我们满意。巴尔福[①]先生公正地评论说，这些经典的翻译，很大程度上依赖了译者生造的术语。我们现在觉得，理雅各博士所使用的术语生涩、粗疏、不适当，有些地方简直不合语言习惯。这是就其形式而言。至于内容，我们不想贸然发表意见，还是让广东的花之安牧师来做评判。花之安牧师说："理雅各博士关于孟子的注释，表明他对孟子缺乏哲学的理解。"可以肯定，如若理雅各博士没有在头脑中，在某种程度上设法将孔子及其学派的教义作为一个有机整体加以把握，他是无法读懂和翻译这些作品的。然而使人惊奇的是，无论是在注释中还是在专题论述中，理雅各博士都没透露过只言片语以表明，他对作为一个哲学整体的孔子教义实际是如何理解的。因此，他对这些经典价值的评判，无论如何也不能作为定论来看待。能胜任的译者还未出现。自上面所提到的两种著作出现以后，又有许多关于中国的著作陆续问世。其中的确有几部具有较高的学术价值，但我们觉得，还没有一部能表明中国学已到了一个重

---

① 巴尔福（Frederic Henry Balfour，1846—1909）：19世纪英国汉学家。1870年来华从事丝茶贸易，后来从事文学和新闻工作。1881—1886年任上海《字林西报》总主笔。曾把老子《道德经》和庄子《南华经》译成英文，著有《远东浪游》《中国拾零》等书。

要的转折点。

首先有伟烈亚力[①]先生的《中国文学札记》。但它仅仅是一部目录，而不是一本带有丁点儿文学意味的书。另一本是已故梅辉立[②]先生的《汉语指南》，它当然不是什么了不得的优秀著作，但在已出版的关于中国的著作中，它确实要算一部最严谨、最认真而不装模作样的大作了。并且它的实用性，也仅次于威妥玛的那部《语言自迩集》。

另一个有名望的中国学家是英国领事馆的翟理斯先生。像所有早期的法国汉学家一样，翟理斯先生拥有令人羡慕的文学天赋，文风清晰、生动而优美。他所触及的每个问题，无不立刻变得明晰而易懂。不过，他在选择值当着墨的题目时并不幸运，也有一两个例外。其中一个例外是《聊斋志异》的翻译，其可以被视为中文英译的典范。但是，《聊斋志异》尽管是一部极为优美的文学作品，却仍然不属于中国文学的最上乘之作。

继理雅各博士翻译中国经典的盛举之后，巴尔福先生最近翻译出版的庄子《南华经》，肯定是最有抱负的作品。我们承认，当第一

---

① 伟烈亚力（Alexander Wylie，1815—1887）：19世纪英国传教士和汉学家。1847年来华。曾著有《中国文学札记》（*Notes on Chinese Literature*，也译作《中国文献纪略》）、《中国研究录》、《满蒙语文典》等书。学识渊博，对景教碑研究有素。在伟氏的汉学著作中，最受人重视的是1867年出版的《中国文学札记》，它实际上是《四库提要》的英文简编。另外，伟氏对西学在中国的传播也做出了相当贡献。他同李善兰一道，翻译出版过《续几何原本》《谈天》《代微积拾级》等西方自然科学名著。

② 梅辉立（William Frederick Mayers，1831—1878）：19世纪中叶英国汉学家和驻华外交官，1859年来华，1871—1878年任英国驻华使馆汉文正使。死于上海。主要汉学著作有《汉语指南》（*The Chinese Reader's Manual*，也译作《汉语读者手册》，1874年出版）、《棉花传入中国记》、《中国政府——名目手册》、《中外条约集》、《中日商埠志》（与人合著）等。其中以《汉语指南》和《中日商埠志》较为有名。

次听到该译著出版时，我们期待和高兴的程度绝不亚于听到一个英国人进入了翰林院。《南华经》被中国人公认为中华民族文学精品中最完善的作品之一。自从公元前 2 世纪诞生以来，它对中国文学的影响几乎不下于儒家学派的著作。以后历朝历代，富于诗意和想象力的文学作品，在语言与精神上均受到了它的强烈影响，就像四书五经对于中国哲学著作所产生的影响那样。然而，巴尔福先生的作品一点也算不上翻译，简直就是胡译。我们承认，贸然给予这部肯定花费了巴尔福先生多年心血的译作以此种评价，我们的心情是沉重的。但我们既已冒犯了它，大家会希望我们有据可依。我们相信，假如我们讨论庄子哲学的准确翻译问题，巴尔福先生是绝不会屈尊来参加我们的讨论的。最近新出的《南华经》的中文编辑林西仲①，在编者前言中写道："要阅读一部书，必须首先弄懂每个单字的意思；接下来，才能正确分析每个句子的语法结构；再者，才能理解段落的安排。做到了以上几点，才能最终获得整个篇章的中心思想。"然而，巴尔福先生翻译的每一页，都表明他有许多单字的意思未能弄懂，未能对句子的语法结构做出正确的分析，也没有准确地理解段落的安排。如果我们所设想的上述观点能够被证实（其实想证实也很容易，只需看看其关于语法和句法规则方面的理解水平即可），就能非常清楚地得知巴尔福先生未能准确地把握《南华经》的中心思想和大意了。

在目前所有的中国学家中，我们倾向于把广东的花之安牧师放在首位。虽然我们并不认为花之安先生的成果比其他人的更有学术

① 林西仲（1628—1697）：名林云铭，字西仲。福建闽县人，是《庄子因》一书的作者。

价值或文学价值，但我们发现他所写的几乎每个句子，都表明他把握了文学和哲学原则，而这正是我们在同时代的其他中国学家的作品中所见不到的。至于我们所构想的这些文学和哲学原则究竟是什么，必须留待本篇的下一部分再谈了。届时，我们希望能够阐明中国学的研究方法、目标和对象。

中国学（二）

花之安先生曾评论说，中国人不懂得任何系统的科学研究方法。然而在一部名为《大学》[①] 的中国经典里，却提出了学者进行系统研究所应当遵循的一系列步骤。这部经典，被绝大多数外国学者认作一部“老生常谈经”。或许，对于研究中国学的人来说，再也没有比按这部经典里所提出的程序去做研究更有成效的了。这些程序就是：起于对个体的研究，再从个体进入对家庭的研究，然后从家庭进入对政府的研究。

因此，对于研究中国学的人来说，首先应该努力弄懂的，是中国人个人行为原则方面恰当的知识，这是必不可少的。其次，他要审视一下，看看这些原则是如何被运用和贯彻到中国人复杂的社会关系和家庭生活之中的。最后，他才能将其注意力和研究方向，放到国家的行政方式和管理制度上去。当然，这样一个研究程序，正如我们指出过的，只能在大体上得到贯彻。要完全贯彻它，需要学

---

① 为外国人所熟悉的译名是 *The Great Learning*（理雅各译）。

者付出几乎毕生的精力，去专心致志、锲而不舍地追求。然而，可以肯定的是，一个人除非熟悉上述原则，否则他就根本不配被称作中国学家，我们也不认为他有什么高深的学问。德国诗人歌德曾说："人的作品，正如自然的造化一样，个中真正值得注意和超越一切的，是意愿。"在对民族性格的研究中，最重要的也是如此。不仅要关注该民族人民的活动和实践，而且要关注他们的观念和理论。要弄懂在他们看来何为好坏，何为正义与非正义，何为美丑，以及怎样区分智愚。这就是我们所谓，研究中国的人应该探究中国人个人行为准则的意思。换言之，我们的意思是说，必须懂得中国人的民族理想。如果有人要问如何才能做到这一点，我们的回答是：去研究该民族的文学，从民族文学中，既能窥见他们最美好、最高妙的特性，也能看到他们最糟糕的特性。因此，研究中国的外国人应该注意的一个目标，是中国人正统权威的民族文学。在此过程中，任何必要的准备工作都是为此目的服务的。现在，让我们来看看怎样研究中国文学。

一个德国作家说："欧洲文明建立在希腊、罗马和巴勒斯坦文明的基础之上；印度人、波斯人与欧洲人一样同属雅利安人种，因此彼此是亲属关系。在中世纪，欧洲人同阿拉伯人的交往，又使欧洲文化受到了影响，甚至直到今天这种影响仍没有消失。"但对于中国人来说，他们文明的起源和发展的基础，同欧洲人的文化完全不相干。因此，研究中国文学的外国人就要克服一些不利因素，这些不利因素是因没有共同的基本观念和概念而产生的。他不仅有必要用这些全然陌生的中国民族之观念和概念来武装自己，而且首先必须找到它们在欧洲语言中的对应物。假如这些对应物不存在，便要分解它们，看看这些观念和概念可以归属普遍人性的哪一方面。例如，在中国经典中不断出现的“仁”、“义”和“礼”，英文一般译作 benevolence、justice 和 propriety。然而，当我们在上下文中审查这些英语单词时，会发现它们的意思表达得并不准确：它们并不包含这些中国字所具有的全部意义。再者，humanity 可能是对中国“仁”字最恰当的翻译，但这时的 humanity，其意义与其在英语中的习惯用法必定有所不同。大胆一些的译者，会用《圣经》中的 love 和 righteousness 来译“仁”，这样译在兼顾词意和语言习惯方面也许是最准确的。然而，现在如果我们把这些词所传达的基本观念进行分解并归类于普遍的人性，我们会得到它们的全部含义，那就是“善”、“真”和“美”。

此外，一个民族的文学，如果要对其进行研究，一定要将其视作一个有机的整体去系统地研究，而不能割裂零碎，没有计划或条理，正如迄今为止绝大多数外国学者所做的那样。马修·阿诺德先生说：“只有通过理解全部文学——整个的人类精神史——或者把一部伟大的文学巨著当作一个有机的整体来理解时，文学的真正力量才能显现出来。”眼下，我们看到，研究中国的外国人将中国文学视作一个整体来把握的是多么少见！因此他们不大能够认识到其价值和意义，真正懂得它的人更是少之又少！因而文学在帮助他们理解中国民族性格方面所起的作用，也就微不足道！除了理雅各及其他一两个学者外，欧洲人了解中国文学主要是通过小说译本，而且并不是最优秀的，只是其中一些最平常的小说。这就好比一个外国人通过罗达·布劳顿女士的作品，或是通过学龄儿童和保姆小说那类读物来评价英国文学一样可笑。当威妥玛爵士愤而指责中国人“智力贫乏”的时候，他头脑里想的肯定正是中国文学中的这类东西。

另一有关中国文学的离奇的评论，是认为它太过道德。这实际上等于指责中国人太过道德，而与此同时，绝大多数外国人却又乐于认同中国人爱说谎！我们可以通过事实来说明这一点。除了前面提到的那些平庸的翻译小说外，从前研究中国的外国人的译作，仅限于儒家经典。在这些经典作品中，除了道德之外，当然还有很多其他内容。我们对巴尔福先生心怀敬意，但我们认为这些书中所包含的“令人钦佩的学说”，绝非他所评论的那样是“功利和世俗的”。在此，我们只举两句话来请教巴尔福先生，问问他这两句话是否真的那么“功利和世俗”。孔子在回答一个大臣的问话时曾说：“获罪于天，无所祷也。”孟子也说：“生，我所欲也；义，亦我所欲也。二者不可得兼，舍生而取义者也。”

我们认为将话题岔开，以抗议巴尔福先生的论断是值得的。因为在我们看来，像“上古人的奴隶”“诡辩的老手”这种尖刻的词，不应该用来评论一部哲学著作，更不必说用于批评中国那最负盛名的圣哲了。巴尔福先生可能是被对南华先知的钦佩引入了歧途。他热切地强调道家优于正统学派，所以慌不择言、误入了迷津。我们相信，待他冷静下来，定然是会收回这些言论的。

言归正传。我们说过，必须把中国文学作为一个有机的整体来研究。另外，我们注意到，欧洲人习惯于仅从与孔子有关的那些作品，来构筑他们对中国文学的评价。事实上，中国人的文学活动在孔子时代只是刚刚起步，此后又历经了十几个王朝、两千多年的发展。孔子时代的人对文学形式的理解，还非常不完善。

在此，让我们来谈一谈文学作品研究中应予注意的重要一点，迄今为止的汉学研究者却把这一点完全忽视了，那就是文学作品的形式。诗人华兹华斯说："内容固然重要，但内容总是以文体的形式表现出来。"的确，就文学形式而论，与孔子有关的那些早期作品，并未自诩已达到完美的程度。它们被视作经典或权威作品，主要不是因其文体的优美或文学形式的完善，而是以它们所蕴含的内容的价值为标准的。宋朝人苏东坡的父亲评论说，散文体的雏形可以追溯到孟子的对话体。不过，中国文学作品，散文也好，诗歌也好，日后都发展出了多种多样的文体和风格。正如西汉的文章不同于宋代的随笔，正如培根散文不同于艾迪生或哥尔德斯密斯的散文一般。六朝诗的狂放恣肆不同于唐诗的纯净、活泼与光彩夺目，就如同济慈早期诗作的柔弱和生嫩不同于丁尼生诗的有力、明晰和得体的光芒一样。

至此，当一个研究者对这个民族的基本原则和概念了解之后，才有资格把研究目标对准该民族的社会关系，去研究这些原则是如何被运用和贯彻的。但是，一个民族的社会制度、礼仪风俗并非像蘑菇一样是在一夜之间生长出来的，而是历经了漫长的岁月。因此，研究该民族的历史实在必要。迄今为止，欧洲学者对于中国人的历史几近无知。迪米特里厄斯·布尔杰先生最近出版的所谓《中国历史》，可能是至今为止最为糟糕的有关中国这样的文明古国的历史。这样一种历史，如果写的是南非霍屯督的野蛮人，或许还能容忍。这种水准的中国历史书能够出版，只能表明欧洲人的中国知识是多么不完善。不懂得中国人的历史，便无法对中国的社会制度做出正确的评判。像卫三畏博士的《中国总论》和其他一些关于中国的书，就缺乏这种历史知识，它们不仅无益于学者，甚且会给一般读者造成误导。试以中华民族的社会礼仪为例，中国人无疑是讲究礼仪的民族，的确，他们将此归功于孔子的影响和教化。现在，巴尔福先生尽可以随心所欲地谈论中国人礼仪生活中的琐碎细节，然而，即便是翟理斯先生所称的“外在礼节中的打躬作揖”，也深深地根植于普遍的人性，即我们定义为美感的人性之中。孔子的一个弟子说：“礼之用，和为贵，先王之道，斯为美。”经书中又说：“礼者，敬人也。”（即歌德的“威廉·迈斯特之敬”）现在我们看到，对一个民族的礼仪风俗的评价，应当建立在对该民族人民道德原则的知识之上，这道理是多么明显。不仅如此，对于一个国家政府和政治制度的研究，我们认为那应当是置于一切研究最后阶段的工作——也必须建立在了解他们的哲学原理和历史知识的基础之上。

末了，我们从《大学》或者外国人所称的“老生常谈经”中，引一段文字来结束全文。书中说：“古之欲明明德于天下者，先治其国；欲治其国者，先齐其家；欲齐其家者，先修其身。”这，就是我们写作《中国学》一文所表达的意思①。

---

① 这篇关于中国学者的文章原载于1884年上海出版的《字林西报》中。——原注。译者按：此文实际上于1883年10月31日和11月7日分两次载于《字林西报》上。辜鸿铭记忆略有误。

群氓崇拜教或战争及其出路

法兰西已危在旦夕，上流社会真该好好反省。
但广大民众更应三思而行且铭记于心：
若上流社会被打倒，那么谁来保护民众
免于彼此相争？民众已经成为民众的暴君。

——歌德

剑桥大学的洛斯·迪金逊教授在他那篇题为《战争及其出路》的文章中，曾意味深长地说：

只有这个国家乃至整个欧洲那淳朴的男男女女，那些体力或脑力劳动者们同心协力，向已经并还会不断将其带入灾难的当权者抗议："战不得了！战不得了！绝不能再战了！你们这些统治者、军人和外交官。你们掌握着人类的命运并将其引向地狱，已给欧洲人带来了漫长的痛楚。我们要和你们彻底决裂。在你们的统治之下，我们流尽了血汗，这种时代该结束了。你们已经发动战争，便不会带来和平。摆脱这场战争之后的欧洲将是我们的欧洲，这里绝不可能再发生另一场欧洲战争。只有这样，也只有到这种时候，欧洲才有前途可言。”

这是现代欧洲社会主义者的梦想。这样的梦想，恐怕绝对不可能实现。我坚信，当欧洲各国普通的民众摆脱他们的统治者、军人和外交官，自己插手于他国的和平与战争问题时，在这些问题被解决之前，各国内部淳朴的国民们，仍会发生争吵、打得头破血流，甚至发生战争。以大不列颠的爱尔兰事件①为例：爱尔兰的平民百姓，在试图插手如何自治的问题上，便发生了尖锐的、势不两立的冲突。在这个时候，如果不是这场更大的战争爆发，他们还会自相残杀。

为了找到这场战争的出路，我们首先必须找到导致这场战争的原因，并明确谁应该对这场战争负责。迪金逊教授试图使我们相信，是那些统治者、军人和外交官把普通民众引向了这场灾难——这场地狱般的战争深渊。但我认为，并且能够证明，并不是那些统治者、军人和外交官把普通民众引入了这场战争，而恰恰是平民百姓，驱使和推动着那些可怜的、无能为力的统治者、军人和外交官，走向了战争的深渊。

首先，让我们来看看实际的统治者们——当今欧洲的皇帝、国王和共和国总统们。大概除了德国皇帝之外，交战各国的实际统治者们在发动这场战争方面都没有什么发言权，这是一个毋庸置疑的

① 爱尔兰事件：指爱尔兰人民争取独立的斗争。英国政府为缓和矛盾，曾多次提出在爱尔兰实行有限度自治的法案，但均遭上院否决。1914 年，下院第三次通过上院否决的法案（按规定，下院三次通过的法案，不论上院反对与否，都告成立），因第一次世界大战爆发和爱尔兰人民反对，未能实行。

事实。实际上，当今欧洲各国的统治者，即皇帝、国王和总统们，其言论和行动都受到宪法和《自由大宪章》的约束——他们在国内无论是对政府运作还是对公共事务都没有发言权。可怜的大不列颠国王乔治，当他试图发表看法以防止爱尔兰事件发展为内战时，却遭到了大英帝国民众的蛮横阻止，让他住嘴。以致他居然不得不通过其首相，为他试图尽到一个国王阻止战争的责任的行为向民众道歉！事实上，当今欧洲各国的统治者只不过是些昂贵的装饰物而已，就如同印在政府公文印章上的人像一样。这些装饰物，就连对国内有关行政事务也没有任何个人看法或意志。因此又怎么能够说，欧洲的实际统治者应对这场战争负责呢？

其次，让我们再来看看被迪金逊教授和人们痛斥为应对这场战争负责的军人。罗斯金在伍尔维奇向军校学员发表讲话时指出："现代制度的致命缺陷，就在于它剥夺了这个民族最优秀的血液与力量，剥夺了它的全部精髓，即勇敢、不计回报、不畏艰难和忠诚的品质，而将其铸成没有思想和意志的钢制品，成为一把把纯粹的刺刀；同时却又保留了民族中最糟糕的部分，即怯懦、贪婪、淫荡和背信弃义，并赋予这些绝无思想能力可言的部分以权力，甚至是最为重要的特权。"在向英国军人发表演说时，罗斯金还指出："实现你们保卫大英帝国的誓言，绝不意味着要去执行这样的制度。那种只是站在商店门口，保护在里面骗钱的店员的士兵，绝不是真正的士兵。"我想，痛斥军国主义、痛斥普鲁士军国主义的英国人，包括那些真正的英国军人在内，应当好好阅读并仔细思考罗斯金上面这些话。我要指出的是，罗斯金的上述话中显而易见：如果说欧洲今日那些统治者对于政治和公共事务实际上已没什么发言权，那么欧洲各国的军人就更是完全谈不上有什么发言权了。丁尼生这样描述在巴拉克拉瓦的英国军人："他们的权利不是去问为何而战，而是必须去战并送死。"今日这场大战中可怜的军人亦是如此。事实上，如果说当今欧洲的统治者已变成纯粹的昂贵的摆设，那么欧洲的军人，则已变成了纯粹的危险的机器人。既然他们只是一些对于国内的有关行政事务毫无发言权或个人意志的纯粹的机器人，我们又怎么能说，欧洲的军人应对这场战争负责呢？

最后，让我们再来看看同样受到责难的欧洲外交官。根据政治理论——欧洲的《自由大宪章》和宪法、外交官——那些实际任事的、执掌政府和公共事务的政治家和部长，现在仅仅只能去执行民众的意志。换言之，他们只能去做国内民众让他们去做的事情。因此，我们看到：外交官——今日欧洲各国的政治家和部长也都不过是一种机器，一种谈话或传声机器。实际上他们就像木偶戏中的木偶，没有任何个人意志的充气木偶，或上或下、或左或右都听任民众摆布。这种没有灵魂的木偶，只能作为民众的传声筒，而没有任何个人意志可言。因此我们又怎么能说外交官——欧洲各国的政治家和部长——要对这场战争负责呢？

老实说，在我看来，今日欧洲诸国政府中最奇怪的事情，莫过于实际掌管政府大权的统治者、军人，还有外交官或政治家和政府事务大臣，不被允许有任何个人的意志，不能有任何按他认为最好的办法为本民族的安全和利益办事的权力。而恰恰是那些普通的民众——像《爱国时报》的编辑约翰·史密斯，猎犬沟渠街的博布斯（他在卡莱尔时代是香肠和果酱制造商，现在则是巨大的"无畏战舰"造船厂主人），高利贷者摩西·兰谱——他们倒有足够的权力去实现自己的意志，并能在治国理政方面拥有一切发言权。实际上，他们有权告诉当今的统治者、军人和外交官如何为国家利益和安全行事。因此，如果你深入思考一下就会发现：正是这三种人——约翰·史密斯、博布斯和摩西·兰谱应对这场战争负责。我在此要指出的是，正是这三种人，发明了那畸形、可怕的现代机器——现代欧洲的军国主义；又正是这怪异、可怕的机器，导致了目前的这场战争。

或许，你们要问我：何以欧洲在位的统治者、军人和外交官会如此怯弱地听命于上述这三种人呢？我的回答是，这要归因于那普通的民众、那淳朴的男男女女们。因为普通民众，甚至像迪金逊这样淳朴的良民也没有忠于和支持本国的统治者、军人和外交官，而恰恰是站在约翰·史密斯、博布斯和摩西·兰谱一边反对他们。可是，普通民众何以要支持这三种人呢？这里有两个原因：首先，他们向民众宣称他们属于民众党。其次，欧洲各国民众从小便受“人性本恶”的教育；他们被告知，人只要有权，就会滥用之；而且人一旦强大到足以抢夺和谋杀其邻居时，就会这样行事。事实上，我在此想说的是，约翰·史密斯、博布斯和摩西·兰谱这三种人能赢得民众，迫使欧洲的统治者、军人和外交官发明那怪异而可怕的现代机器并导致这场战争的原因，正在于欧洲各国的民众——当他们群聚乌合之时，总是自私和怯懦的。

因此，如果你追根溯源就会发现，这场战争的责任者并不是各国的统治者、军人和外交官，甚至也不是约翰·史密斯、博布斯和摩西·兰谱，而实际上是那些像迪金逊教授这样的良民、这些淳朴的男女自身。对此，迪金逊教授当然会马上反驳说：我们普通民众又不希望发生这场战争。然而谁又希望发生这场战争呢？我相信没有人。至于究竟是什么原因导致了这场战争，我的回答是：恐惧——对群氓的恐惧。去年八月，在俄国，由欧洲民众推波助澜形成的可怕的现代机器开始运转时，这一恐惧便控制和掌握了整个欧洲各国的广大民众。简而言之，我认为，正是由于恐惧——对群氓的恐惧，今日在欧洲各国民众中蔓延的那种恐惧，控制和麻痹了战争各国的统治者、军人和外交官的头脑，使得他们孤立无援、无能为力，并最终导致了这场战争。因此依我之见，并不是像迪金逊教授所说的那样是统治者、军人和外交官把他们的国民带入了这场战争，而恰恰是那普通民众的自私自利、胆怯懦弱，以及在那最后关头的惊慌恐惧，把欧洲可怜的孤立无援、无能为力的统治者、军人和外交官推进了这场灾难——这座战争的地狱之中。毫无疑问，欧洲目前那种悲惨无望的局面，我要说的是，正是此刻战争各国的实际统治者、军人和外交官的那种可悲而又可怜的孤立无助、无能为力造成的。

从我上述的揭示中显而易见，要想赢得欧洲现在和将来的长久和平，第一件要做的事，不是像迪金逊教授所说的那样，让民众参与政治，而是要把他们从政治中清除出去。因为他们处于乌合状态时，太自私、太怯懦了；无论是对和平还是战争问题，他们都太易于恐慌。换言之，如果要在欧洲保证和平，那么第一件要事，我认为就是把各国的统治者、军人和外交官保护起来，使他们摆脱民众的困扰，免受群氓的威胁。那些处于乌合状态的民众的恐惧，只会使他们孤立无助、无能为力。事实上在我看来，不用说未来，要挽救欧洲目前的困境，只有一条路可走，那就是首先把战争各国中的统治者、军人和外交官从他们目前孤立无援、无能为力中解救出来。在此我要指出，目前欧洲所处的这种悲惨无望的局面，实际上在于每个人都盼望和平，却又没有人有勇气和力量来制造和平。所以我说，目前的第一要事，就是把统治者、军人和外交官从孤立无助、无能为力的状态中解救出来，并找出一些办法赋予他们权力——让他们用这些权力去寻求和平道路。在我看来，目前唯一的途径就是：欧洲人民——那正处于战难中的各国民众——赶快废除目前的宪法和《自由大宪章》，制定出一个全新的宪章——一种如同在我们中国这儿的良民宗教所赋予中国人的那类“忠诚大宪章”。

按照这个新的“忠诚大宪章”，交战各国中的广大民众必须宣誓：首先，不得以任何方式讨论、参与或干预当前的战争政治；其次，无论他们的现实统治者施行何种和平计划，他们都必须绝对服从遵守。这种新的“忠诚大宪章”会立即赋予交战国的统治者以权力和使用这一权力去制造和平的勇气。事实上，有了这种权力和勇气，就可以马上驾驭和平。我完全相信，一旦把这种权力给予统治者，给予那些正处于战争中的国家统治者，那么他们就能马上驾驭和平。我之所以坚信这一点，是因为，处于战乱各国的统治者，除非他们都是些十足的不可救药的疯子或恶棍（事实上，人们必须承认他们不是，我冒昧地认为，目前在欧洲最受诅咒的人——那个德国皇帝也不是），否则，他们这些交战各国的统治者应当能看到，他们每天都要浪费人民辛辛苦苦挣来的九百万英镑血汗钱，葬送数以万计无辜男人的性命，捣毁成千上万无辜妇女的家园和幸福，这不过是十恶不赦的疯狂而已。然而，为什么那些交战国的统治者、军人和外交官现在却不能清楚地认识到这一点呢？因为他们感到无助。他们在对群氓的恐惧面前，在对那些普通民众的恐惧面前，感到孤立无助、无能为力。事实上，正如我所说过的，对群氓的恐惧已经控制并麻痹了他们的头脑。所以我说，要想挽救欧洲目前的局势，第一件要做的事情，就是给各国统治者、军人和外交官以权力，将其从对群氓——普通民众——的恐惧之中拯救出来。

在此，我想进一步指出，当今欧洲那悲惨绝望的局势，不仅是统治者、军人和外交官的孤立无助、无能为力造成的，也是交战国每个国民的孤立无助、无能为力造成的。由于人人孤立无助、无能为力，以致他们完全看不到这场无人希望却产生于群氓恐惧的战争不过是一种十恶不赦的疯狂而已。正如我所说过的，这种恐惧已经控制和麻痹了所有人的头脑。关于这一点，人们甚至可以从迪金逊教授身上窥见一斑。他著文抨击战争，并痛斥那些统治者、军人和外交官带来了这场战争。其实，迪金逊教授的头脑里也充满了那种群氓恐惧，不过他没有意识到罢了。迪金逊教授在文章的开头声称，他的文章不是什么“停战”书，接着又说：“我想，所有的英国人也都这么想，既然卷入了这场战争，那么我们就应当把它进行到底，直到我们的领土完整和安定不遭受任何损害为止，直到欧洲未来的和平能够达到人力所及的最大程度的保障为止。”难道大英帝国的统一和安定，以及欧洲未来的和平，只有通过每天浪费九百万英镑实实在在的钱，去屠杀千千万万无辜的生命才能获得吗?！这个命题的荒唐无稽，我相信只有头脑里没有群氓恐惧的人才能见闻。好一个欧洲和平！我想，如果这种耗资额和屠杀率再继续下去，那么不久以后，和平当然将会到来，不过那时的欧洲，恐怕早已从世界地图上被抹了去。的确，如果说有什么能表明普通民众完全以及彻底不适合讨论和平和战争问题，即便像迪金逊教授之流的这种心理态度也能明白无疑地展示这一点了。

然而，我要重申的一点是，在交战各国中，人人都盼望和平，但却没人有力量去创造和平、制止战争。事实上也正是这一点，使得欧洲人民相信没有实现和平的道路，从而对实现和平的可能感到绝望。这种对和平的绝望，模糊了交战国人们的视野，使他们不能真正认识到这场无人希望，只是由群氓恐惧引起的战争不过是一场十恶不赦的疯狂。因此，为了使人们认识这一点，首先要做的就是让人们感到还有实现和平的可能。为此，首先要做的一件简单的事情，就是要立即停止这场战争；授予某些人以充分的权力去制止战争；通过制定我所谓的“忠诚大宪章”，授予交战国的统治者以绝对的权力，去命令立即停止这场战争。一旦人们看到这场战争能够被制止，那么交战国中的每个人，恐怕除了少数彻底不可救药的疯子之外，都能够认识到这场无人希望且仅由群氓恐惧导致的战争，实在不过是一种十恶不赦的疯狂而已；而这场战争如果再继续下去，即便是那些可能获胜的国家，也难逃最终被倾覆的厄运。一旦交战国的统治者拥有权力去停止战争，且交战各国的人民看到和认识到这场战争只是一种可憎的疯狂，到那时也只有到那时，像美国总统威尔逊①那样的人们才有可能并且能成功感召交战各国统治者，像

① 威尔逊（T. W. Wilson，1856—1924）：1913—1921 年任美国总统。他标榜和平。1918 年 1 月，倡议建立国际联盟，并提出所谓“十四点和平纲领”，一度颇鼓舞人心。

前总统西奥多·罗斯福①在日俄战争中所做的那样，立即制止战争，然后找到一条实现永久和平的道路。我之所以如此认为，是因为我相信，为了实现和平，欧洲交战各国的统治者不得不做的唯一重要之事，便是建立一座专门的精神病院，把那几个彻底的不可救药的疯子请进去——把那些像迪金逊教授那样脑中充满群氓恐惧，那些对大英帝国的统一和安定、对欧洲未来的和平充满恐惧的人请进去！

因此我认为，对于交战国的人民来讲，战争的唯一出路在于彻底撕毁目前的《自由大宪章》和宪法，制定新的大宪章——不是自由的大宪章，而是像我们中国这儿的良民宗教所赋予中国人的“忠诚大宪章”。

为了证明我上述主张的有效性，下面让我来提醒欧美人注意这样一个事实，即正是因为日俄民众对他们的统治者的绝对忠诚，才使得美国前总统罗斯福对已故的日本天皇和现在的俄国沙皇进行了成功的感召，制止了日俄战争，最终在朴次茅斯签订了和平协议②。日本人的这种绝对忠诚，得到日本从中国这儿学去的良民宗教中的“忠诚大宪章”的保护；但在俄国却并不存在“忠诚大宪章”的良民宗教这种东西，俄国人的绝对忠诚是靠“皮鞭”的力量来维系的。

下面，让我们来看看《朴次茅斯和约》签订之后，在拥有良民

---

① 西奥多·罗斯福（Theodore Roosevelt，1858—1919）：1901—1909 年任美国总统。1904—1905 年，日俄爆发战争期间，曾建议日俄停战议和，后为双方采纳。

② 即《朴次茅斯和约》，1905 年 9 月 5 日在美国朴次茅斯签订，正文共 15 条，主要内容为：俄国承认朝鲜为日本的势力范围；将在中国旅顺、大连的租借权转让给日本；割让库页岛南部给日本。它实际上是日俄结束战争、重新瓜分中国东北和朝鲜的和约。1945 年被废除。

宗教之“忠诚大宪章”的国家如日本，和在没有这种宗教和宪章的国家如沙俄都发生了些什么。在日本，《朴次茅斯和约》签订后，东京市民由于其良民宗教受到欧洲新学的破坏，举行了示威游行并试图制造恐怖；但是对于那些未受欧洲新学沾染的真正日本民众，“忠诚大宪章”发挥了作用，在少量警察的帮助下，只用了一天时间就平息了示威和骚乱。不仅日本国内实现了和平，远东也从此安定了①。可是在俄国，《朴次茅斯和约》签订之后，全国各地的民众也举行了示威游行并试图制造恐怖，但由于没有良民宗教，那用以维系人民绝对忠诚的皮鞭也断裂了。自那以后，俄国人就享有了充分的自由去制造骚乱并立宪，享有了去大喊大叫和制造恐怖的权利——制造那种对沙皇俄国和斯拉夫种族的统一与安定、对欧洲未来的和平前景的恐惧！结果是，当奥匈帝国的皇帝同俄国沙皇就如何处理杀害奥匈帝国皇储斐迪南大公的凶手问题发生小小的分歧时，俄国民众，那些群氓就喧嚷起来，并制造出一种对沙皇俄国的统一和安定的恐惧，从而使得沙皇和他的谋臣们被迫动员全部俄国军队，也就是开动了那由约翰·史密斯、博布斯和摩西·兰谱们所制造的可怕的现代机器。就在那可怕的现代机器——沙皇的现代军国主义发动的时候，全欧洲人中也立刻产生了一种普遍的恐惧；这种弥漫全欧的普遍恐惧控制和麻痹了各国的统治者和外交官，使得他们孤立无援、无能为力；而这种孤立无援和无能为力，正如我已经说明过的，引发了这场战争。

---

① 远东的和平，我以为它一直延续到最近，直到英国的群氓崇拜政客在日本也收获了聪敏善悟的弟子时才结束。大限重信伯爵，现在便是日本最大的群氓崇拜政治家，正是像他这样的人在号召发动战争来反对在青岛的一小撮德国传教士。——原注

因此，如果你深入地探究这场战争的原因，就会发现其真正的发端在于《朴次茅斯和约》。我之所以这样说，是因为在该条约签订之后，那皮鞭——那皮鞭的力量在俄国完蛋了，沙皇俄国国内再也没有能够保护俄国沙皇免受群氓恐惧——那种对于沙俄帝国以及斯拉夫种族的统一和安定的恐惧的东西了！德国诗人海涅，一个最杰出的自由主义者、他那个时代最优秀的自由主义斗士，以其非凡的洞察力指出："俄国的专制绝对是一种独裁，它绝不允许有任何别的传播我们现代自由观念的东西存在。"实际上，我再说一遍，在《朴次茅斯和约》签订后，俄国的"独裁"，那皮鞭，那皮鞭的力量也完蛋了，没有任何东西能保护俄国的统治者、军人和外交官远离群氓。我说过，这就是这场战争的真正根源。换言之，这场大战的真正原因就在于俄国的群氓恐惧。

以往，欧洲各国称职的统治者之所以能维持国内的秩序，乃至整个欧洲的国际和平，是因为他们敬畏和崇拜上帝。但是现在，我以为，各国的统治者、军人和外交官不再敬畏和崇拜上帝了，而是崇拜和畏惧群氓——那由国内民众组成的乌合之众。拿破仑战争之后，炮制"神圣同盟"的沙皇亚历山大一世之所以不仅能维持俄国的国内秩序，还能保证整个欧洲的和平，乃是因为他敬畏上帝。目前的俄国沙皇对内既不能维持社会秩序，对外也不能保证欧洲和平，其原因正在于，他不再敬畏上帝，而是畏惧群氓。在大英帝国，像克伦威尔那样的统治者们，能够维持国内秩序并保证欧洲和平，是因为他们崇拜上帝。然而大不列颠如今的统治者们，尽职尽责的政治家如格雷勋爵、阿斯奎思、丘吉尔和劳合・乔治这些先生们，却不能维持国内秩序并保证欧洲和平，因为他们已不再敬畏上帝，而只崇拜群氓——不仅崇拜其国内的群氓，而且崇拜其他国家的群氓。英国已故首相坎贝尔·班勒门先生，在俄国国家杜马①被解散时，曾放声高喊："杜马亡了，杜马万岁！"

我说过，这场大战的真正原因是俄国的群氓恐惧。下面我想指出的是，这场战争的最终根源其实并不在此，这个源头——不仅是这场大战的根源，而且是当今世界一切纷乱、恐怖和苦难的根源——其实是群氓崇拜，是当今欧美各国尤其是英国的那种群氓崇拜。正是大不列颠的群氓崇拜，导致和促成了那场日俄战争②。日俄战争后，两国签订了《朴次茅斯和约》；而《朴次茅斯和约》加之英国首相的叫嚷助威，结果折毁了俄国的"皮鞭"，折毁了那皮鞭的强力、那海涅所称的俄国式独裁，最终制造了群氓恐惧。这种恐惧，恰如我所言，导致了这场可怕的世界大战。我在此附带说一句，正是这种大英帝国内部的群氓崇拜，这种侨居中国的英国人和其他外国人之中流行的群氓崇拜，其实也就是从欧美引进的群氓崇拜教，给中国带来了革命和目前这场共和国的梦魇，从而造成今日世界最为宝贵的文明财富——真正的中国人遭受到毁灭的威胁。因此我认为，大英帝国的这种群氓崇拜——这种今日欧美的群氓崇拜教，除非它立即被打倒，否则不仅会毁掉欧美文明，还会毁掉全人类的文明。

现在，我想只有一件东西能够推倒这种群氓崇拜，推倒这种正

---

① 杜马：沙皇俄国的国家代议机构。先后共召开四次。它是沙俄主要统治机构之一，于十月革命前解散。

② 大英帝国的群氓恐惧，尤其是那些待在上海和中国其他地方的英国人中的自私的恐惧（其喉舌便是《泰晤士报》驻北京的记者莫理循"大"博士），加上他们那"开放满洲"的叫嚷，刺激并促使日本人投入日俄战争。——原注

威胁着今日世界所有文明的群氓崇拜教，那就是“忠诚宗教”——恰如我们中国人所拥有的，在我们中国这儿的“良民宗教”中的“忠诚大宪章”一类的东西。这种“忠诚大宪章”将保护所有国家尽职尽责的统治者、军人和外交官免受群氓的威胁和干扰，使他们不仅能够保证国内的秩序，还能够维护世界和平。进而言之，这种“忠诚大宪章”——这种拥有“忠诚大宪章”的“良民宗教”，通过使一切真诚善良的人去帮助其合法的统治者来制约和打倒群氓，从而使所有国家的统治者能够在国内和国际上维护和平、保证秩序，并且用不着什么皮鞭、警察、士兵，一句话，用不着军国主义。

下面，在我作结论之前，我想对军国主义、德国军国主义再讲几句。我已经说过这场战争的最终根源是大英帝国的群氓崇拜，但在此我想指出，如果说这场战争的最终根源是大英帝国的群氓崇拜，那么这场战争的直接原因，则是德国的强权崇拜。据报道，俄国沙皇在签署俄军动员令之前曾经说过：“我们已经忍耐了七年了，现在它必须结束了。”沙皇这些动情的话表明他和俄罗斯民族，一定遭受了德国强权崇拜所带来的巨大痛苦。的确，大英帝国的群氓崇拜，正如我说过的，折毁了沙皇手里的皮鞭，从而使他在反对那些想要进行战争的群氓时变得无能为力；德国民族的强权崇拜又使他丧失了本性，驱使着他同群氓一起投入了战争。因此我们看到，这场战争的真正原因，就是大英帝国的群氓崇拜和德国的强权崇拜。我们中国人的“良民宗教”经书上说过：“罔违道以干百姓之誉，罔咈百姓以从己之欲。”① 这里，“违道以干百姓之誉”，就是我所谓的群氓崇拜；“咈百姓以从己之欲”，就是我所谓的强权崇拜。拥有了这种

① 语出《书经·虞书·大禹谟》。——原注

“忠诚大宪章”，一个国家尽职的大臣和政治家就会感到他们不该对群氓负责，不该对那乌合的普通民众负责，而应对他们的国王和自己的良心负责。这就会防止他们“违道以干百姓之誉”，事实上就是防止他们陷入群氓崇拜的泥潭。同时，“忠诚大宪章”又将使一国的统治者感受到他们肩上的重任，那“忠诚大宪章”所赋予的权力压在他们身上的重任，便会防止他们“咈百姓以从己之欲”，事实上防止他们堕入强权崇拜的陷阱。由此我们看到，这种“忠诚大宪章”，这种拥有“忠诚大宪章”的“良民宗教”，将有助于我们摧毁群氓崇拜和强权崇拜，我已经指出，这两种崇拜乃是这场战争发生的根源。

那个经历过法国大革命的法国人茹贝尔，在回应现代自由主义的呼吁时指出：“为自由灵魂而呼唤吧，不要为自由人而叫嚷。道德自由乃是一种至关重要的自由，这种自由必不可少；而其他的自由只有当它有助于这一自由时才是好的和有益的。服从就其本质而言比独立要好。因为一个意味着条理和序列，另一个则只意味着孤立和自足；一个意味着和声，另一个则意味着单音；一个意味着整体，而另一个则只意味着部分。”

这，我认为就是欧洲人民、现在处于战争中的各国人民既要摆脱这场战争，又要挽救欧洲文明乃至世界文明的一条并且是唯一的一条道路，也就是说，他们现在必须彻底撕毁《自由大宪章》和宪法，而代之以一个“忠诚大宪章”；事实上就是要采纳像我们中国人所拥有的“忠诚大宪章”的那种“良民宗教”。

世纪的秩序正在重新奠定！

文明与无政府状态或远东问题中的道德难题

箴言

我们这个时代的伟大任务是什么？
是解放，不仅是爱尔兰人民的解放，希腊人的解放，
或其他国家人民的解放，而且是全人类的解放，
特别是已经成熟的欧洲人的解放。……

——海涅《旅行札记》

毫无疑问，对于许多人来说，所谓的远东问题无非是指中华帝国近期的出路问题。但人们只要对此稍稍认真地加以思考，就会注意到问题并未就此完结。因为除了因国际物质利益纠纷而引起的贸易和金融的纯经济问题，以及和平与战争的政治问题，远东问题中还涉及一个道德的问题，一个比中华帝国的政治前途更为严峻抑或更为现实的大问题。

欧洲第一次十字军东征的历史告诉我们，“在法兰西的克莱蒙举行的第二次宗教会议上，教皇（乌尔班二世①）亲自向广大民众发表过一次激动人心的演讲。在演讲的过程中，人们那被压抑的情感骤然爆发，听众中不时响起‘上帝之意’的狂呼。”而今在我们看来，那些民众的感情似乎很难理解。确实，当我们今天以本世纪的眼光去看待他们当时所施行的愚蠢而狭隘的、带有宗教色彩的政治目标时，十字军东征对于那些肆意骚扰东方民族的欧洲人来说，显然是场劳民伤财、昏聩糊涂的举动。然而，当我们去研究欧洲民族的理性与道德发展的时候，却禁不住要承认，十字军东征尽管是一场为狂热与贪婪所驱使的昏聩糊涂的远征，但对于完善人类文明仍有着真诚的道德动机和道德作用。在那一明显偏执而贪婪的运动中，确实含有某种“上帝之意”。因为我们知道，中世纪十字军东征的最终结果，首先便意味着当时欧洲中世纪拘谨古板的修道院文明的结束。十字军东征之后，欧洲赢来了马丁·路德及其新教改革。所以基佐先生在他的《文明史》一书中指出：“十字军东征的最终结果，是向人类精神解放迈进的一大步。”②

现在，让我们看看欧洲各民族目前在远东的远征，这在德国被称为“殖民政治”——谁都不怀疑这场19世纪的现代远征，尽管看起来大体不过是一场贪求物质利益并着眼于贸易目标的自私行动，

① 乌尔班二世（Urban II，约1042—1099）：罗马教皇（1088—1099年在位）。为扩张教权，与德皇亨利四世、法王腓力一世相争。1088—1089年企图使东罗马帝国的教会听命于他，未果。1095年召开克莱蒙会议，煽动第一次十字军东征。

② 基佐（François Guizot，1787—1874）：法国著名的历史学家和政治家。七月王朝时期，历任内政大臣、外交大臣和首相。1848年2月，革命爆发后被迫去职。作为一个历史学家，他试图以阶级斗争的观点来解释历史。著有《英国革命史》、《欧洲文明史》和《法国文明史》等。这里提到的《文明史》，应指《欧洲文明史》一书。

但其对于人类文明，也还是有一个道德动机和道德作用的。当德国皇帝在基尔庄严宣告“上帝之意”寄语现代远征的时候，那场面和他那奇怪的中世纪语言，非常奇妙地使人想起1095年在法国克莱蒙的情景。谁知道这场被称为“殖民政治”的现代远征之最后结果，不会像中世纪十字军东征时的基督教一样，即使不完全改变现代欧洲文明与社会结构，也会使其最终有所改进呢？正是这一思想，而不是什么黄种人将来可能入侵的观念，启发了这位德国皇帝，去绘制了他那幅著名的《黄祸图》①。

不过确实，对于任何不辞辛苦去研究远东民族的道德文化和社会秩序的人来说，黄种文明在本质上可能对欧洲人构成潜在威胁的想法，实在让人觉得不可思议。欧洲人，尤其是那些没有思想、只讲求实惠的英国人，他们习惯把现代政治经济学家所说的“生活水平”看作衡量一个民族的道德修养或文明的标准。在他们眼里，如今中国和东方民族的实际生活无疑是十分低劣和难如人意的。然而，生活水平本身却并不是衡量一个民族文明的合适标准。我相信，在今天的美国，生活水平比在德国要高得多。尽管一个美国百万富翁的儿子在目睹德国某大学教授的简单和较低的生活水平之后，可能会怀疑教育在该大学的价值，但我相信，没有一个有教养的人，在游历了这两个国家之后，会认为德国人的文明程度不如美国人。

实际上，生活水平可以适当地作为文明的“条件”来考虑，但

---

① 1895年，德皇威廉二世送给俄国沙皇尼古拉二世一幅《黄祸图》。他画的是一幅草图，后来再由一位德国名画家加工而成。该画的意思是“黄种人”的崛起将给欧洲白人带来威胁，欧洲白人应当联合起来，抵制来自他们的入侵。辜鸿铭对“黄祸论”的驳斥，是近代中国人中最早的。但他对德皇绘制《黄祸图》动机的解释，却只是他的一厢情愿，并不符合事实。

它却不是文明本身。举一个物理现象来说明：热量是一个动物体生命和健康的条件，但是动物体内的热量多少却并非衡量其内部组织结构完好或粗糙的真正与绝对的标准。一个组织结构非常完好的动物躯体会因反常原因而变得很冷。同样，某一民族的生活水平也可能由于经济原因而变得很低，但它本身却不足以作为该民族道德修养或文明程度低下的证据。爱尔兰的土豆歉收和大不列颠长期持续的贸易萧条，可能极大地降低了这两个国家的生活水平，但是人们不能单纯由此判断说，爱尔兰人和英国人已经变得不怎么文明了。

然而，假如单纯的生活水平不是文明——那么什么是文明呢？欲解释全世界各国的文明就有如对个人说明什么是真正的教养那样，实在很难下一个确切的定义。不过，我倒是可以通过一个具体事例来阐述我对文明的理解。1816 年英国皇家海军巴兹尔·霍尔舰长访问朝鲜时，有一位年迈的朝鲜下级官员曾给他留下了这样的印象：

> 他的那种彬彬有礼和悠然自在，着实令人欣赏。考虑到迄今为止他很可能连我们的存在也疏于了解，其行为举止的得体有度，已足以表明，他不仅已进入社会的上层，而且其所在社会的文明业已达到一定高度，不需要其他状况佐证。实际上，让人感到奇妙的是，在不同的国家，无论社会状况可能存在多大的差异，其讲究礼貌的方式都是大体相同的。这种优良品性，在那位官员身上就得到了很好的证实：他对我们为他提供的服务表示满意，不论我们关心什么，他都会立刻表现出兴趣。他十分好问，一旦发现任何起初使他感到过迷惑的事物的用途，他总能自得其乐，但却也并不过分地表示出欣赏之情。在世界任何地方，他肯定都可以被看成是那种教养良好、观察敏锐的人。

我所谓的文明就是如此。如果能够产生像霍尔舰长上述描述的这样的人，那么这样的社会便是一个文明的社会。如果说上述例子能够表明远东民族的文明里有教养者或社会上层的典型特征，那么已故麦嘉温博士下面对中国人特性的描述，则可以说明那种文明对于下层民众的影响。

麦嘉温博士说："在前面所述中国人的工商业生活中，可以注意到这个民族的一个显著特征，即他们的组合能力。这种能力是文明人的主要特征之一。对于他们来说，由于其崇尚权威和恪守法纪的天性，组织与联合行动是件容易的事情。他们的驯良不同于那种精神崩裂遭致阉割的民族，是其自我约束的习惯和地方性、公共或市政事务中长期听任其'自治'的结果；至于他们的国家，则立于人人自治自立之上。倘若将其中最贫穷、文明程度最低的一些人置于一个孤岛之上，他们会像身处同一窘境的受过理性民主熏陶的人那样，很快便将自己组成一个完整的政治实体。"

从以上对远东民族文明的说明中，我们可以清楚地看到，这样一种文明本身不可能对欧洲民族构成威胁。然而，必须承认，目前在欧洲和远东之间确实存在着文明之争。不过在我看来，这种冲突似乎不是黄种文明与白种文明之间的冲突，而更似远东文明与那种可被称为欧洲中世纪文明之间的冲突。

任何一个有兴趣研究欧洲现代制度精神的人都会注意到，最近一百年来，在通常所谓的"自由主义"的名义下，欧洲一直滋长着一种大异于那可被称作古代中世纪文化和秩序的新的道德修养意识和新社会秩序观念。在 19 世纪末，即法国大革命之前，一个名叫杜·克洛的法国人曾说："在法国，有一种理性胚芽正开始生长。"

的确，一般认为，今日所谓“自由主义”的那些思想和概念，都是由 19 世纪法国哲学家们第一次准确认识并传播开去的。但奇怪的是，这些法国哲学家的思想，究竟在多大程度上应归功于他们对耶稣会士带到欧洲的有关中国的典章制度所做的研究，迄今为止竟然一直未得到公认，也没有受到质疑。现在无论何人，只要他肯去阅读伏尔泰、狄德罗的作品，特别是孟德斯鸠的《论法的精神》，就会认识到中国典章与制度的知识对他们起了多大的促进作用。即使它对杜·克洛所谓的“理性胚芽”的兴起没起什么作用，至少对我们今天所讲的自由思想之迅速发展与传播是起过促进作用的。众所周知，那种“理性胚芽”最终发展成为自由主义思想，它在 19 世纪导致欧洲中世纪制度的“全面解体”或彻底崩溃。

在此，我不禁要指出，那些来到中国，要使异教的中国人皈依其宗教的罗马天主教传教士，自己倒成了给欧洲传播中国文明思想的工具。这些传教士花费毕生精力试图教化中国人，但他们带回去的中国文明却成为打碎中世纪文明的有力武器！这对上帝真是一个极大的嘲讽。

我已经绕了一个大弯子，现在让我们再回到文章的主题上来。这种文明的冲突，或更确切地说这种现代自由主义和古代中世纪主义的冲突，就是远东问题的道德难题。它不是黄种人同白种人之间的冲突，反倒是欧洲人为将自己完全从古代中世纪文明中解放出来的斗争。一句话，它是今天德国人所说的“文化之争”。

欧洲中世纪的道德文化起源于基督教《圣经》。基督教《圣经》作为歌德所说的一部“世界文学”典籍，有如荷马的《伊利亚特》和维吉尔的《埃涅阿斯纪》，是一部非常了不起的巨著，它永远也不会从这个世界上完全消失。

《旧约》道德之崇高，正如马修·阿诺德先生所说的，耶稣基督个性之魅力及《新约》中教义的简单明了——所有这些，可以说都已深入到欧洲出产的最佳类型之人的骨髓之中。不仅如此，对于那些歌德眼中的“世界文学”能够在其身上产生影响的人来说，它将始终保持永恒的力量和价值。当然，这一力量和价值与普通百姓无缘。因为一般欧洲人，要想充分地感受到基督教《圣经》的力量，就必须和撰写《圣经》之人处于同等的智力状态。但我想，现在一般都会承认，杜·克洛所说的“理性胚芽”已极大地改变了一般欧洲人的智力状况。对于这样一些普通人，基督教《圣经》纵或不是全然晦涩，也是难以理解的。而其结果，势必是《圣经》不再能成为真正的道德修养的源泉。在伦敦一校务会议上，已故赫胥黎①教授曾说，即便这些（不列颠的）岛屿上完全没什么宗教，他也不会想到要借助《圣经》去传播宗教的思想。

总而言之，我们相信现代自由主义的真正道德修养，如果不是从严格的意义上说，恐怕比来源于基督教《圣经》的欧洲中世纪的道德修养要博大得多。以往的道德修养主要诉诸人心中希冀或敬畏的情绪，而新的道德修养则依赖于人的整个理智力量：既诉诸人的理性又诉诸人的情感。在旧的道德修养中，关于人性的理论是“性本恶”，即人的本性从根本上说是坏的。现代道德修养的理论则认为，人的本性从根本上说是好的，而且如果它得到适度的发展并反求诸身，在世界上就会产生健全的德性和社会秩序。旧的道德修养

① 赫胥黎（Thomas Henry Huxley，1825—1895）：英国杰出的生物学家，主张生物进化论，是达尔文系统的普及者。

的方法起于“敬畏上帝乃智慧之发端”，现代道德修养的方法则认为“大学之道，在明明德”。起源于基督教《圣经》的旧式道德修养的语言是象征性语言，即带有形象、符号、隐喻的语言。现代道德修养的语言则是具体实在的语言，即科学语言。一种语言这样说：“那按正路而行的，神必使他得出救恩。”而用另一种语言则表述为：“欲治其国者，先齐其家；欲齐其家者，先修其身。”

以上，便是我从人性本质、教育方法和语言上，对古代中世纪道德修养与我们所称的欧洲现代道德修养之间不同点的一个概述。我们相信，欧洲旧式的和现代的道德修养，对于人们的生活以及他们的社会法律制度的影响也是不同的。旧式道德修养使得人们对权力和权威盲目且消极地服从。而现代道德文化的影响，则如麦嘉温博士谈及中国人的特征时所说的：“国家立于人人自治自立之上。”欧洲中世纪道德修养的结果，用一句话来说，是封建统治。而自由主义旗号下的现代道德修养的结果，则是麦嘉温博士所说的“理性民主”，即自由制度的统治。

当今，欧洲作家习惯于把较高层次的基督教文明与远东人民的儒家文明进行比较。这两种文明的目标无疑是相同的，即保证人们道德的健全和维持世界上的公民秩序。但如果我所讲的欧洲旧式和现代道德修养的看法不错，那么我想就必须承认，尽管建立在诉诸希冀和敬畏情绪的道德修养基础之上的文明，或许是个更为强大甚至更为严格些的文明，但可以肯定，建立在诉诸平静理性的道德修养基础之上的文明，纵使不是更高层次的，也是一个更为博大的文明。这一文明更难达到，而一旦实现，就将会永恒持久，不衰不灭。

事实上，在我看来，对欧洲人而言，真正的危险因素并不是黄种人的文明，而是他们难以达到这种新的现代道德修养。这不仅对欧洲人，而且对整个人类的命运和文明也是一种威胁。对欧洲民众而言，古代的中世纪道德修养很大程度上在他们心目中已经丧失了道德约束力，而他们又没有充分获得现代的新道德修养并将它用作维持国民秩序的一种约束力量，所以现今他们维持治安，根本不是通过道德力，而是靠警察或称为“军国主义”的纯粹外在力量。卡莱尔说：“现代的欧洲社会是混乱加上一个警察。”一位法国作家说得更妙：“在公理通行之前，只能诉诸强权。”

然而在现代欧洲，维持这种规模巨大的军国主义的巨额开支对于人们的经济利益来说，正起着一种毁灭性的破坏作用。在我看来，欧洲人要想逃脱这种被毁灭的厄运，只有两条路摆在面前：要么是为获得新的现代修养去奋力抗争，要么就回归到中世纪精神上去。但回归到中世纪精神上去，欧洲人是绝不愿意的。伟大的俾斯麦侯爵说过：“我们决不回到卡诺莎。”况且，欧洲人纵或愿意，现在也不可能回到过去那真正的中世纪精神上去。如果他们试图回归，那么就只可能出现基督教救世军那样的劳民伤财或耶稣会教皇至上主义那样的招摇撞骗。

现在，如果有人想了解将来有一天可能重现的欧洲那种毁灭文明、毁灭一切道德修养的力量，那种基督教救世军的劳民伤财是什么样子的，那么他应该去读读中国太平天国运动的历史。在那次运动中，中国的基督徒抛弃了他们本民族那诉诸理性的道德修养，退回到依赖于民众心中希冀与敬畏情绪的中世纪欧洲的道德修养上去，其结果是各省大局糜烂，百万生灵惨遭屠戮。

至于耶稣会的教皇至上主义，其结果甚至比基督教救世军的劳民伤财还要糟。耶稣会教皇至上主义的智力欺骗，对于人性来说是一种践踏与蹂躏。这种践踏与蹂躏的结果，有如卡莱尔所指出的，“将是无边的苦难、反抗、谵妄；过激分子暴动的狂怒、复辟暴政的冷酷；千百万人的残暴堕落、‘被纵容的机关’之轻浮；那‘邪恶的君王以法律的名义裁决不义’的令人毛骨悚然的景象”。

耶稣会教皇至上主义的实际结果，用一句不太文雅的话来简单地说，就是那“知道面包的哪边涂上了黄油”① 的福音书。建立在这样一种卑鄙精神习惯之上的社会秩序，是不可能持久的。在法国，路易·拿破仑之后就出现了巴黎公社。如果欧洲人民想要回归到中世纪精神，但却只回到了耶稣会的教皇至上主义，谁知道等待他们的又会是什么呢?

我已经说过，黄种文明对于欧洲民族绝不可能形成威胁。在我看来，危险倒更在于欧洲那些“被纵容的机关”正竭力驱使他们的政府以一种蛮横愚蠢的方式同这一文明进行交往。在欧洲，尤其是在英国，“被纵容的机关”之喉舌便是报刊。他们齐声要求在中国实施所谓的炮舰政策，并冷静地列出瓜分中国的计划。但我不知道有没有人曾经想过，一旦中国的官僚统治被破坏，人们都将变得像最近的土耳其人和亚美尼亚人那样狂热，那么要维持中国四万万民众的秩序与治安，将要耗费欧洲各国多大的开支。已故的戈登将军说过：“要记住，人民的不满即意味着要扩军。”不管今日中国的官僚统治是何等地令人失望与腐败，这种统治依然是一种道德统治而不是警察统治。

军国主义在欧洲很必要但在中国却不然。外国人在中国实施的

---

① 即知道自己利益所在。

炮舰政策，已经并且将只会对有关各方的利益构成损害。外国人也好，中国人也罢。依我之见，应在上海建立一所国际学校，深入地研究中国的历史与文学，同时再派大批中国学生去欧洲和美国留学，比起欧洲各国出动他们最强大的舰队，倒更能促进外国在华的商业利益。相反，一旦军国主义在中国成为必要，那么中国人将不得不变成一支强大的军事力量或者势必为外来军事力量所制服。但无论出现哪一种情况，全世界都将不得不为此付出一大笔额外的军事开支。

在欧洲，由于人民的不满情绪，使得军国主义成为必要。它是文明的庇护者与捍卫者——“在公理通行之前，只能诉诸强权”。用丁尼生那带有中世纪意味的话来说，它的真正作用在于“打倒异教徒，捍卫救世主”，即打倒暴虐、野蛮与无政府状态。可是，近来欧洲的军国主义却没被用来对付混乱与野蛮，反而被用来对抗真正的文明，破坏中国人的文明秩序。欧洲军国主义愈是这样被滥用，其所耗费的负担就会愈加沉重。

因此，对于欧洲人来说，要想逃脱军国主义的负担，唯一可能的途径就是为获得我们所说的那种存在于普遍自由主义名义下的新的道德修养而斗争。但欧洲人民要实现这一点，很难说清要花多长时间。就我个人看来，20 世纪末欧洲的那种自由主义确已退化。比肯斯菲尔德伯爵①在谈到他那个时代英国的自由主义时说，他惊奇地发现它已变成一种政治独裁。我以为，今天欧洲那种自由主义也

① 比肯斯菲尔德伯爵（Benjamin Disraeli，1st Earl of Beaconsfield，1804—1881）：即本杰明·迪斯累利，英国政治家和作家，近代英国保守党的主要缔造者，所谓托利民主政治的奠基人。1868 年受命组阁。在 1874—1880 年二度出任首相期间，与格莱斯顿领导的自由党人进行了激烈斗争，1876 年被授予伯爵称号。

已经变成一种独裁：一种“被纵容的机关”的独裁。19 世纪的欧洲自由主义是有道德教养的，但今日的自由主义则丧失了道德教养。过去的自由主义（者）读书并且懂得思想；现代的自由主义（者）却只看报，为自身利益还断章取义，只言片语地利用过去那美妙的自由主义惯用语。19 世纪的自由主义是为公理和正义而奋斗，今天的假自由主义则为法权和贸易特权而战。过去的自由主义为人性而斗争，今天的假自由主义只是卖力地促进资本家与金融商人之既得利益。如果设想一个在 19 世纪不得不杀死国王、险些推翻王权暴政的十足的自由主义者今日再生，那么他肯定会用莎士比亚笔下布鲁图的话来告诫今天的假自由主义者：

> 难道我们打击世间的一流人物，
> 只是为了助纣为虐吗？难道我们现在
> 以卑鄙的行贿玷污我们的手指，
> 出卖我们荣誉的广阔空间，
> 只是为了换取可能得到的这么一堆垃圾吗？
> 我宁愿去做一条吠月之狗，
> 也决不做这样一个罗马人！

然而，我们却不必绝望。我相信，目前所谓的“殖民政治”运动在欧洲的最终结果，将会是真正自由主义的复兴。基佐先生在其关于欧洲文明的演讲中，谈到中世纪基督教远征的动机及其对欧洲基督教国家的影响时说：

> 对于最初的编年史家以及他们笔下最初的“十字军”成员来说，穆斯林只是他们憎恶和鄙视的目标；显而易见，如此谈论他们的人并不真正了解他们。后来的十字军参加者的历史，

说起来就十分不同了。很显然，他们已不再将其看作怪物；并且还不得不在某种程度上深入到他们的观念中去；他们与穆斯林住在一起；在他们之间，沟通关系甚至某种同情已然建立。

因此，基佐先生接着说，双方的灵魂，尤其是十字军战士的灵魂，已经从因无知而产生的那些偏见中解放了出来。最后他说："所以，这是向人类精神解放迈进的一大步。"

欧洲这一被称作"殖民政治"的现代远征，在欧美终将完成人类精神的彻底解放。而这种人类精神的彻底解放，又终将产生一种全球性的真正的天主教文明。这一文明不建立在仅仅依赖人的希冀与敬畏情绪的道德修养基础之上，而建立在诉诸人的平静理性的道德修养基础之上。它的约束力不是出自外在的某种强权或权威，而是像孟子所说的，出自人类生来热爱仁慈、正义、秩序、真理和诚实本性的内在之爱。

在新的文明之下，受教育者的自由并不意味着他们可以随心所欲，而是可以自由地做正确的事情。农奴或没有教养的人之所以不做错事，是因为他害怕世间的皮鞭或警棍以及死后阴间的地狱炼火。而新文明之中的自由者，则是那种既不需皮鞭警棍，也不需地狱炼火的人。他行为端正乃是因为他喜欢行善；他不做错事，不是出于可鄙或懦弱的胆怯，而是因为他讨厌为恶。在生活品行的所有细则上，他循规蹈矩不是由于外在的权威，而是听从内在的理性与良心的召唤。没有统治者他也能够生存，而无法无道他则活不下去。因此，中国人把有教养的先生称作"君子"（"君"相当于德文 König，或英文 king，a kinglet，即一个小王）。

美国人爱默生谈到他访问英国，和卡莱尔一起参观巨石阵这座英国最古老的纪念碑时发生的一件小事：

> 星期天，一个雨天，我们谈了许多。我的朋友们问是不是存在拥有美国思想的美国人，哪怕是一个呢？……多么富有挑战性的提问！由此我想到的既不是各政党会议也不是国会，既不是总统也不是内阁成员，不是诸如此类想把美国变成另一个欧洲的人。我想到的只是那些最简单、最淳朴的心灵。于是我肯定地说："是的，无疑存在。不过拥有那种思想的美国人是一些沉迷于梦想的理想主义者。这个梦想我都不太想说给你们英国人听，或许你们只会觉得荒谬可笑，但它却是唯一真实的。"于是，我便谈起无政府主义和不抵抗主义的教条……我说："真的，我从未见过哪个国家有为了捍卫这一真理而勇敢地站起来的人。我很清楚，再没有比这种勇敢更能博得我的敬意了。我能够很容易地看到那可鄙的滑膛枪崇拜的破产……这就像上帝的存在一样无疑，不必以暴易暴。唯有爱和正义的法则，能带来一场干净的革命。……"

人类未来的文明，正如杜·克洛谈及现代自由主义依赖于"理性胚芽的生长"一样，其前途就在于爱默生所谈到的这种美国人的思想。而这种美国人的思想，又存在于中国文明的根基之中，或更确切地说，有赖于远东民族称之为儒家文明的东西。远东问题的道德难题，正在于此。要解决这一难题，既不完全靠国会或议会，也不靠皇帝、国王或内阁成员。解决办法，用爱默生的话来说，就是要依靠欧美那些最简单、最淳朴的心灵。诗人们已为这种新的文明唱了赞歌。那个自称"为人类精神解放而战的骑士"的德国诗人海涅唱道：

一首歌，一首美好的歌，
啊，朋友，我将为你们而创作！
让我们在这里
建立起人间的天国。

苏格兰诗人罗伯特·彭斯唱道：

好吧，让我们为明天而祈祷，
管它这一套那一套，明天一定会来到，
到时候，理性和品格
将在地球上大行其道：
管它这一套那一套，
明天一定会来到，
到时候，辽阔大地上的所有人，
都将亲如兄弟同胞，管它那一套！

最后，法国人贝朗瑞在幻境中看到了他所谓的神圣同盟，他唱道：

我目睹和平徐徐降临，
她把金色的花穗撒满大地：
战争的硝烟已经散尽，
她抑制了使人昏厥的战争霹雳。
啊！她说，同样都是好汉，
法、英、比、俄、德人，
为结成一个神圣同盟，
拉起你们的手吧！

附录

东西文明异同论*

辜鸿铭

在今晚的演讲开始之前，我要请在座诸位多原谅，恐怕我今晚的演讲不会太好。为什么呢？因为今晚的演讲不像前三次在大东文化协会所做的演讲那样，事先做了充分的准备。

我应大东文化协会的邀请来到日本时，只准备了三个演讲题目。因此，一直到两三天前，关于今晚的讲演，还没有想好要讲什么。好不容易想到了“东西文明异同论”这个题目，遗憾的是已没有充足的时间准备了。因此，我所做的讲话，其中可能有些部分较为零乱不系统。若果真如此，希望诸位不要予我以苛责。

著名的英国诗人吉卜林曾说：“东就是东，西就是西，二者永远不会有融合的时候。”这句话在某种意义上说有它的合理处。东西方之间确实存在着很多差异。但是我深信，东西方的差异必定会消失，

---

* 辜鸿铭1924年在日本东京工商会馆的演讲。选自日文版《辜鸿铭论集》，萨摩雄次编，1941年，第102－125页，姚传德译。

双方必会走向融合，而且这个时刻也即将来临。虽然，双方在细小的方面确实存有许多不同，但在更大的方面、更大的目标上，双方必定是要走向一起的。

因此，所有有教养的人，都应为此而努力，为此而做出贡献，而且这也是有教养的人的义务。

不久以前，一个定居在广东的德国友人去世了，他非常关心东洋文明。他去世时，我给他写了墓志铭："你最大的愿望，是实现东西方优良方面的结合，从而消除东西畛域。"①

因为常常批评西洋文明，所以有人说我是个攘夷论者。其实，我既不是攘夷论者，也不是那种排外思想家。我是一个希望东西方的长处能结合在一起，从而消除东西畛域，并以此作为今后最大奋斗目标的人。因此，今晚我给大家讲讲东西文明之间有哪些差异。

东西文明有差异是理所当然的。从根本上说，东洋文明就像已经建成的屋子那样，基础巩固，是成熟了的文明；而西洋文明则还是一个正在建设当中的尚未成形的屋子，它是一种基础还不牢固的文明。

一般说来，欧洲文明根源于罗马文明，而罗马文明又像诸位所知道的那样根源于古希腊文明。在罗马帝国灭亡后，欧洲人民就创造了一种新的文明——巴洛克文明，也就是欧洲中世纪文明。那时的欧洲虽然处在野蛮时代，但是随着基督教的兴起，野蛮人逐渐进步，从而开始创造文明。而后，众所周知，文艺复兴时代到来。

---

① 辜鸿铭为纪念来华德国人赫尔曼·布德莱尔（Hermann Budler，生平不详）所写的悼亡诗中的一句。原诗可见他的英文著作《尊王篇》（*Papers from a Viceroy's Yamen*）扉页。

恰巧与之相对应的是中国六朝的文艺复兴时代。此时正是五胡乱华时期，而罗马人的古典文明也刚好是被五个蛮族集团消灭的。从此欧洲人就以基督教和《圣经》为蓝本（基础），创造了新的巴洛克文明。

然而，随着欧洲人知识的进步，过去的宗教文化不再适应其发展。如同中国在唐代兴起的文艺复兴一样，在欧洲，有了意大利文艺复兴，进而就有了马丁·路德的宗教改革。为此，欧洲经历了四十多年的战争，终于成功地实现了改革。以后的法国大革命，以改变政治结构为主要目的，但社会自身却并未有所变化。因此，经历了上次的欧洲大战之后，欧洲人所面临的问题是改造社会。因此社会主义、过激主义四处兴起，过激主义的目的是彻底破坏旧的东西而制造新的东西。这种“破坏性”的主义，也是欧洲社会必然产生的结果。所以，欧洲文明，实如一个正在改造、构筑、建设当中的屋子。

而我们东洋的文明，则不仅已构成了屋子，而且已经住上了人。东西文明的差别就由此而生。欧洲人没有真正的文明，因为真正的文明的标志是有正确的人生哲学，但欧洲人没有。在中国，真正的人生哲学被称为“道”。“道”的内容，就是教人怎样才能正当地生活，人怎样才能过上人的生活。有“文以载道”这样一句话，“文”即“文学”。在中国，文学可以教给人们正确的人生法则。西洋人为了寻找这真正的人生道路，做出了很大的努力，花了很长的时间但至今未果。而中国依据“四书五经”，就可以明“道”。很遗憾，欧洲没有这样的东西。欧洲有的是基督教。基督教教人们怎样去做一个好人，而孔子的学说则教人怎样成为一个良好的国民。努力做一个好人当然是件好事，但这并不是一件难事。比如登山拜神即可成为一个好人；而想做好一个良民，则须知“五伦”之道，这却是一件相当难的事。

为寻找正确的人生之道，欧洲学者提出了多种主张，如斯宾塞、卢梭等。他们的主张从某个方面看是正确的，但是作为一个整体来看，是不完善的，不是真正理性的。诸君如果以为它们完全正确而予以吸取，那是非常危险的。

下面，我想分五条讲一讲东西方的差异之处。第一，个人生活；第二，教育问题；第三，社会问题；第四，政治问题；第五，文明。以上五个问题，无论哪个范围都很广，非一晚所能尽述，故今晚我只拣重要的说一说。第一，我们考察一下个人生活。

作为个人，我们必须首先考虑的是人的生活目的。换言之，即人应该做些什么？什么是人？对此，英国思想家弗劳德说：“我们欧洲人，从来没有思考过人是什么。”也就是说，作为一个人，是当一个财主好呢，还是去做一个智慧的人好呢？关于这个问题，欧洲人没有成形的看法。由此可见，不是我一个人认为欧洲人没有正当的人生目标，欧洲第一流的思想家也持与我同样的意见。

相反，我们东洋人则早已全然领会了人生的目的，那就是“入则孝，出则悌”。即在家为孝子，在国为良民。这就是孔子展示给我们的人生观：对于长者，即真正的权威人士，必须予以尊敬，并听从他的指挥。孝悌为仁之本，是中国人的人生观，也是东洋人的人生观。

关于人生观方面，再一个差别就是：欧洲人认为人生的目的在于运动，而我们东洋人认为人生的目的在于生活。西洋人为运动而生活，东洋人则为生活而运动。他们是为赚钱而活着，我们则是为享受人生而创造财富。我们不把金钱本身作为人生的目标，而是为了幸福而活动。孔子说：“仁者以财发身，不仁者以身发财。”这句话的意思就是好人利用财富发展自身就成，而恶人则是舍身去赚钱。西洋人，尤其是美国人，为了赚钱连命都不要，这就是东西方人的差异之处，也就是说，西洋人贪得无厌不知足，而东洋人则是知足者常乐。为了东西方能真正地走到一起，他们西洋人必须改变自己的做法，而采取我们的办法。

第二，谈一下教育。

欧洲教育的目的，在于怎样做一个成功的人，怎样做一个能适应社会的人。常常有西洋友人对我说：“我们生活在 20 世纪，但因为你们还在接受 19 世纪的教育，所以才无法成功。”实际上，我们东洋的教育，不仅能使我们的子弟适应现代社会的生活，而且还能促使现代世界向着更美好的方向发展。孔子说：教育的目的在于称作“大学”的根本之上。那就是“大学之道，在明明德”。也就是说，发掘人们自身所固有的辨别道德的能力，这就是教育的目的。我们必须成为一个为社会所推崇的人，成为一个聪慧的人。也就是说，教育的目的，在于明德，在于为了创造一个新的更好的社会而培养人才。《大学》中的“作新民”之“民”不是指个人，而是指社会。创造新的更好的社会是高等教育的目的，这才是孔子的本意。诸位，让我们共同努力为创造一个新的世界、新的社会而奋斗，努力做一个更好的法学家、更好的工程师，共同创造出一个美好的社会。

下面再谈谈东西方教育方法的差异。

在中国，初等教育和高等教育有一个清楚的划线：在初等教育阶段，主要是教孩子们使用他们的记忆力，而不注意让他们使用判断能力——首先要让他们通晓祖先留下来的东西。而在西洋，从孩提时代起，老师就对他们灌输艰深的哲学知识。在中国，则是在高等教育阶段方才对学生讲授深奥学问。我认为中国的方法难能可贵，因为把像哲学那样深奥玄虚的东西讲给孩子们听是不合适的。

还在爱丁堡做学生的时候，我们曾组织了一个七八人组成的互相钻研、共同进步的学习小组，学着作论文。有一回，其中一个人说，这样的论文是否可以发表？另外一个反对说，这样的东西不能出版。大家于是就根据后者的主张，约定四十岁以前不出东西，因为我们必须对我们的问世之作有确切的把握，而这在四十岁之前是办不到的。

孔子说："四十而不惑。"我是坚决地遵守着这个约定的。我的第一本书出版时正值四十一岁。虽然现在日本连中学生都可以出杂志，但我觉得还是禁止为好。

第三，谈一谈东西社会的差异。

东洋的社会，立足于道德基础上；而西洋则不同，他们的社会是建筑在金钱之上的。换言之，在东洋，人与人之间的关系是道德关系；而在西洋则是金钱关系。在东洋，我们注重的是名分。

试想一下，在封建时代，当领主对家臣说"你必须服从我"，而家臣反问"为什么"的情形。那时，领主会很简单地回答道："根据名分，我是你的主人。"如果家臣又问："是什么样的名分？"领主又会回答道："是名分大义。"

然而，在现在的日本，暴发户对工人说："你必须服从我！"如果工人反问："为什么?"那时暴发户将回答："是因为名分。"可如果工人再追问："因为什么名分?"暴发户将回答："金钱名分（指金钱关系、财产等级所导致的人与人之间的关系）。"这不是名分大义。

可是在美国，名分完全以金钱为基础。在东洋，人与人之间的关系，实在是神圣的道德关系，夫妻、父子、君臣都是天伦关系；而在美国，人与人之间只是利害关系，人们之间的关系建筑在金钱的基础之上。

而东洋社会则建立在"亲亲尊尊"这样的基础之上，也就是社会之爱和英雄崇拜。我们热爱父母双亲，所以我们服从他们；而我们之所以服从比我们杰出的人，是因为他在人格、智德等方面值得我们尊敬。学者比车夫更值得被尊敬，是因为学者从事的是脑力劳动，比较艰苦；而车夫从事的是体力劳动，不像脑力劳动者所从事的那样高难。所以，他所受到的尊敬，自然要少得多。假如有这么一个社会，让车夫坐车，而让学者拉车，尊敬车夫而鄙视学者，那么，这样的社会还成其为社会吗？现在的中国就有这样的趋势，我们或许当车夫更合算。如果金钱成为社会的基础，那么，社会就有堕落到这种状态的危险。

《中庸》上说："仁者，人也，亲亲为大。义者，宜也，尊贤为大。"如同上面所讲的那样，我们服从父母是因为我们热爱父母；我们服从贤者，是因为我们尊敬贤者。这就是东洋社会的基础。诸位来听我的这个讲演，是因为诸位有尊贤之心，尽管我实在没有这样的资格。

第四，谈谈政治。

关于政治，我以为可以分为三个阶段。政治的构成是以保护人民的安宁为目的的。在社会发展的初期，文化尚不发达，人民愚昧无知，同小孩相似。那时候为了保证社会的秩序和安宁，换言之，就是针对少数人做坏事，该采取怎样的措施？为此统治者说："你们不得做坏事，如果做坏事，就要受到神的惩罚。"在中国，这种政治方式被称为"神道设教"。这便是初期的政治。

帝政时期的欧洲是通过基督教来统治人民的。但是，随着文艺复兴运动的兴起，人民日渐觉醒，不再信神了，相应地也就不怕神灵的惩罚了。因此，欧洲的帝政统治阶段，尤其是普鲁士国王，便实行警察统治，依靠警察来保障社会的安宁和秩序。也就是说，文艺复兴之后的欧洲，所行的是强权政治。最近的欧洲大战，就是这种强权政治的结果。这并不是我个人的意见，英国伟大的思想家卡莱尔就说："现代的欧洲社会是混乱加上一个警察"（即警察统治的无政府社会）。他的意思是，欧洲政治如果放弃强权，第二天就会乱作一团。

因此，怎样摆脱强权政治，是战后欧洲所面临的重大问题。

然而，在我们东洋，我们既没有对神的恐惧，也没有对警察的恐惧。那么我们怕什么呢？因为怕什么才维持了我们社会的秩序呢？那就是良心！那就是廉耻和道德观念！正因为忌讳这个，我们才不干非礼之事。在中国，归还借的钱，并非因为怕律师，也不是怕法院的追究，而是因为不还钱，对自己来说是一种耻辱。我服从中国的天子并非出于害怕，而是出于尊敬。也就是说，我们遵守的是"三纲五常"，一旦有了这个，就不需要警察了。当然，在中国也并非满街圣人、人人君子，坏人还是有的，所以警察也还是需要的。我只是说，一般的纠纷，依据礼义廉耻就可以解决，所以用不着那么多警察。在这一点上，是值得欧洲人好好学习的，而我们则没有向他们学习的必要。

第五，讲讲东西文明的差异。

关于这个，我们得首先考虑一下文明的意思。所谓文明，就是美和聪慧。然而欧洲文明把制作出更好的机器作为自己的目的，而东洋文明则把教育出更好的人作为自己的目的，这就是东洋文明和西洋文明的差别。常有人说，欧洲文明是物质文明，其实欧洲文明是比物质文明还要次的机械文明。虽然，罗马时代的文明是物质文明，但现在的欧洲文明则是纯粹的机械文明，而没有精神的东西。

举个例子来说明一下，比如西洋人用打字机来写东西，这样就使得我们难以发挥出所有表现美的手法。

再一个就是在西洋，连招呼自己家的用人都要用电铃。而在东洋，则这样做（打一个手势）就可以马上叫来用人，这样做也要好得多。而在日本，现在也开始采用西洋的机械文明了。要想从明天开始就矫正它是困难的，但是应该考虑到他们的文明是有错误的，我们有必要一边采用他们的文明，一边加以修改。如果说，现在无法排除已经从他们那儿学来的机械文明，那么，往后我们就不要再增加了。

最后，为了在东京向诸位道别，我还想再说一两句。我在日本所做的讲演中，对日本颇加赞扬，是出于真正公正的评价，但是一些外国论者歪曲说这是在讨好日本人。实际上我根本没讲过讨好日本人的话，如果说讨好，也没有必要讨好日本人。要讨好毋宁讨好中国人，应该拍袁世凯、曹锟的马屁，那样的话，至今我就算不是大总统也是总理大臣了。因此，说我讨好日本人纯粹是诬蔑。我赞扬了日本，因为赞扬也是相应地希望诸位把日本建设得更好。我常说日本人实在是了不起的国民，对于这样的赞誉，诸君应该了解到自己的责任之重大。

在孔子的书里有这样一句话，叫“责备贤者”。它的意思就是高尚的人、领导社会的人，站在社会的前列，应负有更大的责任。诸位是社会的指导者，因此诸位不要忘记你们身上负有比一般人更重大的责任。

一般的人，即使做了坏事也无大害；而有教养的人、引人注目的人，也就是像诸位这样的人，如果做了坏事，就将给社会带来非常恶劣的影响。我留了这样的辫子，不是出于个人的喜好，而是出于对清朝的忠节。切望诸君不要负于我对日本的称赞，做一个高尚的人。

什么是民主*

辜鸿铭

在论说这个题目之前，我要向读者声明一下，那就是我怎么也算不上是一个学者。不错，我是精通多门外国语言，但仅靠这个是够不上学者资格的。不言自明，所谓学者，必须对他所研究的事物十分精通。迄今为止，我虽然也做过不少研究，接触了不少事物，但在浩瀚的客观世界面前，我所得到的知识是非常浅薄的。所以，读者若想从我的这篇东西里得到非常深刻的道理，恐怕会失望。

我虽然不是学者，但对东西方的文明也做过一些粗浅的比较。我在少年时代就被送到英国留学，在西方待了十多年，我的青年时代基本上是在那里度过的。在那期间，我学习了欧洲主要国家的古代语言及现代语言。通过对其语言的学习，我对西洋文明的本质做过一些初步探究。

由于我青年时代基本上在欧洲度过，因此，我刚回国时对中国

---

* 辜鸿铭在日本刊物上发表的讲稿，时间在 1924—1925 年前后。选自日文版《辜鸿铭论集》，萨摩雄次编，1941 年，第 141-163 页，姚传德译。

反不如对欧洲了解。但非常幸运的是，我回国后不久，就进入了当时中国的伟人、湖广总督张之洞的幕府。我在那儿待了多年。张之洞是一位很有名气的学者，同时也是一位目光远大的政治家。这种契机使得我能够同中国最有修养的人在一起朝夕相处。从他们那儿，我才对中国文明以及东方文明的本质稍有解悟。

就这样，通过对东西方文明的比较研究，我很自然地得出了一个重大的结论，那就是：这养育滋润我们的东方文明，即便不优越于西方文明，至少也不比他们低劣。我敢说这个结论的提出，其意义是非常重大的。因为现代中国人，尤其是年轻人，有贬低中国文明而言过其实地夸大西方文明的倾向，我想在日本大概也是这样。实际上，中日两国的青年都是通过望远镜来观察西方文明的，从而使得欧洲的一切都变得比实体更伟大、更卓越。而他们在观察自身时，却将望远镜倒过来，这当然就把一切都看小了。

或许，有人会要求我就中国文明的伟大之处举出一些证据。若如此，我想请他看看中国。当然，我指的不是现在共和的中国，而是延续几千年的真正的、古老的中国。中国的总面积虽说比欧洲稍小，但是，毫无疑问，它是一个拥有四亿民众的大国，是一个拥有两千多年历史的、巍然耸立的大帝国，这在世界历史上是很少见的。仅此而论，谁能否认中国文明，也就是东方文明的伟大呢？

如果还有年轻的读者仍希望我就东方文明的伟大举出更有力的证据，那么，请看看日本。大家都清楚，日本是一个自然资源极其贫乏的小小岛国。但是，明治维新以来不过五十年的时间，就如蛟龙出水，迅速升腾为世界五大强国之一，整个世界都为之震惊和赞叹。

然而，日本是怎样取得上述奇迹的呢？这很容易回答，那就是日本人依托于东方文明优越的基础，而这种文明的精神一直为日本人如同血肉一般代代相传。不错，日本是采用了西方的物质文明，但是，像铁路、飞机、军舰等西洋诸物，充其量不过是没有生命的机器而已。如果日本人没有一个伟大的灵魂，那么又怎么能够极其有效地操纵这些无生命的东西呢？换言之，日本之所以能有今天的强大，其原因不在于采用铁路、飞机、军舰等西洋物质文明，而在于日本民族固有的伟大精神的苏醒和发扬。这种伟大精神，就来源于古老的东方文明。说实话，诸位，如果日本人丢弃了东方文明宝贵的神髓，那么日本就成不了强国。中国之所以处于目前这样悲惨的境地，主要是因为我们中国人，尤其是知识分子，将东方文明的精华部分抛却了的缘故，我不得不遗憾地承认这一点。

目前，保护我们共有的东方文明精髓的重任就落到了诸位读者身上。我这次应日本大东文化协会的邀请来日本，其中有一个重要的使命，那就是殷切希望诸位贤达能继承、维护并发扬我们东方文明的精华，并把它的本来面目再度带回到中国。

去年，我在东京做了一个简单的演讲。其中，我陈述了这样一个事实，即东方文明就像已经建成的房子一样；反之，西方文明则像正在建设当中的房子。为了加深对这一事实的理解，首先我们必须弄清他们白种人的文明有这样三种：古代欧洲的文明，当今的欧洲人称它为Pagan Civilisation，即异教文明；在中世纪又有Christian Civilisation，即基督教文明；今日的欧洲则尝试着建设自文艺复兴以来的第三种文明。

因此，欧洲文明在其发展过程中，经历了三个革命性的阶段。

第一期是宗教改革，在那个时代，欧洲人希望通过改革宗教形式来促进文明的发展。然而这次欧战以来，欧洲到处都发生了革命，他们希望改变社会的内容，也就是希望从本质上建立一个全新的社会。

但是，自文艺复兴以来，欧洲人一直试图取代基督教文明，建立一种新型的文明——Democratic Civilisation，即民主主义文明。

然而，什么是民主，也就是说，今日欧洲人所希望的民主主义究竟是什么东西？这个问题相当重要。不仅是欧洲人，即便是我们东方民族也不能忽视。然而，我对这个问题的答案，定会使东方各国欧洲文明的崇拜者瞠目结舌。我认为，欧洲人所热切希望并极力去实现的民主主义文明，就是我们中国人两千多年来一直保持的东西。我一直是这样主张的。

在对这个问题进一步解说之前，我先请诸位读者看看“民主”这一词的来历。

英语中的“民主”一词来源于希腊语的 demos。Demos 原是“农庄”的意思，即农人耕夫居住的场所，相当于汉语中的“丘”，同商人、银行家以及大财主所在的都会相对立。希腊语的 demos，可进一步引申指居于山间僻地的人。下面谈谈孟子对有关民主政治的基础“民”的重要性的论述。

> 是故得乎丘民而为天子，得乎天子为诸侯，得乎诸侯为大夫。

这样，大家就清楚了在中国古代，在两千多年以前，孟子就有了民主思想，它同古希腊的民主思想是何其相似！

由是观之，在真正的民主状态下计票、投票，其人民必须是农夫、耕者等庶民阶级，而不是居住在大都会中的奢侈腐化的商人、银行家、财主等资本家阶级。我所以讲这个话题，主要是想解释一下，为什么目前日本的民主运动以争取普选为目的。不过虽然如此，即便在普选实施以后，日本的民主程度是否达到了人民所翘望的地步，还颇有疑问。

在谈论了欧洲人的“民主”同我们中国所谈的是一样的东西之后，为了做进一步的论证，我想引用一位美国学者的话，他对我们中国文化以及社会生活均做过很深入的研究，他就是美国传教士麦嘉温博士。在《论中国的行会组织》一书中，他说：“在前面所述中国人的工商业生活中，可以注意到这个民族的一个显著特征，即他们的组合能力。这种能力是文明人的主要特征之一。对于他们来说，由于其崇尚权威和恪守法纪的天性，组织与联合行动是件容易的事情。他们的驯良不同于那种精神崩裂遭致阉割的民族，是其自我约束的习惯和地方性、公共或市政事务中长期听任其‘自治’的结果；至于他们的国家，则立于人人自治自立之上。倘若将其中最贫穷、文明程度最低的一些人置于一个孤岛之上，他们会像身处同一窘境的受过理性民主熏陶的人那样，很快便将自己组成一个完整的政治实体。”

我上述的话有这样几点含义：第一，合理的民主主义和非合理的民主主义是完全不同的东西。第二，合理的民主政治的基础，既不是人民政治，也不是为民政治，更不是依靠百姓而成立的政府，而是自然产生的对权威的尊崇。

为了证明中国人实际上已经拥有了真正的民主，我再引用一位欧洲大学者——迪金逊教授在《中国旅行日记》中所讲的话。他说：“中国人是民主性的人种，至少他们在对他们自身以及对周围人的态度方面，已达到了欧洲民主主义者所希望的程度。”

以上是关于民主政治本质的论述。下面我们要谈到的是道德同民主的关系。诸位知道了披着欧洲外衣的“德谟克拉西”同我们东方文明所固有的“民主”居然大体相同，可能会以此前竟然不知而感到不好意思，其实这二者还是有区别的。欧洲的那种“德谟克拉西”是未完成的、不成熟的。同时必须强调的是，在目前这种形式下，它含有破坏性的因素，所以是一种非常危险的东西。

诚然，已故美国总统威尔逊曾说：“我们人类为了达到实现民主政治的目的，首先必须实现世界的和平。”他的话，我想诸位读者大概还是记忆犹新的。但是，与之相反，我认为：“与其说为了民主去争取和平，还不如说为了世界和平，必须保障民主。”的确，我们东方民族今日所面临的实际问题是，用什么方法才能防备含有破坏性因素的欧洲民主。我认为解决这个问题的唯一途径就是确立贵族政治。何以见得呢？因为每个国家的臣民都希望有真正的民主，也就是希望有很好的政治。然而，从某种意义上讲，为了实现良好的政治，就必须确立真正威严的贵族政治。英国的伟大思想家托马斯·卡莱尔就欧洲的民主问题讲过这样的话：“如果说近半个世纪以来的剧烈的拼斗厮杀给可怜的欧洲人带来了什么样的教训，那就是欧洲需要真正的贵族政治，否则，欧洲就无法继续存在下去了。”

在这里，我愿意谈谈我通过对中国历史的研究所得到的几点启示。这对帮助大家理解在东方文明中为什么要有贵族政治的出现，或许会有所帮助。若能真的有启示作用，那将不胜荣幸。

回顾中国的历史，封建制度远在两千多年以前就被废除了。那时的贵族政治，指的是武士阶层的统治。随着群雄割据的封建制度被铲除，武士阶层的贵族政治也走向灭亡，并且，武士阶层本身也逐渐不复存在。结果，神圣的政治为乱七八糟的俗吏把持的官府所控制，从而使得中国的政治发生了倒退。政治由受人尊崇的贵族政治转向了低级的官僚政治，也许官僚政治在过渡时代是必要的。但后来，官僚政治终于丧失了运转能力，究其原因不外乎官僚政治只能统治民众，而不能教育民众。对民众的教育，主要是教给他们礼仪，让他们知是非、明廉耻，这需要借助政府的力量。然而官僚政治下的政府官员，只知道枯燥无味的法律，而不清楚道德礼仪的教育在政治上的重要性。

官僚政治所招致的必然结果是事务繁杂、机构臃肿。随着机构的日趋庞大，为了维持机构的正常运转，就需要从民众那里征收越来越重的税，终于使得民众不堪忍受，从而发动带有破坏性的民主运动，最终破坏了这种统治形式。

在破坏性的民主运动打碎了官僚政治之后，政治权力并没有转到民主派手里，而是转到与他们相对立的专制独裁者手里去了。在那时的中国，形成了汉高祖的独裁。汉高祖一开始尚叫嚣他是在“马上得的天下”，所以他打算依靠武力来统治天下。只是后来，一位大学者献言，政治统治只有依靠对民众的教育方能完善，因而须实行“仁政”。这样，从这时开始，我们中国人就结束了那种带有破坏性的民主，从而进入了真正的民主时代。

说到这里，大家会想到这一点：君主政治和民主政治不是势不两立的东西吗？不，事实上，对于民主政治来讲，君主的必要性比对古代封建制度的意义还要重大。虽然君主是古代封建政治不可缺少的灵魂，但是对武士阶层的贵族政治而言，武士阶层同君主一样，都拥有高贵的灵魂，他们都不依靠法律、宪法之类的无生命的东西来统治人民，而是依靠他们自身所具有的闪光的情操、灵魂来驾驭民众。所以，在贵族政治下，不太需要作为灵魂的君主。

但对民主政治来说，由于官吏的行动不过是无生命的整个机器的一部分，因此，必须依靠活生生、实在的君主权威，即民族的灵魂来焕发民众的精神。如果没有这样伟大的民族之魂，民主政治下的官员就必然会堕落成官僚。欧洲古罗马时代，曾有过人类有史以来最为庞大的共和政体。但是，一旦国家处于危急存亡之秋，罗马市民便如弃敝屣，抛弃了共和政体，毫不踌躇地将所有权力赋予当时的执政官。由此，我们就可看出，民主制下，为了维持权力的稳定必须有君主的存在。

对于日本的政府以及日本的政治，我了解得极少，但在这里，我不顾越俎代庖之嫌做一些评论。我以为当今的日本各方面的制度，都有似两千年以前的中国。明治维新时期，日本废除了过去的封建制度，因而武士阶层只能作为一个军队阶层而存在，对政治没有多少发言权。为了政策的贯彻执行，替代贵族政治的是官僚政治。当然，我并不否认这一点，即日本的官僚政治对今日日本的建设以及今日世界事务发挥过前所未有的、令人惊叹不已的作用。但我唯一感到遗憾的是，发挥过惊人作用的官僚政治在教育日本民众使其能够自主自治，使其能够在政府不存在的情况下，也可以自己去组织社会生活这一方面，是失败了。请原谅我的直言不讳。现在已经明显可以看出，半个多世纪的官僚政治，已使得中国往昔两千余年经历过的痛苦，现在又在新兴的日本重现了。

我认为，当今的日本所面临的真正的危险是官僚政治，而不像一部分知识分子认为的那样在于军国主义。我之所以这么说，是因为官僚政治容易导致可怕的、危险的、有破坏性的民主运动的发生。而且，从中国的历史上看，在付出了巨大的牺牲之后所建立的政治，仍然也必然是官僚政治。真正的、贵族政治的、清朝廷的一统，因动乱而丧失权威，又经过李鸿章时代之后，中国的官僚政治便大大地扩大了势力。

因此，无论是日本人还是中国人，只要是东方民族，在当前，为了防止破坏性的民主运动发生，所要做的第一要务，就是打倒官僚政治，建立真正的贵族政治。

然而，贵族政治该如何建立呢？

对此，我的答案是极其简单的。首先，诸位读者必须明白，如果仍保留因崇洋媚外而来的议会政治和普选，那就不能建立真正的贵族政治。因为不必看其他国家的情况就可以知道，普选不过是个空名，人民所选举的只是那些靠嘴皮子吃饭的政党里的政客，而政治权力依然为官僚所独占。

其次，要对民众实施高级教育。我所说的高级教育，主要是要贯彻民众教育的实质，使人性从根本上得到矫正，使民众的行为能够自然地、本能地沿着正确的轨道发展。当今世界之所以陷入混乱不堪的境地，主要是因为低俗教育过于泛滥。那么，怎样才能使民众的教养得到实质性的普遍的提高呢？法国的罗兰曾说："要想使全体民众都得到良好的教育，关键在于对部分阶层先进行高级教育，只有待对这部分人的高级教育成功之后，才能面对全民。美国低俗教育非常普及，但由于缺乏高级教育，一般的民众智能平庸、举措粗笨、精神浅薄、缺乏为人的基本的知识。这种缺陷若要弥补，必须经过漫长的岁月才可做到。”

最后，我给民主到底是什么下个结论。真正的民主，其实质不在于民主的政治，而在于民主的社会。在这样一个社会里，民众即使不了解投票的方法以及内容，未曾有这方面的体验，也能自然地约束自己的行动；即便不依靠政府，也能得到社会文化的精华。为了创造这样的社会，如我以上所说，首先必须实现贵族政治。然而，真正的贵族政治必须依靠对民众自身高级教育的完善，即实质性地提高民众的修养。只有这样，我们才能最终实现我们的理想。

在结束拙稿之前，我想指出的是，我们东方文明中所说的“王道”，指的就是民主社会的理想，也就是拥戴有德君主之治。

《中国人的精神》德、法、日文译本序跋

一、德译本自序及其书后附言*

(一) 德译本自序

辜鸿铭于19世纪50年代初期诞生在新加坡①。他出身于一个富有的商贾之家。16岁那年前往英国②，在爱丁堡大学学习并获得了文学硕士学位。此后又在德国度过了几个学期，注册进入莱比锡大学。学习期间，他经常在德国各地旅行，特别是常在耶拿③停留。

---

* 《中国人的精神》德译本，这里是指1924年欧根·狄特里希斯出版社在耶拿出版的版本（非全译本，它未译其中的《一个大汉学家》和《中国学》两篇）。译者为德国学者奥斯卡·A. H. 施密茨（Schmitz，生平不详）。本篇翻译的是他的自序及其书后附言。

① 辜鸿铭的出生地是马来亚，而非新加坡。

② 一般认为他13岁即到了英国，16岁正式入爱丁堡大学。

③ 耶拿：德国东南部图林根州城市。这里素有理性和人文思想传统。创办于1558年的耶拿大学，更因其汇集了哲学家费希特、谢林、黑格尔，作家施莱格尔兄弟、席勒及进化论科学家海克尔而闻名于世。

回国后，他进入中国的政府机关工作，曾做过湖广总督张之洞的幕僚。在衙门的所见所闻促使他写下了《尊王篇：总督衙门论文集》① 一书（衙门：人们对总督办事机构的称谓）。由于清王朝的垮台，他结束了在国家机关供职的生涯。从此，他既不可能与共和政府合作，也不可能为袁世凯效劳。现在他住在北京，仅靠财产的利息为生。

在德国，辜鸿铭因一部小书而出名，那部书是欧根·狄特里希斯出版社②在耶拿出版的，题为《中国反对欧洲观念的辩护：批判论文集》③。阿尔方斯·帕凯④给这本书写了一个很有阅读价值的前言。

在那本小书中，作者把现代欧洲殖民主义的思想政治运动，同中世纪的宗教思想运动进行了对比。他希望从东西方文化新的接触中，通过两种文化的深入交流和彼此渗透，使两种文化分别得到促进。他是以实事求是的批判态度来对待东西方文化的。人们只要通读此书，就不能不相信，作者的这些思想并非空想的乌托邦——辜鸿铭本人就以他自身的经历证实了这一点。他完全是一个禀性古怪的人，其放荡不羁、我行我素的天性，根源于其狭隘的民族局限和

① 辜鸿铭根据他在衙门的见闻写成的书题为《张文襄幕府纪闻》，而非《尊王篇：总督衙门论文集》，后者是庚子年间他就事变批评西方而作的论文合集。

② 欧根·狄特里希斯出版社，是德国图书出版商欧根·狄特里希斯（Eugen Diederichs，1867—1930）1896年在佛罗伦萨创建的。该出版社于1897年迁往莱比锡，1904年迁往耶拿，1948年迁往杜塞尔多夫。

③ 此书的主体，是辜鸿铭于1910年出版的英文著作《中国牛津运动故事》的德译，其中也译录有《文明与无政府状态》一文（辜鸿铭1901年出版的《尊王篇：总督衙门论文集》中的一篇），并将此文置于德译之首。

④ 阿尔方斯·帕凯（Alfons Paquet，1881—1944）：德国作家，一生写了大量的短篇小说、游记、杂文、戏剧作品和诗歌，曾发起成立“莱茵作家联盟”。

动摇不定的国际主义思想。他在很大程度上是一位具有民族主义思想倾向、深深打上了本民族文化印记的中国人。他对那些主张自己国家完全欧化的观点最为不满，但同时又充分地意识到，只要不因此背叛自身的传统，中国利用欧洲文化及其科学知识是能够促进自身的。不过，在辜鸿铭看来，这种促进无论如何应以保留本国文化的特质为前提。

被人们称为自由主义思想的东西，最初生长于与中世纪欧洲思想相对立的那个“理性胚芽”之中。辜鸿铭认为，著名的儒家学说中非神秘的理性已经孕育了这一思想。但中国的理性，同自私自利的唯物主义绝无相同之处。中国的理性在很大程度上彻底承认精神和道德的价值，但又用某种恬淡宁静的心态来对待这种价值。18 世纪欧洲自由主义思想最初的追求，除了形成一系列非理性的、源于中世纪的组织机构之外，没有留下其他任何东西。现在这一切均不得不改变，并最终走向消亡。在 18 世纪那些真正的自由主义思想中，辜鸿铭看到了欧洲和中国思想家们所具有的共同的东西。依他之见，真正的自由主义来自中国，传到欧洲后却被降低成“讲究实际的、没有思想的英国人”的实利主义，他们习惯于把生活水平的高低，当作衡量一个民族文化水平的尺度。在这种衰落的形式中，此种自由主义思想披着 19 世纪欧洲文化的外衣，又重新传回到中国。东方以一种忧虑不安的心情不情愿地接受了这种假自由主义，致使古老的文化传统不断丧失。从这种观点出发，辜鸿铭在对他心目中那些（欧洲）伟大的思想家给以最高崇敬的同时，又与欧洲进行了激烈的抗争。在那本值得推荐的小书中，他的观点在如下一段话里得到了充分的表达：“19 世纪的欧洲自由主义是有道德教养的，但今日的自由主义却丧失了道德教养。过去的自由主义（者）读书并且懂得思想；现代的自由主义（者）却只看报，为自身利益还断章取义，只言片语地利用过去那美妙的自由主义惯用语。19 世纪的自由主义为公理和正义而奋斗，今天的假自由主义则为法权和贸易特权而战。过去的自由主义为人性而斗争，今天的假自由主义只是卖力地促进资本家与金融商人之既得利益。”

世界大战爆发前两年，辜鸿铭曾致函于我。在信中他认为，欧洲“文化”会因英国实利主义的胜利而迅速衰落。除非德国内部再次争论到这种程度，即认为欧洲文化的衰落无望避免，否则，德国应起而拯救欧洲文化。在这一时期内，所谓的盎格鲁-撒克逊“文明”在东方已获得很大胜利。中国建立了共和国，在日本，大隈重信①首相，这位东方的格莱斯顿②，或如辜鸿铭所说，这位“亚洲最大的群氓崇拜者”也上台执政了。辜鸿铭的这些观点，特别是他对战争的看法，都包含着一些什么意义呢？这是我常常思考的问题。目前，我手头上正保留着一部他的新著——《“中国人的精神”及“战争与出路”》③（北京每日新闻社出版，1915 年）——它可以帮助我们回答这些问题。此书不久将被译成德文，目前正在翻译之中。

辜氏的写作立场是不偏不倚的。常言道：“理解了，一切都可原

---

① 大隈重信（1838—1922）：日本政治家、侯爵，佐贺藩士出身，组织改进党，一生致力于实现英国式的议会制度。1898 年参与建立宪政党。1898 年和 1914 年两度出任日本首相。

② 格莱斯顿（Gladstone，1809—1898）：英国 19 世纪最为伟大的政治家之一，自由党的领袖，曾四次出任英国首相。

③ 就是《中国人的精神》一书。1915 年首版时，封面上的全称是《中国人的精神：内有一篇讨论“战争与战争出路”的论文》。这里的翻译略有出入。

谅。”他对德国的偏爱，也许正是经由这样一种方式来实现的，即不是缩小我们的缺点，而是特别强调我们的缺点。他认为，我们的缺点自然与其他国家不同，并以德国特有的方式表现出来。这些缺点，如我们长久以来就看到的，在战争期间的各种文字和语言中，常常连篇累牍地出现，并被反反复复地运用，它们一起导致了普遍的不得人心。这种现象决不只是偏激的强权意识使然，而是（正如辜鸿铭有时认为的）与很久以前因敌对意识及感情用事的影响，以致我们——按我们民族在一切领域所取得成就的要求来说——还没有充分拥有为达到繁盛而绝对必需的力量有关。我们就像处于成长期的年轻气盛的小伙子一样，经常会感到自身男性旺盛的体力和精力，其实他还是一个没有完全成熟的男性，因此常常在胆怯畏缩和狂妄自大之间，在真诚率直和怀疑猜忌之间来回摇摆。德国的命运，无论是悲惨的命运还是美好的命运，都需要经受不断的新的证实和考验。令我们愉快的东西有时会使他人反感和不快，对此我们从来就不曾萦绕于怀。这样一种观点是很正确的，即没有人会像我们一样对强权流露出如此多的热情。但是我们知道，之所以会如此，是因为也没有一个民族会像我们一样，在欧洲中部完全被具有敌对倾向的邻国所包围。恐怕辜鸿铭的下述说法也是对的，即我们的强权意识体现为军国主义，间接的是发动战争的动机。然而，这也不意味着因此就威胁了其他国家，恰恰相反，它们正是其他国家的傲慢无礼和狂妄自大所造成的。只有这样，才能完全认识我们。从这种军国主义中应该看到，一个长的延伸的边界是为了维持自我生存的民族所必需的防御手段，而我们敌对者的军国主义则与此不同，他们意在发动侵略战争，这就完全超出了他们生存的需要之外。辜鸿铭对普鲁士-德国军国主义所做的历史描述，表明他对我国的军国主义是理解的，每一个德国人都只能赞同他的观点。

奥斯卡·A.H. 施密茨

1916 年 3 月于柏林

（二）德译本书后附言*

辜鸿铭著：《中国反对欧洲观念的辩护：批判论文集》。卫礼贤①翻译，阿尔方斯·帕凯作序。欧根·狄特里希斯出版社在耶拿出版，印数 5 000 册，平装本定价 2.5 马克，精装本定价 3.5 马克。

《民族报》的评论：

> 这部书只能出自这样一位非凡人物的手笔，他既饱学中国文化，又充分接受过欧洲教育。一方面，他是孔夫子学说博学的学生，对自己国家的政治及其精神有深入的了解；另一方面，他又是（德国）耶拿一位地道的留学生，当地具有普鲁士民族特色的唯理性主义，给予这位中国民族哲学忠实信徒的心灵以极大的冲击。此外，从他的书中不难看出，他受过的只是英国方面的欧洲教育。托马斯·卡莱尔和马修·阿诺德最强烈地影

---

* 这些附言，主要是当时德国各报刊对辜鸿铭《中国反对欧洲观念的辩护：批判论文集》及其人的评论。其中评论的重点是《文明与无政府状态》一文，而此文又被辜鸿铭本人收作《中国人的精神》（1922 年版）的附录。

① 卫礼贤（Richard Wilhelm，1873—1930）：德国近代最伟大的汉学家之一。他于 1897 年来华传教，后潜心研究中国文化，对近代西方，特别是德国了解中国文化做出了杰出贡献。他曾将《易经》《老子道德经》等中国经典译为德文，著有《中国文明简史》《中国精神》《中国经济心理》等书。

响了他——他们一方是清教徒，另一方是佛教徒①——这是很令人深思的。时下，各民族精神之河的洪流到处奔涌，它们必将相互碰撞并不断汇合。

《法兰克福报》的评论：

辜鸿铭是欧美工业化主义和军国主义有礼貌的，但又是尖锐的批判者。通过他对强权的阐释，军国主义对中国的思想家来说终于不再是一个令人惶惑不安的问题了。他熟悉并崇拜歌德、海涅、卡莱尔，以及那些伟大的法国历史学家和哲学家。不过他的那种语气却是颇为令人惊奇的，即他期待自己在德国精神中发挥指导作用、期待自己首次对东西方文化进行综合。

《莱茵-威斯特法伦报》的评论：

辜鸿铭对欧洲和欧洲人的熟悉程度，几乎没有第二个中国人可以比肩。他不是一位政治家，而是一位哲学家。我们对他的认识和评价，先要有这样一个基本概念，然后再把最深刻的目光投向刚刚出版的这部书的第一章——“文明与无政府状态”，这一章无疑是这位杰出人物思想的发源地。假若我们读过辜鸿铭的著作，就必然会承认，它所涉及的全都是些深刻的问题。书中论述了东方同西方所谓的“自由主义”的思想斗争。不过，他所谓的这种思想斗争是高境界的，与时下到处充斥着的那种白种人和黄种人斗争的陈词滥调，毫无共同之处。

---

① 这里恐怕是误会，辜鸿铭乃一地道的儒教徒，而非佛教徒。

二、法译本译者序言*

辜鸿铭先生是一个“中国佬”(Vieux-chinois)。他是传统主义者，古代中国君主政治和儒家思想的忠实信徒，同时也是西方世界及其文明的反对者。因为他曾在欧洲生活过，所以那儿的历史、文学和语言他都特别了解。然而，这位“中国佬”所熟识的却是他所厌恶的东西，这部对中国古老文明和西方文明进行比较研究的著作，也正因此而具有独特的价值。

读者不难理解，即便堪称博学之士，对于西方的了解也会出现某些缺失和不完善之处，正如作者对中国的了解一样。辜鸿铭先生在论及欧洲历史时，有时就显得过于简单。例如，他认为，由于“三十年战争”，欧洲人才希望摆脱曾一度为他们所珍视的教会的束缚，而代之以军警；由于这次世界大战，欧洲人才渴望摆脱军警的管制。对于欧洲人来说，军警统治比教会统治实际上还要糟。有时，著者完全出于批判的目的，把欧洲文明的弊病与这种文明割裂开来，因而未注意到其中其所认定的好些弊病恰是正确的东西。例如，著者把欧洲人对古代罗马的膜拜，看作引起世界大战及其与战争相伴

---

* 《中国人的精神》一书的法文译本（非全译本，略去《一个大汉学家》未译），于 1927 年在巴黎出版。译本序为古戈列莫·费雷罗（Cugliemo Ferrero，1871—1942）所写。他是意大利历史学家、社会学家和政论家，曾在墨索里尼内阁中任部长（1922 年），著有《罗马兴衰史》《古代文明的毁灭》《权力的原则：历史的巨大政治危机》等。他崇尚古代的东方文明，不久成为法西斯主义的一个直言无隐的反对者，1922—1932 年，当局不准他离开意大利。但不知什么原因，他却接触到辜鸿铭此书。

而来的一切问题的根源而加以指责，即是如此。

通过生动而有点阴暗的叙述，著者揭示了公共舆论以及公众那异想天开的思想潮流对于西方政府的威慑力。著者所谴责的弊病是实在的。而且，倘若对这种潜在力量麻木不觉，将会有更多的重蹈覆辙式的弊病涌现。一旦有了权势，西方政府往往就要积聚很多钱财，建立强大的军队，去干各种各样的勾当，以致陷入这样一种困境：即便它们逃脱了公众舆论的控制，也必将在更为可怕的——狂热的灾难之中，迅速走向衰亡。

就全书而言，尽管存在一些瑕疵，但它所展示的思想却多么深邃，表达得多么简洁流畅！我们还能找到一句比这样的话更为深刻地袒露自身分歧与矛盾的根源吗？“欧洲有满足心灵而非头脑的宗教，有满足头脑而非心灵的哲学。”所有的文明，即便是最灿烂辉煌的文明，也会存在自身的缺陷……然而，如闭门沉思，只是单纯地自省而不通过与不同文明模式进行对照，是无法发现这些缺陷的。

这项工作在欧美两大陆，即在大工业和民主的文明已经获胜之地尤为必要。辜鸿铭有理由说，扰乱这种文明的，是各种因素和诸多矛盾力量之间所存在的严重分歧。滥施权力，权欲过盛，对于奇异发明的醉心，对财富的渴望，对利己主义的狂愤，或许是这些因素所再一次诱发的最宏大的向往，促使我们要在物质和精神方面进行无休止的改进。而所有这一切，透过一片混乱与荒唐，使我们沉思，给我们鼓舞，特别是向我们展示了凶残、暴力和不公正的实质！

欧洲和美洲的前途，有赖于它们正在进行的一场善与恶的悲剧性较量。优异的古老文明，如正在消亡的中国文明的范例及其传授，有助于巩固善的威力。目前，这一任务是相当艰巨的。这就是我推荐大家读这本深刻而明了的著作的原因所在。该书乃一中国人所作。在他的灵魂深处，认为欧美人是野蛮未开化的人类；且由于他所在民族的不幸灾难，其批判的锋芒也就越发尖锐。对于一个喜爱奉承和不时需要强有力道德引导的时代，这部书将会是非常有益的。

古戈列莫·费雷罗

1927 年于佛罗伦萨

三、日译本序言*

（一）山口察常序

身处异国他乡，才倍感故国的可贵，这恐非一个日本人的独特感受，而是东西古今所共有的实情。辜鸿铭先生出生于福建①，接受欧式教育，并长期留学在外。然而归国后却对故国文化产生了浓厚的兴趣和认同，最终为后人留下了《读易草堂文集》。

《春秋大义》（即《中国人的精神》）问世于第一次世界大战战事犹酣之际。书中颂扬中国文化，将其与欧美文化进行比较，阐述中国文化深远博大的内涵，向天下昭示文化的本质不在于物质，而

* 《中国人的精神》一书的日译本，是 1940 年（昭和十五年）12 月由日本汉学家鱼返善雄翻译，东京目黑书店出版发行的。至次年 2 月，该书在日本便重版五次之多。这里录译的是该书中的三个序：（一）文学博士山口察常序；（二）文学博士诸桥辙次序；（三）译者鱼返善雄自序。

① 辜鸿铭原籍福建，出生于马来亚槟榔屿，而非生于福建。

在于人格与道德，站在儒学的立场上阐发中国文化的微言大义。

如今，人类正遭遇第二次世界大战，亚洲也随之化为战场。我们更加痛感辜氏这部论文集①意义之重大。鱼返君是位真挚勤勉的学者，除中文之外尚精通英文，今将此书翻译问世，足可见其深意。愿所有关心新东亚建设②的仁人君子，都能人手一册，我相信一定会开卷有益。特以此推荐文章代序。

庚辰初冬

山口察常书于北京客舍

（二）诸桥辙次序

民国七、八年，以北京大学为中心的新文化运动在中国本土以燎原之势蓬勃开展之际，有一福建老儒林琴南氏，怀着忧国的至诚修书一封，请求蔡元培校长改良学风。对此，蔡氏潇洒地予以作答，其中谈到："为了使新文化得到发展，必须允许思想自由，而今，我校出现了反对民国的复辟论者，但仅凭此人精通英文一点，就必须包容他。"③ 此后，新文化运动涉及外交领域，主张权利和义务，从而发展为五四运动。然而其间，却有一位老儒晃动发辫、极力提出

① 这里指《中国人的精神》。它由若干篇论文组成，故称论文集。

② 第二次世界大战前后，日本发动对中国及东南亚、东亚各国的入侵，鼓吹"大东亚新秩序"建设、"大东亚文化"建设等等，曾利用辜鸿铭复兴传统文化的思想言论。下面的两个序言里也都涉及这一点，谨示存真，不再注明。

③ 此段引文与蔡元培的原文略有出入。蔡氏在给林琴南的答复中，重申了"兼容并包，思想自由"的办学方针，其中提到辜鸿铭的一段话是这么说的："例如复辟主义，民国所排斥也，本校教员中，有拖长辫持复辟论者，以其所授为英国文学，与政治无涉，则听之。"

异议，通过蔡氏的介绍，我终于得知他就是那位复辟论者辜鸿铭。后来虽有几次见面的机会，但我对他除了留下一个风姿飘逸、内蕴傲骨的印象之外，没有更多的了解。至于其博学与灵敏，便只有通过此书来窥视一斑了。该书以真正的中国人、中国女人，以及这些男女所使用的中国语言为主题加以探讨，全力揭示所谓“中国人的精神”。它以透彻精辟的见解和分析，赢得了众多的读者。辜氏指出，希伯来文明只言“义”而不言“礼”，希腊文明则只言“礼”而不言“义”，唯有孔子的德教二者兼备，正如让人做“好人”是要人做“识礼的好人”，而劝人“爱人”是“爱之以礼”。书中还论及了中日两国国民生活的差异性，即“日本人的礼貌如同无味之花，而中国人的礼貌则具有名贵香水般的芳芬”。诸如此类，均可见辜氏见解的独到之处。辜氏嘲讽欧美的中国研究者过高地估计了自己的成绩，认为“站在巨人肩上的侏儒，会误认为自己比巨人还要高大”，这对于当今日本的汉学家无疑也是一针见血的讽刺。对于他们那种一知半解的治学态度，辜氏直言不讳地指出：“汝等所习中文如同幼儿。”书中像这样有见地的中肯观点尚有很多。总之，其见解有力，论说犀利，不失为中国研究者极好的资料。本人数年前曾得到一部此书的英文原著，直至今日尚束之高阁，一眼未睹，欧洲文字对我来说较为无缘。今天我能从中得到收获，全蒙译者惠赐。译者鱼返君为新进有为的汉学家，既熟悉中国的情况，又精通中文，故译文如行云流水，令人爱不释手。辜氏曾声称，要了解真正的中国人及其文明，必须具备深沉、博大、淳朴的品质，此外还须有一颗灵敏之心。如果在新进学者中寻找这样的人，恐非鱼返君莫属了。一部出色的著作能得到一位出色的译者，诚为学界之幸，亦为辜氏之幸。

昭和十五年极月于远人村舍

诸桥辙次

（三）译者鱼返善雄自序

本书著者辜鸿铭原籍福建厦门，1854 年①出生于英领槟榔屿的一个华侨家庭，名汤生，以其字闻名于世，号汉滨读易者。年轻时就读于英国爱丁堡大学。毕业后游学于德国、法国，从事文学等方面的研究。在此期间，他用熟练的欧洲文字写了许多诗文。在欧洲待了十年之后，他回到中国，曾任清朝湖广总督张之洞的幕僚十余年，主要负责对外事务。因其精通数国语言，西人对之无不表示赞叹，后其又任职外务部郎中。但是，他并不满足于只做一名语言学家，因此一面努力对张之洞施加影响，一面潜心研究儒学，以其极富洞察力的天性及广博的视野，纵横比较东西文明，终成一家之言。辞去张之洞的幕僚工作之后，辜鸿铭成为上海黄浦浚渫局督办，或许这正合他立志为东西诸国相互交往铺路架桥的愿望。任职五年后②，他又当了不到一年的南洋公学校长。其后，清王朝覆灭，中华民国取而代之。共和国诞生后，一切旧秩序均随之倾圮。人们或随波逐流，或退隐西山。新式共和国提倡欧化万能，与此相伴的则是英美商业主义的泛滥。对此，辜鸿铭深感厌恶，然又觉隐居无意义，于是便到北京大学担任英文教师，与不通世事的学生为伍，且

① 此处有误。辜鸿铭实出生于 1857 年。

② 一般认为任职三年，即 1905 年至 1907 年。

顽固地保留着清王朝的象征——发辫。民国八年（1919）5 月 4 日，中国外交在巴黎和会上彻底失败①，以此为契机，数千名北京的学生开始骚动，他们袭击了亲日派的高官，极尽狂暴。随之各地的学生、工人、商人均举行了示威游行，强烈要求“革新”。就在这时，出现了一位老学者，面对五四运动中血气方刚的青年学生，晃动着发辫，大谈反日愚蠢②，他就是辜鸿铭。大正十三年（1924），辜鸿铭受朋友之邀，来到日本大东文化协会任临时教授，以其特异的风格和独到的观察赢得了众多的知音。直到今天，在他的熟人们当中，其不拘小节的个性与对欧化文明的痛斥，仍然被作为话题谈论着。也许新的一代对他多有微词，但他的确算得上是近代中国思想界的一个伟才。当时的日本大概尚未意识到他的必要性，有一位他的友人就曾直率地说：“日本要是对像他那样的人物多一些优待就好了。”

从日本归国后，辜鸿铭成为张作霖大元帅府的顾问。民国十七年（1928）他转任山东大学校长③。遗憾的是他在当年就去世了，享年 73（或说 71）岁。辜氏生前著有《读易草堂文集》《张文襄幕府纪闻》《尊王篇》《春秋大义》等，并将《中庸》《论语》译成西文，博得好评。我所译的这部《春秋大义》(《中国人的精神》)，不是用中文，而是用精熟的、风格独异的英文写成的。从内容上看，极有可能是用英文一气呵成。原著四六开 200 页，1915 年由北京每日新闻社出版发行。该书扉页上写着“献给 1911 年中国革命之际，

① 这是日人之辞。实际上巴黎和会乃是日本和欧美列强合伙欺压中国，公开分赃。中国的五四爱国运动正由此而起。下文中对爱国学生的指责，显示了那些狭隘的日本人的偏见。

② 其实，辜鸿铭主要反对的是学生干政。

③ 均未正式到任。

给予我及其全家以侠义帮助的奥地利君子梭以卡·艾斯奎里爵士”。

近来，日本陆续出版了一些有助于全新理解中国的好书，尤其是在经济及商业领域，而在政治、思想方面却较为少见。有关本书的著者辜鸿铭的名字虽屡屡被人提及，却未见有体现其思想体系的论文被翻译出版。这或许与他的著作具有独特的风格、旁征博引、纵横无尽的文体所造成的障碍不无关系。本人既非儒学家，亦非思想家，然读了此书之后，虽不能说全部赞同，却对其中的部分内容产生了一种要为之做点什么的义务感。于是便不揣浅陋，毅然动笔将其译成日文。

对于辜鸿铭思想的评论，我打算留待来日。如果读者能本着实事求是的态度从中得到些许启示，特别是在这个大转换时期，为了建立东亚新体制，并多少能对中国的本质有所感悟，则本人将深感欣慰。该书问世于1915年，即第一次世界大战爆发的第二年，距今已有25年了，其内容有许多也同样适用于此次世界大战。另外，作者有关中国人的精神、中国语言及中国学的观点，对今日国内的学界来说，也无疑值得借鉴。

昭和十五年夏

于酷暑中的东京

鱼返善雄

《中国人的精神》的反响

一、中西文明之评判*

——译自日本杂志《东亚之光》

平佚

有中国人胡某者，于开战前后在德国刊行德文之著作二种：一名《中国对于欧洲思想之辩护》，为开战前所刊；一名《中国国民之精神与战争之血路》，为开战所刊者。

---

* 此文于1918年6月载于《东方杂志》第15卷第6号，内容主要是日人介绍辜鸿铭著作在欧洲的反响。此文发表后，在中国思想界也产生了一定的反响，以陈独秀、李大钊为代表的《新青年》阵营立即对其施以攻击。陈氏谓《东方杂志》主编杜亚泉等为复辟派辜鸿铭的同志，从而使业已在两杂志之间展开的东西文化论争达到白热化的程度。可以说，双方公然展开辩论，是以此文为肇端的，梁漱溟那本著名的《东西文化及其哲学》一书附录“时论汇编”里，也收录了此文。此文中“胡”字系“辜”(ku)的误译。标点系重新整理。

欧美人对于东洋民族，多以为劣等国民，偶或见其长处，则直惊呼以为黄祸，其真倾耳于东洋人之言论者极少。有时对于东洋人之言论呈赞词者，多出于一时之好奇心，或属于外交辞令而已。

然此次战争，使欧洲文明之权威大生疑念。欧人自己亦对于其文明之真价，不得不加以反省。因而对于他人之批评，虚心坦怀以倾听之者亦较多。胡某之著作在平时未必有人过问，而此时却引起相当之反响，为赞否种种议论之的。今绍介其赞成者、反对者与中立者之代表的意见，俾读者得知其概略焉。

台里乌司氏者，对于此颇表同情。其批评之大意如下：

胡君者，保守者也。彼以古中国之文化为完全，较之欧洲文化著为优良。彼谓："诸君欧人，于精神上之问题即唯一之重大问题，非学于我等中国人不可。否则，诸君之全文化不日必将瓦解。诸君之文化不合于用，盖诸君之文化基于物质主义及恐怖与贪欲者也。至醇至圣之孔夫子当有支配全世界之时，彼示人以达于高洁、深玄、礼让、幸福之唯一可能之道。故诸君当弃其错误之世界观，而采用中国之世界观，此诸君唯一之救济法也。"云云。

胡君之忠告，原不免稚气。盖人虽有采用新税制新制服者，而无轻易采用新世界观者也。又中国之文化于蒙古人种，依其特殊之种性而尚有差别，在全异之人种未必可以移殖。况我等欧人自身之世界观，自有完成之期。故吾人对于胡君之忠告，唯有谢绝之而已。

然谓欧洲之文化不合于伦理之用，此胡君之主张亦殊正当。胡君著作之主旨实在于此。彼以其两千五百年以来之伦理的国民的经验，视吾欧人殆如小儿。吾人倾听彼之言论，使吾人对于世界观之大问题，怅然有感矣。

夫欧洲人之世界观与中国人之世界观，原无可比较。欧洲人在今日，尚无所谓自己之世界观者。欧洲人拥其实地上之成功，高视一切。然其文化之殿堂中最神圣者，彼实无造之之能力。英国固无英国之世界观，法国亦然，德国亦然。是等诸国，仅有自犹太、小亚细亚、希腊之褴褛上剥落而杂布之世界观。虽欧洲之思想家亦有本于近代精神所产生之科学，以新造国民的特有之世界观者。而是等之思想家，对于从来国民之见解与公认的世界观之形成，无有何等之影响。我伟大德意志思想家之思想，学校中未尝体会之，通国之民不能知之。

此实为全问题之要点。胡君对于此点，讥评深切。彼谓“我等中国人固不能深知欧洲人，欧洲人亦不能深知中国人。两者之间固有重大之区别。然中国人尚能知自己之文化，欧人对于自己之文化大都盲目”。胡君此言，诚切中欧洲之弱点。勒萨尔（德意志社会民权党之创立者）亦曾发此感叹，谓“德意志之诸大思想家，如群鹤高翔天际。地上之人不得闻其羽抟之微音”。

中国人三岁之儿童，在学校中学中国大思想家之思想，洞彻其精神。德国人在学校，于自国文化之高顶，绝不得闻见埃开哈尔得、培梅、兰普尼、休披那塞、康德、费息德①、休林克、哥的②、黑知尔③等伟大思想家。学校中不能受其影响，对于国民之感化，故意隔绝之。今世人频议学校之改革。彼等晏座案头，编新教案之事项，历史须增二三时间，地理之二三时间中须教以某项某项。如是

① 今译费希特。——编者注
② 今译歌德。——编者注
③ 今译黑格尔。——编者注

议论虽屡有所闻，而主要重大之问题，却不敢着手。主要问题者何？即德意志伟大思想家之精神，可使之活动于学校否乎？德意志人于思想上，任至何时可不建自己之家屋乎？德意志精神之内，不需产出真实自由之世界观乎？凡此种种，皆重大问题，而世人竟不注意。德人所自矜之廉耻心，岂不受其戟刺乎？德人之勇气果在何处乎？此怯懦因循，安于半解甘于卑下之病根也。

胡君既看破此欧洲之大弱点，故虽目睹欧洲之铁道电信及其他研究精确之事业，不起特别尊敬之念。以欧人于其最切要者，何故反缺焉不讲？胡君之眼光，正射于此也。此其故由于精神的兴味之缺乏与精神的热烈拥护之缺乏也。欧洲人之伦理要素，被实地的功利要素所压倒。优雅与微妙之情绪，屈而不能伸，即宗教方面，亦带物质主义之特征。

兹举例以实之。则自西亚细亚入欧洲之道义之主旨，全属于物质的。其所谓善，含有法律的命令之意，不从者降之以罚，从者酬之以赏。伦理之方面，即以如斯贯罚之概念为主，是非甚低级粗野之伦理观之显著特征乎？中国在纪元前五百年，既有大心理学者，从精神之根本动机，说明善为自成与自乐，非依酬报而动者。是以中国人有健全纯洁高贵完全之国民的伦理观，且极为人间的而非抽象的。欧洲人从来缺乏造成如斯之伦理观之能力。而尤可惜者，则我大思想家之思想成绩，虽已有造成如是独特之世界观之基础与端绪，而不以与之于国民，使此事业乃倍觉困难焉。

欧洲人于精神上无何等之根本点。彼等初入学校，所学者为犹太与后期希腊之世界观。此原不能常保其统一。无何，即以正反对之自然科学及有形知识，入据彼等之心。由宗教传说而起之伦理的感情，与全然冷酷之物质主义互相反拨，无一处能统一明了。其于伦理观也，先以不可不然之训诫注入，此种训诫，是压制的、固定的且极幼稚的，无何等心理上之衬托。未几，即以精密之科学所产出与前之训诫正相反对之进化论、生存竞争与本能之法则，提示彼等，肉迫彼等，实现与理想绝不调和。由如是混乱矛盾中教育而来之欧洲人，于出学校之后，更从各处听受哲学体系上之断片，而于哲学之真相，则又无考求之时间，遂使欧洲作成一真相不明无依无据之谜的人间。在欧洲，无论何人，其所得以为准据者，不过刑法而已。中国人之伦理，出于明晰之思索，且为国民的、心理的，其世界观亦极简古。胡君对于此东西之差别，指摘如下曰："欧洲人在学校所学者，一则曰知识，再则曰知识，三则曰知识。中国人在学校所学者，为君子之道。"胡君曰："善者，为我中国人之所发见，欧人当学之于我。"此胡君稚气之忠告。但我不可视此为中国贵族主义者保守主义者之言，而一概排斥之。彼又有如下之言，亦未可以恶意解释。彼谓"中国之思想，在欧洲诸君必不以为新。然诸君之大思想家如休披那塞、哥的者，与支配中国两千五百年以来之思想，何尝不同乎?"此言也，对于欧洲之教养未免过于重视。在欧洲固未学休披那塞、哥的之精神，亦未尝有一息之气吹入于一般生活，此真相实为胡君所未注意也。

吾人必不欲一变此之情态则已，否则吾人虽不能于中国直接学得何物，而胡君之两书，实激刺吾人之廉耻心与奋发心，最为有力者也。

又有费兰士氏者，谓欧洲目下之现态，使东洋人视为欧洲文明之破产亦不无理由，于胡君之态度亦大概承认。唯其所说之内容，则大表反对之意。而为基督教文明辩护，尤于德意志文明辩护更力。其言如下：

胡君谓："现下战局结束之方法，当与交战国当局者以绝对之权力，使彼等提倡和平，无论何人不得反抗，此为永免欧洲文化上所附带战祸之道。去英国风之崇尚民众，德国风之崇拜英雄之病，而奉孔子之教。"此胡君对于民主的英国，宁对于德国之同情较多。但彼尚视吾人为全然物质主义者，殊可惊也。彼谓科学与器械、军舰与铁道、知识与实地的成功，对之均不感服，而重要者在人物之问题，教吾人以内面的生活与精神的文化。

向以内面性之国民、诗人及思想家之国民自夸之吾人，岂甘受如斯之言乎？岂竟听胡君之言，行于中国，学于孔子，以求内面性乎？否否。我国人之多数，以我可尊之国民的传统将濒于危险者，是为事实。又有多数之人虽在已国已经闲却之理想，远自异方来，则反起多大之注意焉。胡君之误解德国精神，可为世界误解德国精神之实例。此误解既自欧洲诸国始，吾人不可不捶胸自责其怠慢之罪。盖我诗人思想家之思想不传布于外国民族故也。德国之商业扩于世界，而德国之精神生活与德国之基督教，不出国境。吾人当为精神的文化起见，对于世界，尤对于为将来疆域之东亚，大行布教。土尔〔耳〕其在战前，我敌人所设之学校一千有余。德人所经营之学校不过四十至六十而已。在东亚地方，盎格撒逊人之传道者五千六百人，德国传道者仅二百三十四人。吾人在日本稍稍活动，故此国之亲德派，较亲英派为优势。今吾人欲对于外国民，主张吾人为理想主义的国民，必如之何而可乎？则当以吾人之理想，介绍于外国是已。

台里乌司氏叹我国大思想〔家〕之思想，不应用于学校，而羡中国之三岁小儿得闻圣人之道。此二事均不免夸张。唯余对于学校中当输入我大思想家之思想，此事予极赞成。

台里乌司氏承认孔子伦理之优越，而视欧西之伦理为全然物质主义，其主旨从西亚细亚输入，不过以赏罚之概念为动机。此言实为可惊。岂台里乌司氏于我基督教并无何等之知识乎？我思想家之重此教者，非曾对于此以赏罚为动机之主旨根本上加以芟除乎？路德所谓唯一之美的宗教，康德所谓可爱之宗教，虽亦指此宗教，然岂指此赏罚的动机乎？台里乌司氏所谓“新又自由又真之世界观”，即基督教之自由，而必迂折以取道于中国，不过一好奇之心而已。夫欲崇拜孔子，固可随意。今日之官能世界，较彼可学之人尚多。至台里乌司氏推赏胡君之著作，谓微妙锐利无逾于此书，余则谓将中国之事物任意美化，亦无过于此书。中国妇人之屈辱地位，著者一部分否认之，一部分美化之。其尤可惊者，中国人不洁之癖，著者亦引以为中国人重精神而不注意于物质之一佐证。

如是无价值之书，能使吾人知我之精神界映于如是自说自话之男子之眼中者乃如是，则亦不得谓为全无价值。吾人当谢出版者之劳。

吾人又因此书而知横隔东西思想间之沟渠，乃如是之大。虽偶见有两者通共之处，及仔细检之，亦皆似是而非。及其最后，则吾人觉吾自身所有之可贵依比较而意识愈明。我文化之基础，与我德意志国民性须臾不可离之基督教，今因党争与因袭之灾难渐不明了。一与东洋比较，则吾人始得明了自觉吾人之强大的根本思想，即东洋人所难于理会之独立个性与个人责任之根本思想，实为吾人之特长。伦理与政治之关系，固为我等不知孔教之困难。而于此处促生权力意志与活动性，或使纠纷之外的文化与德意志之内面性相合，在目下之战争，为艰辛之试验，以示其决不崩坏之力。

又有普鲁克陀尔福女士者，全与胡君之书同声相应。以弗兰士氏之言为不识东洋人之皮相者，颇赞美东洋之理想主义，而悲西洋人之过倾于物质主义。谓欧人当学于东洋。其言过于褒美东洋，偏于感情，为妇女之本色。然此女子非全然醉心东洋者。凡己国民之特征，根本于历史与民族性者，尤热心维持。唯彼谓如此之觉悟，实为东洋宗教家之所赐也。

彼初欲皈依佛教以安心立命。见印度之一喇嘛僧，问改宗佛教之可否？喇嘛僧正襟言曰：女士莫如学基督教。宗教如言语，弃国语者妄。弃己国之宗教者亦妄。速归于元，受基督教之救。彼遂依此语而得受基督教。尔来彼崇奉己国之文明，自觉其价值。而对于东洋钦慕之念，亦綦切云。

二、春秋大义*

李大钊

愚文既已付印，偶于《东方》第十五卷第六号见有《中西文明

---

* 题目为编者所加。李大钊原文题为《东西文明根本之异点》，载 1918 年《言治》季刊第 3 册，转引自陈崧编《五四前后东西文化问题论战文选》（中国社会科学出版社，1985 年）。

之评判》一文，译自日本《东亚之光》，其首段曰：(略)

其中所论颇足供愚文之参证，为幅帙所限未能录，读者可取《东方》阅之。往者愚在日京曾于秋桐先生《说宪》① 文中，得悉辜鸿铭氏有《春秋大义》之作。嗣以激于一种好奇之心理，尝取辜氏之书略为披阅，虽读之未暇终篇，但就其卷头之纲目导言之大旨观之，已足窥其概要。

彼谓“西洋之教人为善，不畏之以上帝，则畏之以法律，离斯二者虽兄弟比邻不能安处也。逮夫僧侣日多，食之者众，民不堪其重负，遂因三十年之战，倾覆僧侣之势力，而以法律代上帝之权威。于是继僧侣而兴者，则为军警焉。军警之座食累民，其害且过于僧侣，结果又以酿成今日之战。经此大战之后，欧人必谋所以弃此军警，亦如昔之屏弃僧侣者然。顾屏弃军警之后其所赖以维持人间之平和秩序者将复迎前曾屏弃之僧侣乎？抑将更事他求乎？为欧人计，唯有欢迎吾中国人之精神，唯有欢迎孔子之道”。是篇所举胡氏之说，与辜氏之说若合符节。胡氏疑即辜氏之误。辜字译音颇与胡近，其书既以英文出版于北京，复以德文出版于柏林。日人辗转译致讹为胡，国人不察亦以胡某受之。愚以为中国二千五百余年文化所钟出一辜鸿铭先生，已足以扬眉吐气于二十世纪之世界。一之为奇，宁复有偶，必为辜氏之讹无疑。

愚读欧人对于辜说之评判，不禁起数种感想：第一，国人对于现代西洋最有价值之学说恒扞格不相入，诋谤之唯恐不及。而我以最无价值之梦话，一入彼欧人之耳，彼皆以诚恳之意迎之。或则以

① 秋桐，即章士钊。他的《说宪》一文载于 1915 年《甲寅》月刊第 8 期。——编者注

促其自反，或则以坚其自信，虽见仁见智各不相同，要皆能虚心袒怀资为他人之助。以视胶执己见夜郎自大之吾人，度量相越之远，有非可以道里计者。故吾人对于欧人之注意辜说，唯当引以自愧，切不可视为“惊动欧人之名论”以自荣。第二，西洋文明之是否偏于物质主义，宜否取东洋之理想主义以相调剂，此属别一问题。时至今日吾人所当努力者，唯在如何以吸收西洋文明之长以济吾东洋文明之穷，断不许以义和团的思想欲以吾陈死寂灭之气象腐化世界。(例如以不洁净之癖为中国人重精神不重物质之证，则吸食鸦片之癖亦何不可数为相同之例，是非欲腐化世界而何?) 断不许舍己芸人，但指摘西洋物质文明之疲穷，不自反东洋精神文明之颓废。第三，希望吾青年学者出全力以研究西洋之文明，以迎受西洋之学说，同时将吾东洋文明之较与近世精神接近者介绍之于欧人，期于东西文明之调和有所裨助，以尽对于世界文明二次之贡献，勿令欧人认此陈腐固陋之谈为中国人之代表。第四，台里乌司氏谓“人虽有采用新税制新服制者，而无轻易采用新世界观者”。斯言诚不尽妄。但愚以为于吾东方静的世界观，若不加以最大之努力使之与动的世界观接近，则其采用种种动的新制度新服器必至怪象百出，不见其利只见其害。然此非可轻易能奏功效者亦属事实。当于日常生活中习练〔熏〕陶之，始能渐渍濡染，易静的生活为动的生产。取法乎上，仅得乎中。

吾人即于日常生活中常悬一动的精神为准则，其结果尤不能完全变易其执性之静止。倘复偏执而保守之，则活动之气质将永不见于吾人之身心，久且必归于腐亡。

三、质问《东方杂志》记者*

——《东方杂志》与复辟问题

陈独秀

《东方杂志》第十五卷六号，译载日本《东亚之光》杂志《中西文明之评判》一文，同号该志论文《功利主义与学术》，又四号该志之《迷乱之现代人心》，皆持相类之论调。《东方》记者既译载此文，又别著论文援引而是证之，其意可见矣。余对于此等论调，颇有疑点，条列左（下）方，谨乞《东方》记者之赐教。

(1)《中西文明之评判》文中，其重要部分，为征引德人台里乌司氏评论中国人胡某之著作。按欧战前后类于此等著书，唯辜鸿铭氏有之，日本人读汉音辜胡相似，其或以此致误。辜老先生之言论宗旨，国人之所知也，《东方》记者其与辜为同志耶？敢问。

(2) 弗兰士氏谓：台里乌司氏承认孔子伦理之优越，又云：胡君对于民主的英国宁对于德国之同情较多。夫孔子之伦理如何，德国之政体如何，辜鸿铭、康有为、张勋诸人，固已明白昌言之，《东方》记者亦赞同之否？敢问。

(3)《功利主义与学术》文中有言曰："二十年来，有民权自由之说，有立宪共和之说。民权之与自由，立宪之与共和，在欧美人为之，或用以去其封建神权之旧制，或借以实现人道正义之理想，宜若非功利主义所能赅括矣。而吾国人不然，其有取乎此者，亦以盛强著称于世之欧美人尝经过此阶级，吾欲比隆欧美而享盛强之幸福，不可

* 此文原载 1918 年 9 月《新青年》第 5 卷第 3 号。

不步趋其轨辙耳。”诚如《东方》记者之言，岂主张国人反对民权自由，反对立宪共和，不欲比隆欧美不享盛强之幸福耶？敢问。

(4) 自广义言之，人世间去功利主义无善行。释迦之自觉觉他，孔子之言礼立教，耶稣之杀身救世，与夫主张民权自由立宪共和诸说，以去封建神权之革命家，以及《东方》记者痛斥功利主义之有害学术，非皆以有功于国、有利于群为目的乎？今固彻头彻尾颂扬功利主义者也。功之反为罪，利之反为害，《东方》记者倘反对功利主义，岂赞成罪害主义者乎？敢问。

(5)《东方》记者误以贪鄙主义为功利主义，故以权利竞争为政治上之功利主义，以崇拜强权为伦理上之功利主义，以营求高官厚禄为学术上之功利主义。功利主义果如是乎？敢问。

(6)《东方》记者谓：“此时之社会，于一切文化制度，已看穿后壁，只赤条条地剩一个穿衣吃饭之目的而已。”夫古今中外之礼法制度，其成立之根本原因，试剥肤以求，有一不直接或间接为穿衣吃饭而设者乎？个人生活必要之维持，必不可以贪鄙责之也。《东方》记者倘薄视穿衣吃饭，以为功利主义之流弊；而何以又言“犹有一事为功利主义妨阻学术之总因，则此主义之作用，能使社会组织剧变，个人生计迫促，而无从容研学之余暇，是也”。原来《东方》记者亦重视穿衣吃饭如此，岂非与“君子谋道不谋食，忧道不忧贫”之非功利主义相冲突乎？敢问。

(7)《东方》记者以反对功利主义故，并利益多数国民之通俗书籍文字而亦反对之；然则《东方》记者之所为文章，何以不模仿周诰殷盘，而书以篆籀，其理由安在？敢问。

(8)《东方》记者以反对功利主义故，并教育普及亦而反对之，竟云："教育普及，而廉价出版物日众，不特无益学术，而反足以害之。"夫书籍之良否，果悉以售价之高下为标准乎？上海各书局之出版物，售价奇昂，果皆有益于学术者乎？欧美各种小册丛书，售价极廉，果皆无益于学术者乎？倘谓一国之文化，重在少数人有高深之学，不在教育普及，则欧洲中古寺院教育及今之印度婆罗门亦多硕学奇士，以视现代欧美文化如何？敢问。

（9）伧父[①]君《迷乱之现代人心》文中，大意谓："中国周孔以来，儒家统一，思想界未闻独创异说者，此我国之文明，即我国之国基。乃自西洋学说输入，思想自由，吾人之精神界中，种种庞杂之思想，互相反拨，遂至国基丧失，可谓之精神之破产。于是发生政治界之强有力主义，此主义即以强力压倒一切主义主张。当是非淆乱之时，快刀斩乱麻，亦不失为痛快之举；古人有行之者，秦始皇是也。今人有行之者，德意志是也。唯此种强力，吾国此时尚不可得，乃发生教育界回避是非之实用主义。此主义为免思想界各种主义相反相抵之纷扰，亦自可取。唯其注重物质生活，而弃置精神生活，其弊也，中国胡氏、德人台里乌司言之颇中肯。吾人今日迷途中之救济，决不希望陷于混乱矛盾之西洋文明，而当希望于己国固有之文明。"云云。余今有请教于伧父君者：（一）中国学术文化之发达，果以儒家统一以后之汉唐宋为盛乎？抑以儒家统一以前之晚周为盛乎？（二）儒家不过学术之一种，倘以儒术统一为国是为文明，在逻辑上学术与儒术之内包外延何以定之？倘以未有独创异说为国是为文明，将以附和雷同为文明为国是乎？则人间思想界与留声机器有何区别？（三）欧洲中世，史家所称黑暗时代也，此时代中

---

① 伧父，即《东方杂志》主编杜亚泉。——编者注

耶教思想统一全欧千有余年，大与中土秦汉以来儒家统一相类。文艺复兴后之文明，诚混乱矛盾，然比之中土，比之欧洲中世，优劣如何？（四）近代中国之思想学术，即无欧化输入，精神界已否破产？假定即未破产，伧父君所谓我国固有之文明与国基，是否有存在之价值？倘力排异说，以保存此固有之文明与国基，能否使吾族适应于二十世纪之生存而不削（消）灭？（五）伧父君谓："吾人在西洋学说尚未输入之时，读圣贤之书，审事物之理，出而论世，则君道若何，臣节若何……关于名教纲常诸大端，则吾人所以为是者，国人亦皆以为是，虽有智者不能以为非也，虽有强者不能以为非也。"伧父君所谓我国固有之文明与国基，如此如此。请问此种文明此种国基，倘忧其丧失忧其破产，而力图保存之，则共和政体之下，所谓君道臣节名教纲常，当作何解？谓之迷乱，谓之谋叛共和民国，不亦宜乎？（六）伧父君之意，颇以中国此时无强有力者以强力压倒一切主义主张为憾；然则洪宪时代，颇有此等景象，伧父君曾称快否？（七）伧父君谓：古代教育，皆注重于精神生活；今之教育，则埋没于物质生活之中。又云：吾人今日在迷途中之救济，绝不能希望于自外输入之西洋文明，而当希望于固有之文明。请问伧父君古代之精神生活，是否即君道臣节及名教纲常诸大义？或即种种恶臭之生活？（伧父君所称赏之胡氏著作中曾谓，中国人不洁之癖，即中国人重精神不重物质之证。）西洋文明，于物质生活以外，是否亦有精神文明？我中国除儒家之君道臣节名教纲常以外，是否绝无他种文明？除强以儒教统一外，吾国固有之文明是否免于混乱矛盾？以希望思想界统一故，独尊儒家而黜百学，是否发挥固有文明之道？伧父君既以为非己国固有文明周公孔子之道，绝不足以救济中国，而何以于《工艺》杂志序文中，（见第十五卷第四号《东方杂志》）又云："国家社会之进行，道德之向上，皆与经济有密切之关系。而经济之充裕，其由于工艺之发达。十余年以来，有运动改革政治者，有主张提倡道德者。鄙人以为工艺苟兴，政治道德诸问题，皆迎刃而解。非然者，虽周孔复生，亦将无所措手。"是岂非薄视周公孔子而提倡物质万能主义乎？今后果不采用西洋文明而以固有之文明与国基治理中国，他事之进化与否且不论，即此现行无君之共和国体，如何处置？由斯以谈，孰为魔鬼？孰为陷吾人于迷乱者？孰为谋叛国宪之罪犯？敢问。

（10）《中西文明之评判》之中有云："此次战争，使欧洲文明之权威，大生疑念。"此言果非梦呓乎？敢问。

（11）胡氏谓："中明（国）之文化为完全，较欧洲文化，著为优良。"又云："至醇至圣之孔夫子，当有支配全世界之时，彼文人以达于高洁，深玄，礼让，幸福之唯一可能之道，故诸君（指西洋人）当弃其错误之世界观，而采用中国之世界观，此诸君唯一之救济也。"此固不但谓非中国固有之文明，不足以救济中国，更进一步，而谓"欧洲人非学于我等中国人不可"。（胡氏原语）案辜鸿铭氏夙昔轻视欧洲之文明，即在欧人之伦理观念，（即此文之所谓世界观）以其不知君道臣节名教纲常诸大义也。辜氏于政治，力尊君主独裁之大要。不但目共和为叛逆，即英国式之君主立宪，亦属无道。彼意以为一国中，只应有上谕而不应有宪法。宪法者，不啻侵犯君主神圣，破坏君道臣节名教纲常之怪物也。此等见解之是非，姑且不论。《东方杂志》记者诸君倘以为是，则发行此志之商务印书馆何以不用欧洲文译中国书，输出君道臣节名教纲常诸优良文明以救济世界；却偏要用中国文译欧洲书，输入混乱矛盾之文化，以乱我中国圣人之道，使我中国人思想自由，使我中国人国是丧失，精神界破产，迷乱而不可救济耶？敢问。

(12) 台里乌司氏谓："欧洲之文化，不合于伦理之用，此胡君之主张，亦殊正当；胡君著作之主旨，实在于此。彼以其两千五百年以来之伦理的国民的经验，视吾欧人，殆如小儿。吾人倾听彼之言论，使吾人对于世界观之大问题，怅然有感矣。"彼迂腐无知识之台里乌司氏，在德意志人中，料必为崇拜君权反对平民共和主义之怪物，其称许辜氏之合理与否，兹不必论。独怪《东方》记者处共和政体之下，竟译录辜之言而称许之，岂以辜氏伦理上之主张为正当耶？敢问。

(13) 台里乌司氏谓："欧洲之道义，全属于物质的。伦理之方面，即以赏罚之概念为主。中国在纪元前五百年，既有大心理学者，从精神之根本动机，说明善为自成与自乐，非依酬报而动者。"按此即伦理学上动机论与功利论之分歧点，亦即中西文化鸿沟之一也。此二者之是非且不论，今所欲论者，动机论之伦理观，岂中国所独有而欧洲所无乎？所以造成今日欧洲之庄严者，非进化论发达以来，近代 Utilitarianism①战胜古代 Asceticism② 及基督教之效乎？敢问。

(14) 胡氏谓："欧洲人在学校所学者，一则曰知识，再则曰知识，三则曰知识；中国人在学校所学者，为君子之道。"夫个人人格之养成，岂不为欧校所重，即按之实际，欧人中人格健全所谓 Gentleman③ 者，其数量岂不远胜于我中国人乎？崇拜孔夫子之中国人，

---

① Utilitarianism：功利主义。——编者注
② Asceticism：禁欲主义。——编者注
③ Gentleman：君子。——编者注

其人格足当君子者，果有几人？且智、力、德三者并重，为近代教育之通则。若夫 Herbart 派①之专事外行之陶冶，及胡氏所谓学为君子之道，果为完全教育乎？敢问。

(15) 台里乌司氏称："中国人三岁之儿童，在学校中学中国大思想家之思想；德国人在学校，于自国文化之高顶，绝不得闻。"夫教儿童以大思想家之思想，果为教育心理学原则之所许乎？试观中国印度及回教各民族之儿童教育，皆以诵习古圣经典为重，其效果如何？敢问。

(16) 台里乌司氏承认孔子伦理之优越，而视欧西之伦理，为全然物质主义，且推赏胡氏之著作，谓微妙锐利，无逾于此书。而胡氏书中曾谓，中国人不洁之癖，为中国人重精神而不注意于物质之一佐证。不知所谓精神者，为何等不洁之物？敢问。

以上疑问，乞《东方》记者一一赐以详明之解答，慎勿以笼统不中要害不合逻辑之议论见教。笼统议论，固前此《东方》记者黄远庸君之所痛斥也。

四、答《新青年》杂志记者之质问*

伧父

《新青年》杂志，近刊《质问〈东方杂志〉记者》一文，条列问

---

① Herbart 派，即赫尔巴特派。赫尔巴特为德国著名哲学家和教育学家。教育理论主张教学分五个步骤，到了 20 世纪，这种理论退化成一种机械的形式主义。——编者注

* 此文原载 1918 年 12 月《东方杂志》第 15 卷第 12 号。

题，要求解答，且谓勿以笼统不合逻辑之议论见教。记者于逻辑之学，未尝研究，兹勉作解答，于逻辑或未有合焉。

(1)《新青年》记者，问“《东方》征引德人台里乌司氏评论中国人辜鸿铭氏之著作（系从日本杂志《东亚之光》译录，原著中误辜氏为胡氏)，《东方》记者是否与辜为同志?”夫征引辜氏著作为一事，与辜同志为又一事，二者之内包外延，自不相同。《新青年》记者，可以逻辑之理审察之。

(2)《新青年》记者，谓“孔子之伦理如何，德国之政体如何，辜鸿铭、康有为、张勋固已明白言之，《东方》记者亦赞同否?”按此问题将孔子之伦理，与德国之政体，与辜鸿铭、康有为、张勋三人所言之孔子伦理，与其所言之德国政体，互相连缀，混八项为一项，而问记者之是否赞同，一若此八项中苟赞同其一项者，则其余各项，亦均在赞同之列。其设问之意，无非欲将孔子伦理与德国政体，并为一谈，又将辜鸿铭所言之孔子伦理与其所言之德国政体，并为一谈，且将辜鸿铭之所言与张勋之所言，并为一谈。因而使孔子伦理与张勋所言，作一联带关系，以为逻辑上“凡尊崇孔子伦理者，即赞同张勋所言者也”之前提，但记者对于《新青年》记者所设问题，以为过于笼统，不能完全作答。其可答者，则记者固尊崇孔子伦理，且对于辜氏所言，凡业经征引而称许之者，皆表赞同之意者也。

(3)《东方杂志》《功利主义与学术》之文中，略谓：“欧美民权自由立宪共和之说，非功利主义所能赅括，吾国人之为此，则属于功利主义。”《新青年》记者乃谓：记者“是否反对民权自由，是否反对立宪共和”。夫批评功利主义之民权自由，非反对民权自由，批评功利主义之立宪共和，非反对立宪共和，犹之批评应试做官之读书，非反对读书，批评金钱运动之选举，非反对选举，《新青年》记者亦可以逻辑之理审察之。

(4) 任何名词，皆随其所定之界说而异其意义，《新青年》记者将功利主义为广义解释，包括善行于功利主义之中，则《新青年》记者所崇拜之功利主义，与《东方》所排斥之功利主义，内包外延，自不相同，不能笼统混合。至《新青年》记者谓“功之反为罪，利之反为害，《东方》记者倘反对功利主义，岂赞成罪害主义者”。以此种逻辑方法，推论事理，则可云“凡反对图利之人，即赞成谋害者，凡反对贪功之人，即赞成犯罪者”。此推论果合乎否乎？

(5)《功利主义与学术》文中，谓：“文化重心在高深之学，普及教育，不过演绎此高深之学之一部分，为中下等人说法，如无高深之学，则普及教育将以何物为重心。”并无反对教育普及之言，《新青年》记者，乃责以反对教育普及，不知用何种逻辑，以断定之？又文中谓：“教育普及而廉价出版物日众，不特无益学术，反足以害之。”下引美人勃拉斯所言之书报及吾国坊肆中诲盗诲淫之书以实之，则所谓廉价出版物之有害学术者，自指勃氏所言之书报及坊肆中诲盗诲淫之书而言，《新青年》记者断章取义，责《东方》以“反对普及教育，反对通俗书籍文字，以廉价出版物为有害学术”。试另设较为简明之一例曰：“民国成立而定期出版物日多，言论荒谬，如某日报之鼓吹某事，某杂志之主张某说。”云云。则此例中所指为言论荒谬者，自然指某日报某杂志而言，若以此例所言，为“反对民国，反对出版物，以定期出版物为荒谬”，果当乎否乎？

(6)《新青年》记者，对于《东方杂志》《迷乱之现代人心》文中为种种之质问，谓："中国学术文化，以儒家统一以后之汉魏唐宋为盛乎，抑以儒家统一以前之晚周为盛乎？欧洲文艺复兴以后之文明，比之中土，比之欧洲中世，优劣如何？"《东方》原文，曾言"进化之规范，由分化与统整，互相调剂而成"。有分化而无统整，自不能谓之进步，中国晚周时代，及欧洲文艺复兴以后之文明，分化虽盛，而失其统整，遂现混乱矛盾之象。以晚周与汉魏唐宋，以欧洲与中土，比较其文明，以记者之见解言之，殊不能谓其彼善于此。但此种问题，各人各具见解，不易论定。《新青年》记者苟有所见，尽可自抒伟论，无烦下问。至文明之统整、思想之统一云云，决非如欧洲黑暗时代之禁遏学术阻碍文化之谓，亦非附和雷同之谓，亦非儒术即学术之谓，亦非不翻译欧洲书、不输入欧洲文化之谓，凡此皆《新青年》记者自己推想之误。《东方》原文，明言"吾人不宜仅以保守为能事"，又言"西洋学说之输入，夙为吾人所欢迎"，又言"尽力输入西洋学说，使其融合于吾固有文明之中"，又言："西洋之种种主义主张，骤闻之，似有与吾固有文明绝相凿枘者，然会而通之，则其主义主张，往往为吾固有文明之一局部，扩大而精详之者。"此等论旨，原文中再三申说，《新青年》记者，如将原文全阅一过，想亦不至有"人间思想界与留声机器，有何区别？"及"商务印书馆何以译欧洲书？"之疑问。至原文所谓"君道臣节及名教纲常诸大端"，记者确认为我国固有文明之基础。《新青年》记者，谓共和政体之下，君道臣节名教纲常作何解，谓之叛逆，谓之谋叛共和民国，谓之谋叛国宪之罪犯。记者以为共和政体，决非与固有文明不相容者，民视民听，民贵君轻，伊古以来之政治原理，本以民主主义为基础，政体虽改，而政治原理不变，故以君道臣节名教纲常为基础之固有文明，与现时之国体，融合而会通之，乃为统整文明之所有事，若谓共和政体之下，不许人言固有文明中有君道臣节名教纲常诸大端，则非用焚书坑儒之法，将吾国固有之历史、文学、政治诸书，及曾读其书之人，一律焚之坑之不可。盖固有文明中有君道臣节名教纲常诸大端，乃已往之事实，非《新青年》记者所得而取消。已往之事实，既不能取消，则不能禁人之记忆之称述之，苟不用焚坑之法，虽加以谋叛之罪名，亦不能使之钳口而结舌。前清专制官吏，动辄以大逆不道谋为不轨之罪名，压迫言论，初未有效，《新青年》记者，可以不必步其后尘矣。

(7)《新青年》记者谓："《东方》记者之意，颇以中国此时，无强有力者以强力压倒一切主义主张为憾。"又谓"《东方》记者，既以为非己国固有文明，不足以救济中国，何以《工艺杂志》序文中，复有虽周孔复生无所措手之言"。按《东方》原文，明言强有力主义之不能压倒一切，反足酿乱。又《工艺杂志》序中所云周孔复生无所措手，乃反面文字，非正面文字，《新青年》记者如将原文及《工艺杂志》序文全阅一过，当不至作此疑问。

(8)《中西文明之评判》系译日本杂志，文中有"此次战争，欧洲文明之权威，大生疑念"，云云。《新青年》记者，乃以"此言非梦呓乎"为问。夫《新青年》记者，对于上列云云，加以事理上或文义上之诘责，固无不可，若仅以是否梦呓，为嘲骂之方法，是村妪反唇相讥之口吻，非言论家之态度也。

(9) 德人台里乌司氏谓"欧洲文化，不合于伦理之用"，而称许辜鸿铭之主张为正当。《新青年》记者谓："台里乌司氏料必为崇拜君权之怪物。”又谓：“《东方》记者处共和政体之下，不宜译录辜言而称许之。”按《东方》译录辜言，并无抵触国体之语，《新青年》记者以辜氏所著《春秋大义》中，有尊王之语，乃并其与现时国体不相抵触之语，亦谓不宜译录，又以台里乌司氏称许辜氏所主张之伦理，乃断定台里乌司氏为崇拜君权之人，遂并台里乌司氏所述辜氏之言，亦谓不宜译录，如此罗织，虽专制官僚，亦无此严酷矣。

(10) 辜氏著作中，曾谓：“中国人不洁之癖，为中国人重精神而不注意于物质之一佐证。”《新青年》记者乃问：“精神为何等不洁之物？”夫辜氏之言，就文义推之，固谓中国人之不洁，由于不注意物质也，其不注意物质，由于注重精神也。义甚明了，若以此二段为前提，而下断案仅能谓中国人之不洁，由于注重精神，决不能下“精神为不洁之物”之断案。《新青年》记者明于逻辑，胡为有如是之疑问？

此外，问题尚多，记者不暇一一作答，惟《新青年》记者谅之。

五、再质问《东方杂志》记者（节选）*

陈独秀

记者信仰共和政体之人也，见人有鼓吹君政时代不合共和之旧

---

* 此文原载1919年2月《新青年》第6卷第2号。转引自陈崧编《五四前后东西文化问题论战文选》（中国社会科学出版社，1985年）。由于全文较长，有些与辜氏此书无直接关系，故做了删节。——编者注

思想，若康有为、辜鸿铭等，尝辞而辟之。虑其谬说流行于社会，使我呱呱坠地之共和，根本摇动也。前以《东方杂志》载有足使共和政体根本摇动之论文，一时情急，遂自忘固陋，竟向《东方》记者提出质问。乃蒙不弃，于第十五卷第十二号杂志中，赐以指教，幸甚，感甚。无论《东方》记者对于前次之质问如何非笑，如何责难；即驳得身无完肤，一文不值，记者亦至满意。盖以《东方》记者既不认与辜鸿铭为同志，自认非反对臣权自由，自认非反对立宪共和。倘系由衷之言，他日不作与此冲突之言论，则记者质问当时之根本疑虑，涣然冰释，欣慰为何如乎。惟记者愚昧，对于《东方》记者之解答，尚有不尽明了之处；倘不弃迂笨，对于左（下）列所言，再赐以答；则不徒记者感之，谅亦读者诸君之所愿也。

（1）辜氏著书之志，即在自炫其二千五百年以来君道臣节名教纲常等之固有文明，对于欧人无君臣礼教之伦理观念，加以非难也。《东方》记者既郑重征引其说，且称许之，则此心此志当然相同。前文设为疑问者，特避武断之态度，欲《东方》记者自下判断耳。不图《东方》记者乃云："夫征引辜氏著作为一事，与辜同志为又一事。二者之内包外延，自不相同。"此何说耶？夫泛泛之征引，自不发生同志问题。若征引他人之著作，以印证自己之主张，则非同志而何？譬若记者倘征引且放（称）许尼采之"强权说"或托尔斯泰之"无拒抗说"，当然自认与尼采或托尔斯泰为同志，以其主张之宗旨相同也。记者未云：辜鸿铭主张君臣礼教，《东方》记者亦主张君臣礼教，由是而知《东方》记者即辜鸿铭。且并未云：《东方》记者乃辜鸿铭第二。但以《东方》记者珍重征引辜氏生平所力倡之言论宗旨，且称许之，遂推论其与辜为同志。倘谓此二者内包外延自不相同，所推论者陷于谬误。则此等逻辑，非记者浅学所可解矣。

(2) 德国政体，君主政体也。孔子伦理，君臣等之五伦也。君臣尊卑者，孔子政治伦理之一贯的大原则也。辜鸿铭、康有为、张勋皆信仰孔子之伦理与政治，主张君主政体者也。此数者本身之全体，虽为异物，而关于尊重君主政体之一点，则自然互相连缀。《东方》记者倘承认吾人思想域内有观念联合之作用，自不禁其并为一谈。德国政体君主政体也，孔子伦理尊君之伦理也。此二者，当然可并为一谈。辜鸿铭所主张之孔子伦理，尊君之伦理也，其所同情之德国政体，君主政体也。此二者，当然可并为一谈。辜鸿铭之所言，尊孔也，尊君也。张勋之所言，亦尊孔也，尊君也。此二者，更无不可并为一谈。孔子伦理，尊君之伦理也。张勋所言所行，亦尊君也。当然可作一联带关系。此数者，关于尊重君主政体之一点，乃其共性。苟赞同其一项者，则其余各项，当然均在赞同之列。诉诸逻辑，“凡尊崇孔子伦理，而不赞同张勋所言所行，为其人之言不顾行者也”。《东方》记者对于前次之质问，未曾将此数项所以不能并为一谈之理由，及各项中赞同者何项不赞同者何项，一一说明。但云：“对于《新青年》记者所设问题，以为过于笼统，不能完全作答。”《东方》记者之答词，如此笼统，则《新青年》记者，未免大失所望。

…………

(9) 辜氏《春秋大义》主旨在尊王，并以非难欧洲人之伦理观念也。台里乌司氏亦谓欧洲文化，不合于伦理之用，而称许辜氏所主张之二千五百年以来之伦理为正当，是非崇拜君权而何耶？《东方》记者译录其说而称许之，故敢以辜氏伦理上之主张为正当与否为问。此何谓罗织?

(10) 辜氏谓中国人不洁之癖，为中国人重精神而不注意于物质之一佐证。夫注意物质则洁，注重精神则不洁；独重精神者可与不洁为缘，重物质者则否。是以中国人以重精神故，致有不洁之癖，致有种种臭恶之生活；岂非精神之为物，使我中国人不洁至此哉?余是以有精神为何等不洁之物之叹也。

…………

辜鸿铭其人其事

一、记辜鸿铭*

胡适

民国十年十月十三夜，我的老同学王彦祖先生请法国汉学家戴弥微先生（Mon. Demiéville）在他家中吃饭，陪客的有辜鸿铭先生，法国的某先生，徐墀先生，和我；还有几位，我记不得了。这一晚的谈话，我的日记里留有一个简单的记载，今天我翻看旧日记，想起辜鸿铭的死，想起那晚上的主人王彦祖也死了，想起十三年之中人事变迁的迅速，我心里颇有不少的感触。所以我根据我的旧日记，用记忆来补充它，写成这篇辜鸿铭的回忆。

辜鸿铭向来是反对我的主张的，曾经用英文在杂志上驳我。有一次为了我在《每周评论》上写的一段短文，他竟对我说，要在法庭控告我。然而在见面时，他对我总很客气。

---

* 录自 1935 年 8 月 11 日《大公报·文艺副刊》。

这一晚他先到了王家，两位法国客人也到了，我进来和他握手时，他对那两位外国客说："Here comes my learned enemy!"大家都笑了。

入座之后，戴弥微的左边是辜鸿铭，右边是徐墀。大家正在喝酒吃菜，忽然辜鸿铭用手在戴弥微的背上一拍，说："先生，你可要小心!"戴先生吓了一跳，问他为什么，他说："因为你坐在辜疯子和徐颠子的中间!"大家听了，哄堂大笑，因为大家都知道"Cranky Hsü"和"Crazy Ku"的两个绰号。

一会儿，他对我说："去年张少轩（张勋）过生日，我送了他一副对子，上联是'荷尽已无擎雨盖'，——下联是什么?"我当他是集句的对联，一时想不起好对句，只好问他："想不出好对，你对的什么?"他说："下联是'菊残犹有傲霜枝'。"我也笑了。

他又问："你懂得这副对子的意思吗?"我说："'菊残犹有傲霜枝'当然是张大帅和你老先生的辫子了。'擎雨盖'是什么呢?"他说："是清朝的大帽。"我们又大笑。

他在席上大讲他最得意的安福国会选举时他卖票的故事，这个故事我听他亲口讲过好几次了，每回他总添上一点新花样，这也是老年人说往事的普遍毛病。

安福部当权时，颁布了一个新的国会选举法，其中有一部分的参议员是须由一种中央通儒院票选的，凡国立大学教授，凡在国外大学得学位的，都有选举权。于是许多留学生有学士、硕士、博士文凭的，都有人来兜买。本人不必到场，自有人拿文凭去登记投票。据说当时的市价是每张文凭可卖二百元。兜买的人拿了文凭去，还可以变化发财。譬如一张文凭上的姓名是 Wu Ting，第一次可报

“武定”，第二次可报“丁武”，第三次可报“吴廷”，第四次可说是江浙方音的“丁和”。用这种办法，原价二百元的，就可以卖八百元了。

辜鸿铭卖票的故事确是很有风趣的。他说：

> □□□来运动我投他一票，我说，我的文凭早就丢了。他说：“谁不认得你老人家？只要你亲自来投票，用不着文凭。”我说：“人家卖两百块钱一票，我老辜至少要卖五百块。”他说：“别人两百，你老人家三百。”我说：“四百块，少一毛钱不来，还得先付现款，不要支票。”他要还价，我叫他滚出去。他只好说：“四百块钱依你老人家，可是投票时务必请你到场。”选举的前一天。□□□果然把四百元钞票和选举入场证都带来了，还再三叮嘱我明天务必到场。等他走了，我立刻出门，赶下午的快车到了天津，把四百块钱全报销在一个姑娘——你们都知道，她的名字叫一枝花——的身上了。两天工夫，钱花光了，我才回北京来。□□□听说我回来了，赶到我家，大骂我无信义。我拿起一根棍子，指着那个留学生小政客说：“你瞎了眼睛，敢拿钱来买我！你也配讲信义，你给我滚出去！从今以后，不要再上我门来！”那小子看见我的棍子，真个乖乖地逃出去了。

说完了这个故事，他回过头来对我说：“你知道，有句俗话，‘监生拜孔子，孔子吓一跳’。我上回听说□□□的孔教会要去祭孔子，我编了一首白话诗，监生拜孔子，孔子吓一跳。孔会拜孔子，孔子要上吊。胡先生，我的白话诗好不好？”

一会儿，辜鸿铭开始指着那两位法国客人大发议论了。他说：

“先生们，不要见怪，我要说你们法国人真有点不害羞！怎么把一个文学博士的名誉学位送给□□□！□先生，你的□□报上还登出□□□的照片来，坐在一张书桌边，桌上堆着一大堆书，题做《□大总统著书之图》！呃，呃，真羞煞人！我老辜向来佩服你们贵国——La belle prance！现在真丢尽了你们的La belle prance的脸了！你们要是送我老辜一个文学博士，也还不怎样丢人！可怜的班乐卫先生，他把博士学位给□□□，呃！”

那两位法国客人听了老辜的话，都很感觉不安，那位□□报的主笔尤其脸红耳赤，他不好不替他的政府辩护一两句。辜鸿铭不等他说完，就打断他的话，说：

“Monsieur □，你别说了。有一个时候，我老辜得意的时候，你每天来看我，我开口说一句话，你就说，‘辜先生，您等一等’。你就连忙摸出铅笔和日记本子来，我说一句，你就记一句，一个字也不肯放过。现在我老辜倒霉了，你的影子也不上我门上来了。”

那位法国记者，脸上更红了。我们的主人觉得空气太紧张了，只好提议，大家散坐。

上文说起辜鸿铭有一次要在法庭控告我，这件事我也应该补叙一笔。

民国八年八月间，我在《每周评论》第三十三期登出了一段随感录：

> 现在的人看见辜鸿铭拖着辫子，谈着“尊王大义”，一定以为他是向来顽固的。却不知辜鸿铭当初是最先剪辫子的人，当他壮年时，衙门里拜万寿，他坐着不动。后来人家谈革命了，他才把辫子留起来。辛亥革命时，他的辫子还没有养全，他带

着假发接的辫子，坐着马车乱跑，很出风头。这种心理很可研究。当初他是“立异以为高”。如今竟是“久假而不归”了。

这段话是高而谦先生告诉我的，我深信高而谦先生不说谎话，所以我登在报上。那一期出版的一天，是一个星期日，我在北京西车站同一个朋友吃晚饭。我忽然看见辜鸿铭先生同七八个人也在那里吃饭。我身边恰好带了一张《每周评论》，我就走过去，把报送给辜先生看。他看了一遍，对我说：“这段记事不很确实。我告诉你我剪辫子的故事。我的父亲送我出洋时，把我托给一位苏格兰教士，请他照管我。但他对我说，‘现在我完全托了某先生，你什么事都应该听他的话，只有两件事我要叮嘱你：第一，你不可进耶稣教；第二，你不可剪辫子。’我到了苏格兰，跟着我的保护人，过了许多时。每天出门，街上小孩子总跟着我叫喊：‘瞧呵，支那人的猪尾巴！’我想着父亲的教训，忍着侮辱，终不敢剪辫。那个冬天，我的保护人往伦敦去了，有一天晚上我去拜望一个女朋友。这个女朋友很顽皮，她拿起我的辫子来赏玩，说中国人的头发真黑的可爱。我看她的头发也是浅黑的，我就说，‘你要肯赏收，我就把辫子剪下来送给你’。她笑了，我就借了一把剪子，把我的辫子剪下来送了给她，这是我最初剪辫子的故事。可是拜万寿，我从来没有不拜的。”他说时指着同坐的几位老头子，“这几位都是我的老同事，你问他们，我可曾不拜万寿牌位？”

我向他道歉，仍回到我们的桌上。我远远地望见他把我的报纸传给同坐客人看。我们吃完了饭，我因为身边只带了这一份报，就走过去向他讨回那张报纸。大概那班客人说了一些挑拨的话，辜鸿铭站起来，把那张《每周评论》折成几叠，向衣袋里一插，正色对我说："密斯忒胡，你在报上毁谤了我，你要在报上向我正式道歉。你若不道歉，我要向法庭控告你。"

我忍不住笑了，我说："辜先生，你说的话是开我玩笑，还是恐吓我？你要是恐吓我，请你先去告状；我要等法庭判决了才向你正式道歉。"我说了，点点头，就走了。

后来他并没有实行他的恐吓。大半年后，有一次他见着我，我说："辜先生，你告我的状子进去了没有？"他正色说："胡先生，我向来看得起你；可是你那段文章实在写得不好！"

二、辜鸿铭*

林语堂

（一）

少时在约翰大学图书馆，读到辜鸿铭著 *Papers from a Viceroy's Yamen*，见其文字犀利，好作惊人语，已深喜其矫健。时陈友仁办北京英文日报（*Peking Gazette*），亦约辜按月撰稿四篇，下课时每阅读二氏文以为乐。不及一两月，辜即因故脱离不复作。并记得有牢骚文字见于报上。实则辜为人落落寡合，愈援助之之人愈挨其骂。若曾借他钱，救他穷困，则尤非旦夕待其批颊不可，盖不如此不见其倔强也。且辜主人治，陈主法治，思想固不相谋。后老袁称帝，陈在"天威咫尺"之下，直言无隐，力斥其非，总是与辜一般番仔

* 录自1934年9月《人间世》第12期。

脾气。辜生长槟榔屿，而陈生长西印度 Trinidad 也。二人皆有洋气，即指骨气，吾前曾言孙中山亦有洋气，即指此。此种蛮子骨气，江浙人不大懂也。二氏又皆长英文，陈即直头盎格罗撒克孙［盎格鲁-撒克逊］学者，其思想意见毫无中国官僚气味，故与国人亦少能气味相投。孙中山则深得中国博大气质，辜只是狂生，而能深谈儒道精义。辜作中文吾未尝见，若孙中山一手好字，亦可见其相当造诣。辜、陈二氏皆长英文，而实非仅长英文，盖其思想议论，超人一等，故能发挥淋漓，此二氏之文之所以有魄力也。世人言文人，总想到文字，大误特误，试思梁任公《新民丛报》之势力，在其文彩乎，抑在其所代表之议论乎？陈独秀、胡适之文学革命宣传力量，在其文胜过林琴南乎，抑在其所代表之新潮思想乎？有其思想，必有其文字。世之冒冒失失以文言文者亦可以省矣。至于文字，辜、陈皆未尝不漂亮，乃执以 best English tradition 衡之，拉丁名词仍是太多，英国口语仍是太少。二氏又有一相同之点。辜在思想上，陈在政治上，是善大言不惭，替吾国争面子。英人读之而喜，而惊，而敬，故其名亦大，善说"Yes, Sir"之英文学生，大可不读二氏之书，因道不同，学亦无用也。辜之文，纯为维多利亚中期之文，其所口口声声引据亦 Matthew Arnold, Carlyle, Ruskin 诸人，而其文体与 Arnold 尤近。

（二）

辜鸿铭善诙谐。其诙谐，系半由目空一切，半由好拆字。例如他说："今日世界所以扰攘不安，非由于军人，乃由于大学教授与衙门吏役。大学教授是半受教育，而衙门吏役是不受教育的人，所以治此两种人之病只在——给以真正教育。”其好拆字，可见于将德谟克拉西拼为 democrazy（德谟疯狂），又在其鄙恶新潮文学文中，将陀斯托斯基拆为 Dosto-Whiskey。在中文上，亦复如此。他解妾字为立女，妾者靠手也（elbow-rest），所以供男人倦时作手靠也。辜曾向二位美国女子作此说，女子驳曰：“岂有此理？如此说，女子倦时，又何尝不可将男人作手靠？男人既可多妾多手靠，女子何以不可多夫乎？”言下甚为得意，以为辜辞穷理屈矣。不意辜回答曰：“否否。汝曾见一个茶壶四只茶杯，但世上岂有一个茶杯配四个茶壶者乎？”

实则辜鸿铭之幽默起源于其倔强之本性及其愤世嫉俗之见解。在举国趋新若鹜之时，彼则扬言尊礼；在民国时期，彼偏言尊君，偏留辫子；在崇尚西洋文明之时，彼力示此西洋文化之非，细读其文，似非无高深见解，或缺诚意，然其持之过甚，乃由愤嫉而来。愤嫉原非坏事，比啖饭遗矢人云亦云者高一层，然试以精神分析言之，亦是一种压迫之反动而已。辜既愤世俗之陋，必出之以过激之辞，然在此过激辞气，便可看出其精神压迫来。想彼原亦只欲替中国人争面子出出气而已。故其言曰：The disorder and confusion in China today is only a functional de rangement，whereas the anarchy in Europe and America is really an organic disorder，即“今日中国变乱病在失调（作用上的）而已，而欧美之无政府状态，乃在残缺（器官上的）”。又曰：“中国虽有盗贼贪官污吏，然中国的社会整个是道德的，西洋社会是不道德的。”夫以德化民，以政教民，孔道理论上何尝不动听？西洋法律观念之呆板及武力主义之横行，专恃法律军警以言治，何尝无缺憾？然中国无法治，人治之弊，辜不言；中国虽言好铁不打钉，而盗贼横行，丘八抢城，淫奸妇女，辜亦不言。《春秋大义》诚一篇大好文章，向白人宣孔教，白人或者过五百年后亦可受益，而谓中国不需法治，不需军警，未免掩耳盗铃。因有此种见地，故说来甚是好听，骂人亦甚痛快。其言英人则曰流氓崇拜（指商人之操政治实权），引 Ruskin 之言而詈之曰鼠曰猪（rats and swine）。其言现代民国之中国人亦曰顽石不灵神经错乱之民国华人（imbecile，demented Republican Chinaman）。一人愤世嫉俗至此，开口骂人，自然痛快。

余谓儒家之弊，正在蔑视法律，以君子治国，殊不知一国之中，哪里有这许多君子可为部长为院长为所长为县长为校长乎？君子不够分配，而放小人于位，以君子之道待之，国欲不乱，其可得乎？既为君子，则不必监察也，君子横征暴敛，不必得百姓同意，凭其良心可也；君子营私舞弊，不必看其账簿，听其逍遥可也；君子勾结外敌，不必立法院通过，听其自订可也。向来中国政治只是一笔糊涂君子账。君子有德政，则为之竖牌坊；君子犯法，则不拘之下狱。是犹一商人公司，以君子之道待经理，无查账，无报告，卷款亦不追究。此种公司谁敢投资乎？不意辜氏正以此为中国政治哲学之优点。其言曰：“中国所以不需宪法，一则因中国人民有廉耻观念——有极高的道德标准，二则因中国政府系创立于道德的基础，而非创立于‘商业’的基础。”好听固然好听，然吾甚不愿为此公司股东也。今则不愿为股东，亦非投资不可。

（三）

辜氏个人尊君态度，世人颇欲得一解释。*The Story of a Chi-*

nese Oxford Movement 文中有一段关系文字，并录于此。

“袁世凯的行为，连盗跖贼徒之廉耻气义且不如。袁世凯原奉命出山以扶清室。既出，乃背忠弃义，投降革命党，百般狡计，使其士兵失了忠君之心，然后拥兵自卫，成为民国总统……袁世凯不但毁弃中国民族这忠义观念，且并毁弃中国之政教，即中国之文明。

“许多外人笑我痴心忠于清室。但我之忠于清室非仅忠于吾家世受皇恩之王室——乃忠于中国之政教，即系忠于中国之文明。”

呜呼，辜作洋文，讲儒道，耸动一世，辜亦一怪杰矣。其旷达自喜，睥睨中外，诚近于狂。然能言顾其行，潦倒以终世，较之奴颜婢膝以事权贵者，不亦有人畜之别乎？

三、回忆辜鸿铭先生*

罗家伦

在清末民初一位以外国文字名满海内外，而又以怪诞见称的，那便是辜鸿铭先生了。辜鸿铭号汤生，福建人，因为家属侨居海外，所以他很小就到英国去读书，在一个著名的中学毕业，受过很严格的英国文学训练。这种学校对于拉丁文、希腊文，以及英国古典文学，都很认真而彻底地教授。这乃是英国当时的传统。毕业以后，他考进伯明翰大学学工程（有人误以为他在大学学的是文学，那是错的）。

回国以后，他的工程知识竟然没有发挥的余地。当时张之洞做

---

* 录自台湾《艺海杂志》第一卷第二期。

两湖总督，请他做英文文案。张之洞当年提倡工业建设，办理汉冶萍煤铁等项工程，以“中学为体，西学为用”相号召，为好谈时务之人。他幕府里也有外国顾问，大概不是高明的外国人士，辜先生不曾把他们放在眼里。有一天，一个外国顾问为起草文件，来向辜先生问一个英文字用法。辜默然不语，走到书架上抱了一本又大又重的英文字典，砰然一声丢在那外国顾问的桌上说：“你自己去查去!”这件小故事是蔡孑民先生告诉我的，这可以看出辜先生牢骚抑郁和看不起庸俗外国顾问的情形。

民国四年，我在上海愚园游玩，看见愚园走廊的壁上嵌了几块石头，刻着拉丁文的诗，说是辜鸿铭先生做的。我虽然看不懂，可是心里有种佩服的情绪，认为中国人会做拉丁文的诗，大概是一件了不得的事。后来我到北京大学读书，蔡先生站在学术的立场上网罗了许多很奇怪的人物。辜先生虽然是老复辟派的人物，因为他外国文学的特长，也被聘在北大讲授英国文学。因此我接连上了三年辜先生主讲的英国诗这门课程。我记得第一天他老先生拖了一条大辫子，是用红丝线夹在头发里辫起来的，戴了一顶红帽结里缎子平顶的瓜皮帽，大摇大摆地上汉花园北大文学院的红楼，颇是一景。到了教室之后，他首先对学生宣告：“我有三章的约法，你们受得了的就来上我的课，受不了的就早退出。第一章，我进来的时候你们要站起来，上完课要我先出去你们才能出去；第二章，我问你们话和你们问我话时都得站起来；第三章，我指定你们要背的书，你们都要背，背不出不能坐下。”我们全班的同学都认为第一第二都容易办到，第三却有点困难，可是大家都慑于辜先生的大名，也就不敢提出异议。

三年之间，我们课堂里有趣的故事多极了。我曾开玩笑地告诉同学们说："有没有人想要立刻出名，若要出名，只要在辜先生上楼梯时，把他那条大辫子剪掉，那明天中外报纸一定都会竞相刊载。"当然，这个名并没有人敢出的。辜先生对我们讲英国诗的时候，有时候对我们说："我今天教你们外国大雅。"有时候说："我今天教你们外国小雅。"有时候说："我今天教你们洋离骚。"这"洋离骚"是什么呢？原来是密尔顿（John Milton）的一首长诗 *Lycidas*。为什么 *Lycidas* 会变"洋离骚"呢？这大概因为此诗是密尔顿吊他一位在爱尔兰海附近淹死亡友而写成的。

在辜先生的班上，我前后背熟过几十首英文长短的诗篇。在那时候叫我背书倒不是难事，最难的是翻译。他要我们翻什么呢？要我们翻千字文，把"天地玄黄，宇宙洪荒"翻成英文，这个真比孙悟空戴紧箍咒还要痛苦。我们翻过之后，他自己再翻。他翻的文字我早已记不清了，我现在想来，那一定也是很牵强的。还有一天把他自己一首英文诗要我们翻成中文，当然我们班上有几种译文，最后他把自己的译文写出来了，这个译文是："上马复上马，同我伙伴儿，男儿重意气，从此赴戎机，剑柄执在手，别泪不沾衣，寄语越溪女，喁喁复何为！"英文可能是很好，但译文并不很高明，因为辜先生的中国文学是他回国后再用功研究的，虽然也有相当的造诣，却不自然。这也同他在黑板上写中国字一样，他写中国字常常会缺一笔多一笔，而他自己毫不觉得。

我们在教室里对辜先生是很尊重的，可是有一次，我们把他气坏了。这是正当五四运动的时候，辜先生在一个日本人办的《华北正报》(*North China Standard*) 里写了一篇文章，大骂学生运动，说我们这帮学生是暴徒，是野蛮人。我看报之后受不住了，把这张报纸带进教室，质问辜先生道："辜先生，你从前著的《春秋大义》（*The Spirit of the Chinese People*）我们读了都很佩服，你既然讲春秋大义，你就应该知道春秋的主张是'内中国而外夷狄'的，你现在在夷狄的报纸上发表文章骂我们中国学生，是何道理？"这一下把辜先生气得脸色发青，他很大的眼睛突出来了，一两分钟说不出话，最后站起来拿手敲着讲台说道："我当年连袁世凯都不怕，我还怕你？"这件故事，现在想起来还觉得很有趣味。辜先生有一次谈到在袁世凯时代他不得已担任了袁世凯为准备帝制而设立的参政院的议员。（辜先生虽是帝制派，但他主张的帝制是满清的帝制，不是袁世凯的帝制。）有一天他从会场上出来，收到三百银元的出席费，他立刻拿了这大包现款到八大胡同去逛窑子。北平当时妓院的规矩，是唱名使妓女鱼贯而过，任狎妓者挑选其所看上的。辜先生到每个妓院点一次名，每个妓女给一块大洋，到三百块大洋花完了，乃哈哈大笑，扬长而去。

当时在他们旧式社会里，逛妓院与娶姨太太并不认为是不正当的事，所以辜先生还有一个日本籍的姨太太。他是公开主张多妻主义的，他一个最出名的笑话就是："人家家里只有一个茶壶配上几个茶杯，哪有一个茶杯配上几个茶壶的道理？"这个譬喻早已传诵一时，但其本质确是一种诡辩。不料以后还有因此而连带发生的一个引申的譬喻。陆小曼同徐志摩结婚以后，她怕徐志摩再同别人谈恋爱，所以对志摩说："志摩！你不能拿辜先生茶壶的譬喻来作借口，你要知道，你不是我的茶壶，乃是我的牙刷，茶壶可以公开用的，牙刷是不能公开用的！"作文和说理用譬喻在逻辑上是犯大忌的，因为譬喻常常用性质不同的事物作比，并在这里面隐藏着许多遁词。

辜先生英文写作的特长，就是作深刻的讽刺。我在国外时，看见一本英文杂志里有他的一篇文章，所采的体裁是欧洲中世纪基督教常用的问答传习体（Catechism）。其中有几条我至今还记得很清楚，如："什么是天堂？天堂是在上海静安寺路最舒适的洋房里！谁是傻瓜？傻瓜是任何外国人在上海不能发财的！什么是侮辱上帝？侮辱上帝是说赫德（Sir Robert Hart）总税务司为中国定下的海关制度并非至善至美。"诸如此类的问题有二三十个，用字和造句的深刻和巧妙，真是可以令人拍案叫绝。大约是在1920年美国《纽约时报》的星期杂志上有一篇辜先生的论文，占满第一页全面。中间插入一个辜先生的漫画像，穿着前清的顶朝服，后面拖了一根大辫子。这篇文章的题目是《没有文化的美国》(The Uncivilized United States)。他批评美国文学的时候说美国除了 Eggar Allan Poe 所著的 *Annabelle Les* 之外，没有一首好诗。诸如此类的议论很多，可是美国这个权威的大报，却有这种幽默感把他全文登出。美国人倒是有种雅量，欢喜人家骂他，愈骂得痛快，他愈觉得舒服，只要你骂的技术够巧妙。像英国的王尔德、萧伯纳都是用这一套方法得到美国人的崇拜。在庚子八国联军的时候，辜先生曾用拉丁文在欧洲发表一篇替中国说话的文章，使欧洲人士大为惊奇。善于运用中国的观点来批评西洋的社会和文化，能够搔着人家的痒处，这是辜先生能够得到西洋文艺界赞美佩服的一个理由。

无疑义的，辜先生是一个有天才的文学家，常常自己觉得怀才不遇，所以搞到恃才傲物，他因为生长在华侨社会之中，而华侨常饱受着外国人的歧视，所以他对外国人自不免取嬉笑怒骂的态度以发泄此种不平之气。他又生在中国混乱的社会里，更不免愤世嫉俗。他走到旧复辟派这条路上去，亦是不免故意好奇立异，表示与众不同。他曾经在教室里对我们说过："现在中国只有两个好人，一个是蔡元培先生，一个是我。因为蔡先生点了翰林之后不肯做官就去革命，到现在还是革命。我呢？自从跟张文襄（之洞）做了前清的官以后，到现在还是保皇。"这可能亦是他自己的解嘲和答客难吧！

四、辜鸿铭先生轶事*

梁实秋

辜鸿铭先生以茶壶譬丈夫，以茶杯譬妻子，故赞成多妻制，诚怪论也。

先生之怪论甚多，常告人以姓辜之故，谓始祖实为罪犯。又言始祖犯罪，不足引以为羞；若数典忘祖，方属可耻云。

先生深于英国文学之素养。或叩以养成之道，曰：先背熟一部名家著作作根基。又言今人读英文十年，开目仅能阅报，伸纸仅能修函，皆幼年读一猫一狗之教科书，是以终其身只有小成。先生极赞成中国私塾教授法，以开蒙未久，即读四书五经，尤须背诵如流水也。

先生之书法，极天真烂漫之致，别字虽不甚多，亦非极少。盖先生生于异国，学于苏格兰，比壮年入张之洞幕，始沉潜于故邦载籍云。

---

* 原载上海《时事新报·青光》1927年7月12日。

先生好选《诗经》中成句，译英文诗，虽未能天衣无缝，亦颇极传神之妙，惜以古衣冠加乎无色民族之身上耳，先生以“情”译Poetry，以“理”译Philosophy，以“事”译History，以“物”译Science。以“阴阳”译Physic，以“五行”译Chemistry，以“红福”译Juno，以“清福”译Minerva，以“艳福”译Venus，于此可见其融合中外之精神。

先生喜征逐之乐，故不修边幅，既垂长辫，而枣红袍与天青褂上之油腻，尤可鉴人，粲者立于其前，不须揽镜，即有顾影自怜之乐。先生对于妓者颇有同情，恒操英语曰：Prostiude者，Destitude也。（意谓卖淫者卖穷也。）

先生多情而不专，夫人在一位以上。尝娶日妇，妇死哭之悲，悼之之痛，历久不渝。先生尝患贫，故一闻丐者呼之声，立即拔关而出，畀以小银币一二枚，勃谿之声，尝因之而起。

先生操多种方言，通几国文字。日之通士，尤敬慕先生，故日本人所办之英文报纸，常发表先生忠君爱国之文字。文中畅引中国经典，滔滔不绝，其引文之长，令人兴喧宾夺主之感，顾趣味弥永，凡读其文者只觉其长，不觉其臭。

五、北大感旧录·辜鸿铭*

周作人

我于民国六年（1917年）初到北大，及至民国十六年暑假，已

* 选自《知堂回想录》。

经十足十年了；恰巧张作霖大元帅，将北大取消，改为京师大学，于是我们遂不得不与北京大学暂时脱离关系了。但是大元帅的寿命也不长，不到一年光景，情形就很不像样，只能退回东北去，于六月中遇炸而死，不久东三省问题也就解决，所谓北伐遂告成功了。经过一段曲折之后，北京大学旋告恢复，外观虽是依然如此，可是已经没有从前的“古今中外”的那种精神了，所以将这十年作为一段落，算作北大的前期，也是合于事实的。我在学校里是向来没有什么活动的，与别人接触并不多，但是在文科里边也有些见闻，特别这些人物是已经去世的，记录了下来作为纪念。而且根据佛教的想法，这样做也即是一种功德供养，至于下一辈的人以及现在还健在的老辈悉不阑人，但是这种老辈现今也是不多，真正可以说是寥落有如晨星了。

北大顶古怪的人物，恐怕众口一词地要推辜鸿铭了吧，他是福建闽南人，大概先代是华侨吧，所以他的母亲是西洋人，他生得一副深眼睛高鼻子的洋人相貌，头上一撮黄头毛，却编了一条小辫子，冬天穿枣红宁绸的大袖方马褂，上戴瓜皮小帽。不要说在民国十年前后的北京，就是在前清时代，马路上遇见这样一位小城市里的华装教士似的人物，大家也不免要张大了眼睛看得出神的吧。尤其妙的是那包车的车夫，不知是从哪里乡下去特地找了来的，或者是徐州辫子兵的余留亦未可知，也是一个背拖大辫子的汉子，正同课堂上的主人正好一对，他在红楼的大门外坐在车兜上等着，也不失为车夫队中一个特出的人物。辜鸿铭早年留学英国，在那有名的苏格兰大学毕业，归国后有一时也是断发西装革履，出入于湖广总督衙门。(依据传说如此，真伪待考。) 可是后来却不晓得什么缘故变成那一副怪相，满口“春秋大义”，成了十足的保皇派了。但是他似乎只是广泛地主张要皇帝，与实际运动无关，所以洪宪帝制与宣统复辟两回事件里都没有他的关系。他在北大教的是拉丁文等功课，不能发挥他的正统思想，他就随时随地想要找机会发泄。我只在会议上遇到他两次，每次总是如此，有一次是北大开文科教授会议论功课，各人纷纷发言，蔡校长也站起来预备说话，辜鸿铭一眼看见首先大声说道：“现在请大家听校长的吩咐！”这是他原来的语气，他的精神也就充分地表现在里边了。又有一次是五四运动时，六三事件以后，大概是1919年的6月5日左右吧，北大教授在红楼第二层临街的一间教室里开临时会议。除应付事件外有一件是挽留蔡校长，各人照例说了好些话，反正对于挽留是没有什么异议的，问题只是怎么办，打电报呢，还是派代表南下。辜鸿铭也走上讲台，赞成挽留校长，却有他自己的特别理由，他说道：“校长是我们学校的皇帝，所以非得挽留不可。”《新青年》的反帝反封建的朋友们有好些都在坐，但是因为他是赞成挽留蔡校长的，所以也没有人再来和他抬杠。可是他后边的一个人出来说话，却于无意中闹了一个大乱子，也是很好笑的一件事。这位是理教科教授，姓丁，是江苏省人，本来能讲普通话，可是这回他一上讲台去，说了一大串叫人听不大懂，而且又非常难过的单句。那时天气本是炎热，时在下午，又在高楼上一间房里，聚集了许多人，大家已经很是烦躁了，这丁先生的话是字字可以听得清，可是几乎没有两个字以上连得起来的，只听得他单调地、断续地说，我们，今天，今天，我们，北大，北大，我们，如是者约略有一两分钟，不，或者简直只有半分钟也说不定，但是人们仿佛觉得已经很是长久，在热闷的空气中，听了这单调的断续的单语，有如在头顶上滴着屋漏水，实在令人不容易忍受。大家正在焦躁，不知道怎么办才好的时候，忽然的教室的门开了一点，有人伸头进来把刘半农叫了出去，不久就听到刘君在门外顿足大声骂道："混账!"里边的人都愕然出惊，丁先生以为在骂他，也便匆匆地下了讲台，退回原位去了。这样会议就中途停顿，等到刘半农进来报告，才知道是怎么一回事，这所骂的当然并不是丁先生，却是法科学长王某，他的名字忘记了，仿佛其中有一个祖字，六三的那一天，北京的中小学生都列队出来讲演，援助五四被捕的学生，北京政府便派军警把这些中小学生一队队捉了来，都监禁在北大法科校舍内。各方面纷纷援助，赠送食物，北大方面略尽地主之谊，预备茶水食料之类，也就在法科支用了若干款项。这数目记不清楚了，大约也不会多，或者是一二百元吧。北大教授会决定请学校核销此款，归入正式开销之内。可是法科学长不答应，于是事务员跑来找刘半农，因为那时他是教授会的干事负责人，刘君听了不禁发起火来，破口大喝一声。后来大概法科方面也得了着落，而在当时解决了丁先生的纠纷，其功劳实在也是很大的。因为假如没有他这一喝，会场里说不定会要发生严重的结果。看那时的形势，在丁先生一边暂时并无自动停止的意思，而这样的讲下去，听的人又忍受不了，立刻就得有铤而走险的可能。当日刘文典也在场，据他日后对人说，其时若不因了刘半农的一声喝而停止讲话，他就要奔上讲台去，先打一个耳光，随后再叩头谢罪，因为他实在再也不能忍受下去了——关于丁君因说话受窘的事，此外也有些传闻，然而那是属于"正人君子"所谓的"流言"，所以似乎也不值得加以引用了。

六、悼辜鸿铭先生*

吴宓

辜鸿铭氏（1856—1928）于4月30日下午3时40分，在京寓逝世，卒年72岁。其遗像及略传，已见5月1日本报第2版新闻栏，兹不重叙。古语云盖棺论定，今谨以庄严公平之态度，就辜氏在学术思想文化上之地位，约略论之，以志哀悼。

除政治上最主要之一二领袖人物应作别论外，今日吾国人中，其姓名为欧美人士所熟知，其著作为欧美人士所常读者，盖无有如辜鸿铭氏。自诸多西人观之，辜氏实中国文化之代表，中国在世界唯一之宣传员也。顾国人之于辜氏乃不重视，只知其行事怪僻、思想奇特，再则服其英、德、法等国文字之精通而已。以上二种观察，均无谬误，然各仅得事实之半。平心而论，辜氏于中国之道德文化，具坚深之信仰，是其卓见；于西方之功利主义、个人主义、帝国主义痛斥不遗余力，且能以流畅犀利之英文文笔表达之，是其特长。对国家世界，其功自不可没。然辜氏初非渊博通达、深思明辨之学者，于中国之文化学术，及西方之思想精神，均不能深窥底蕴，故其言论多武断而偏激，偶有真知灼见，亦系得之偶然，而缺乏系统之创作及深厚之修养。其人之品性及行事亦多缺失。傲睨一切，诙

* 录自《大公报·文学副刊》第18期，1928年5月7日。此文发表时，作者未署名，但从各方面的情况来推断，作者为吴宓，当时他兼任《大公报·文学副刊》的主编。

谐谩骂，放荡不恭，绝非崇奉人文主义而苦心化世者所宜出，绝不足为今日中国及未来世界精神之师表。是故吾人之于辜氏，毁之固属无当，而尊之亦不宜太过。辜氏譬如有用之兴奋剂，足以刺激，使一种麻痹之人觉醒，而非滋补培养之良药，使病者元气恢复、健康增进也。

20余年前，吾侪束发入塾，即闻辜氏之名，云其精通西文。又读其所译 William Cowper 之《痴汉骑马歌》(*John Gilpin Ride*)，辜氏译此诗为吾国人介绍西洋诗歌之始。溯自吾国派遣西洋留学生以来，留学生之能究心西洋文学哲学而深明西洋思想精神者盖鲜。严几道（复）晚年议论，颇多透辟精深之见解，然此实得自中国旧籍，而非得自西洋。严氏之于西洋思想，仅知18世纪及19世纪之功利主义及进化论天演论。其所介绍传译者，为孟德斯鸠、斯密亚丹、约翰弥勒、达尔文、赫胥黎、斯宾塞等。此非西洋思想精神最精要之部分，不待详说。而其对于吾国之影响如何，亦不难判定。若辜鸿铭氏则有进于是。辜氏身受英国之教育较为深彻长久，其所精心研读之作者，为英国之卡莱尔（Thomas Carlyle）、安诺德（Matthew Arnold）、罗斯金（John Ruskin）及美国之爱玛生（R. W. Emerson）等。故其思想出严氏翻译西籍时之上。由吾人观之，辜氏一生之根本主张及态度，实得之于此诸家之著作，而非得直接之于中国经史旧籍。其尊崇儒家，提倡中国之礼教道德精神，亦缘一己之思想见解确立之后，返而求之中国学术文明，见此中有与卡莱尔、安诺德、罗斯金、爱玛生之说相类似者，不禁爱不忍释，于是钻研之，启发之，孜孜焉，举此中国固有之宝藏，以炫示西人。此其中又以国家主义（爱国思想）为之动机。盖辜氏久居外国，深痛中国国弱民贫，见侮于外人，又鉴于东邻日本维新富强之壮迹，于是国家之观念深，爱中国之心炽，而阐明国粹，表彰中国道德礼教之责任心，乃愈牢固不拔，行之终身，无缩无倦。此实辜氏思想学说真正之渊源。故辜氏生平痛恨中国人（尤以留学生为甚）之吐弃旧学，蔑视国俗。而以感情所激，趋彼极端，遂至力主忠君，长戴辫发，自比遗老。而其晚年最崇拜日本，乐居彼邦，亦可藉此说明。盖皆热烈之爱国主义所酿成者也（吾国今日爱国之士应洞察此层，勿徒以顽旧讥斥辜氏）。

准是以谈，则今日世界中人物可与辜鸿铭氏相提并论者，莫若印度之泰戈尔（Tagore)。(1) 此二人者，其思想信仰皆出于西洋。特泰戈尔实得力于英国浪漫诗人如雪莱（P. B. Shelley)、济慈(Keats)、华兹华斯（Wordsworth）等；而辜氏则如上文所言之卡莱尔等耳。(2) 此二人均为极热烈之爱国主义者。泰戈尔敢于严斥英国帝国主义之侵略横暴，力倡印度民族之独立自由，毫无诓怯，乃反以此甚受英人尊礼，亦如辜氏之生平痛骂西人而反以此见重于西人也。(3) 泰戈尔虽日言保存国粹与复古，然于印度古代婆罗门吠陀经典六宗及佛教之宗教哲理，实未深研，仅能略述大意，取证己说，此与辜氏对于中国旧学之态度及造诣同。(4) 泰戈尔与辜氏均以英文发为言论著作，见称于世。(5) 由西人观之，泰戈尔乃印度民族之代表与宣传家，而中国人之膺此职任者则辜氏。二人对于欧洲近今思想影响极大。虽其学说肤浅而空疏，然其主张坚决，感情诚挚，文笔犀利，故其在欧美之势力实较其在本国为大。以上皆其相同之处也。更推而远之，则中国印度之有此二人，正如德国今日之有凯撒林（Count Hermann Keyserling）伯爵（著有《哲学家之旅途日记》及《婚姻全书》等。其为人及学说应具另篇详述)。亦怪物，亦名人，或斥为狂徒，或尊为先觉，虽负盛名于当时，而实非今世思想学问之正轨，决不足为今后世界道德精神之导师，而远不能与实证之人文主义家如美国之白璧德先生（Irving Babbitt）等比肩同列也。

辜鸿铭氏英文著作甚多。其最著者为《春秋大义》（*The Spirit of the Chinese People*）及英译《中庸》（*The Conduct of Life*）。英译《中庸》曾列入 Wisdom of the East 丛书，英国伦敦 John Murray 书店出版。辜氏生平主张及学说大旨，具见于此书之序。而王国维先生曾撰《书辜汤生英译〈中庸〉后》一文评此书，20 年前登载《教育世界》杂志，近年又转录于《学衡》杂志第 43 期，读者如取阅以上二作，可见一斑。约而言之，辜氏非精密之学者，乃一有主义有感情之宣传家。其误处在所持之见解太狭，而知识甚多欠缺。其谓中国独具道德的文明而以功利主义物质进步概括西洋，实属武断而有语病。殊不知功利与道德之对待，理想与实际之悬绝，亘宇宙而长存，而天理人情古今东西无二。中国西洋各有其历史环境及特出之人物，遂成为往昔及今日之情状。异日祸福休戚亦正相同。自道德精神论之，救国与救世界原非二事。辜氏所见未为深彻，然其唤醒国人抑己尊人之迷误，除去国人崇功利蔑道德之谬见，殊有裨益。欧战以还，欧洲人之精神思想，大为振奋（参阅本副刊第 3 期《欧洲战后思想变迁之大势与吾人应有之觉悟》），彷徨扰攘，厌故喜新。德国新败，此情尤亟。故辜氏之说大为欧人所注意，而尤受德国青年团体之欢迎，然能对之下正确之评判者亦有人。读者试取阅雷希完（A. Reichwein）所著《18 世纪中国欧洲文化交通史略》（*China and Europe*）之绪论（《学衡》杂志第53期有译文）及此类之书，当可知其详情也。

辜鸿铭氏近顷著成一书，极言在中国之欧美各国人不宜反对日本，其书方在北京付印，未及见此书出版而遽溘逝，可哀也已。闻此书于西人仍多痛诋。辜氏生性孤僻，行事多离奇放诞，已为人所共知，兹不论。唯寻绎其学说思想之渊源，以评定其在文学界之地位，此固本副刊之初旨也。

七、辜鸿铭*

温源宁

Somerset Maugham 著的 On A Chinese Screen，其中绘画《哲学家》那一幅魅人的画像，为之倾倒者一定大有其人。人世各处，哲学家每每是一个沉闷枯燥的家伙——好像是一个橘汁已经吹干了的橘子：跟这种东西作伴一日，除了讨厌以外，没有别的记忆。但是跟 Somerset Maugham 所写的"哲学家"搭个伴儿，不要说是数天，即是数星期，也完全不会晓得讨厌为何物。这位哲学家，文雅洒脱，尖刻诙谐，十分适中，跟他谈谈话，与其说是智识上的讨论，倒不如说是兴高采烈的畅谈。Somerset Maugham 所写的"哲学家"，自然即是辜鸿铭。而他最特出的一点，是在于他并不是哲学家——这就是说，他不是那种先思，然后行之于生活的哲学家。辜鸿铭极好

---

* 此文系温源宁以英文发表于《中国评论周报》七卷三十五期。这里选录的是林疑今的译文。原刊1934年9月《人间世》第12期。

讲究生活。他的需要思想，只是在后，因为思想会给人生增加色彩与威仪。辜鸿铭彻底是个俗人，然而却有这个特点：他是一个用脑子的俗人。他的孔教思想，君主主义，以及他的辫子，只是人生的装饰品——他的人生是完全享乐的人生，他那种消沉的、死尸一般苍白的心境，并不是出于他的过用思想，却是出自他的欲望、诙谐、美，以及一种故意与众不同的愿望。

辜鸿铭在他生时，已经成为传说的人物。现在他已逝世，大有一变而为齐东野语的材料。我们替他作志的目的，即是在于要给人家看看他的本来面目。他的本来面目，其实跟我们日常所接触的人物，也没有什么大的分别。辜鸿铭只是那种天生叛逆的一个显明例子罢了。

他辫子的炫耀，很是以显露他整个人的性格。他为人刚愎，度着与人对抗的生活。众人所承认者，他则否认。众人所欢喜者，他则不欢喜。众人所崇拜者，他则藐视。与众不同，即是他的快乐和骄傲。剪辫子的第一人，一定是辜鸿铭。他的君主主义也是如此。这在他，并不是主义上的问题，而是他要力求特别。当时共和主义风行一时，他因此厌恶共和。他的常常偏于君主主义，正如花花公子的常常用颈巾。在智识精神诸方面，倘若我们称辜鸿铭为花花公子，实在适合切当。正如花花公子的日夜专事装饰，辜鸿铭在生活的理想及形式方面，则力求与众不同。

辜鸿铭是诙谐的，但是他的诙谐都终于变成一似是而非的言论。而似是而非的言论，其要素即是在乎以其与世相违的意见，来耸动耳目。在这一点，辜鸿铭又是显露了他的心性，一种故意与世相反的心思。

他的拥护孔教思想，又是一种故意与世相反的表现。在不久以前，将孔教思想看做一堆惹人厌的，已废的人生规律，在中国智识阶级间，还是很对的态度。辜鸿铭成为孔教弟子，这就是一个很充分的理由了。他人所放弃者他则拥护。但是最不成为孔教信徒者，也是辜鸿铭。他的接近庄子与道教，实是更甚于孔教。

一个背叛者，宣传君主主义；一个浪漫者，接受孔教作为人生哲学；一个专制的君主，却以佩奴隶的记号（辫子）为得意。辜鸿铭之所以会成为中国近代最有趣的人物者，即是由于上述的矛盾。

八、辜鸿铭在德国*

嗣銮

辜鸿铭在中国青年们知道他的，恐怕很少。就是知道，也不过晓得他会说拉丁语，有毛辫子罢了。倘若说他有自己的哲学，懂欧洲的文化，则除少数真正认识他的人而外，恐怕没有不诧异的了。民国十年，我到德国留学，遇着一位哲学教授奈尔逊，他约我到他家去谈。奈教授是讲康德哲学的，在数学上，也有相当的贡献。当我们闲谈的时候，他便问我在中国的时候，曾否读过辜鸿铭的著作。我告诉他：“辜鸿铭的姓名，虽尝听着，只是他的著作却未读过。一

---

* 此文录自 1934 年 9 月《人间世》第 12 期。作者嗣銮，疑姓魏，字时珍。可参见《亚洲学术杂志》第四期一个中国留德学生发回的通讯《德人之研究东方文化》。此通讯提到魏时珍，和奈尔逊对他所谈有关辜鸿铭事。

般人都说他是个老顽固，所以我们青年们都不喜欢去理会他。”奈教授听了大为诧异，他向我说：“辜鸿铭的著作，我幸读了几种，据我看来，他的哲学，意义是很深厚的，我很佩服他。”奈教授说完了，便从书架上将辜鸿铭的书籍一一取了下来，向我介绍：

一、《哀诉之音》①

二、《中华民族之精神》②

三、《中国对于欧洲思想之抵抗》③

这三本书，都是从英文译成德文的。《哀诉之音》是 H. Nelson④ 译的。《中华民族之精神》，是 Oscar A. H. Tchmitz⑤ 译的。《中国对于欧洲思想之抵抗》是一本文集，由 R. Wilholm⑥ 从英文翻译及编译而成的。奈教授向我介绍完了，他很诚恳地劝我，空闲的时候无妨也将辜鸿铭的书籍，取来读一读。我当时一心要学数学及物理，分别之后，虽曾买了辜鸿铭的书，但总以为西洋人好奇，他们重视辜鸿铭，或许有点赏玩古董的意味，因此不大留神，随随便便，翻阅一遍，便放下了。隔了许久，奈教授又约我去谈。他向我说，他近来在伦敦《泰晤士报》，读了辜鸿铭一篇文章，缕述他在北京生活的孤苦。看见北京许多贫民，他设法救济，家中既无余财，

---

① 我们译作《呐喊》。——编者注

② 即《中国人的精神》的德译本。——编者注

③ 《中国牛津运动故事》一书的德译本。另包括一些别的论文。——编者注

④ 即前提奈尔逊，他是德国哥廷根大学哲学教授，孔子和辜鸿铭的信徒。曾手创德国“国际青年团”，以孔子思想为指导思想，团中无一人不知辜鸿铭。——编者注

⑤ “Tchmitz”应为“Schmitz”，我们译作施密茨，生平不详。——编者注

⑥ “Wilholm”应为“Wihelm”，即德国著名汉学家卫礼贤。关于他与辜鸿铭的关系，辜氏在德国的影响及成因，可参见黄兴涛著《文化怪杰辜鸿铭》（中华书局 1995 年版）中“德国的辜鸿铭”一节。——编者注

政府亦无办法，他精神异常痛苦，日唯祈祷速死。奈教授又说，他近来筹了一点小款，想给辜鸿铭兑去，但恐辜鸿铭不受，他想说这是他的书籍在德国所得的版费，问我这样辜鸿铭是否可以容纳。我当时听了，颇为感动，既赞成他的主张，又在他与辜鸿铭的信封上，添了“中国北京辜鸿铭先生”九个大字。临别的时候，他复问我对于辜鸿铭的意见。我告诉他，辜鸿铭的著作虽尝读了一遍，但是印象仍不十分深刻。他眉目间，立刻现出十分失望的神情，便又向我说：“我读辜鸿铭的书，至今已十几次了，多读一次，即更有所得一次。大凡一本书，倘若他的价值只够得上读一次，则他的价值必够不上读一次。我希望你再读之后，你的见解或许与现在不同。”在德留学六七年，这要算是刺激最深的一件事。岁月不居，时节如流，回首当日，忽忽已逾十年，辜鸿铭既死，奈教授也早逝世了。去年冬月，我复来德，客中遇着一位留学生章用先生。他是学数学及哲学的，成绩极佳。他向我说，现在所从学的两位哲学教授，都很敬仰辜鸿铭。其中一位，名 G. Misch，他还只是向学生特别介绍辜鸿铭。至于其余一位名 H. Nohe 的，他的学生，若不懂辜鸿铭，他便不准其参加讨论，其折服于辜鸿铭，于此可见了。辜鸿铭在我国，似颇为人所诟病，而在异国，竟受如此的推崇，人情轻近而贵远，不知辜鸿铭之见重于异国，只是这个心理的原故吗，抑或真有其客观的价值。我们知名的学者，在欧洲知名的，已经很少。受欧洲人崇拜的，尤为不多。若是欧洲人对于辜鸿铭只是玩古董的心理，则对于我国其他具有古董性的学者何以不取同样的待遇。辜鸿铭现在已经死了，我们希望我国的学者，以学者的态度，将他重新估价一下。

九、托尔斯泰与辜鸿铭书*

味荔 译

亲爱的先生：

中国人的生活常引起我的兴趣到最高点，我曾竭力要知道我所懂得的一切，尤其是中国人的宗教的智慧的宝藏：孔子、老子、孟子的著作，以及关于他们的评注。我也曾调查中国的佛教状况，并且我读过欧洲人关于中国的著作。

但是，晚近以来，在欧洲——尤其是俄国——对于中国施行种种的横暴的举动之后，于是中国人民的思想的普遍的趋向，特别引起我的注意——它永远引起我的注意。

中国人民曾受了欧洲民族的贪婪的残暴、蛮横和不道德的许多痛苦，直到现在，他们总拿着一种庄严的、有见识的“Stoicisme”——宁愿忍受暴力，不愿反抗它——对付这一切的暴力。

这个伟大的、众庶的中华民族的镇静和忍耐反使欧洲民族的傲慢增加了，这在那班过纯兽性生活的自私的人们那里可以看得到

---

* 托尔斯泰是中国人十分熟悉和喜爱的俄国大文豪。他与中国人通信，在他一生中只有两位，其中之一就是辜鸿铭（另一个为律师，留俄学生张庆桐），此信是一封公开信，曾在德文《新自由报》和法文《欧罗巴邮报》上发表。《世界周刊》等英文报刊也曾予以转载。我国人最早译介此信的是国粹派、无政府主义者刘师培。1907年曾在《天义报》（创设于日本）第16、17、18、19期合刊上连载。1911年2月即辛亥革命前夜，此信以《俄国大文豪托尔斯泰伯爵与中国某君书》为题，译载于《东方杂志》第8卷第1号，现流传最广的译文是味荔译自《世界周刊》第13期，载于《东方杂志》第25卷第19号上的译文。我们选录的即此译文，关于辜鸿铭与托尔斯泰的关系及其思想的异同，可参阅黄兴涛《文化怪杰辜鸿铭》第七章。

的——这个竟发现于中国人要对付的欧洲人身上。中国人民过去以及将来还要遭受的磨折确是重大，但是，正在这个时候，中国人民不应当把忍耐心失了，不应当把对于压迫者的态度改变了，俾不致自己使这个对于暴力的退让——不以恶报恶——所造成的伟大的结果濒于危险。

基督教徒说："那个能够忍受到底的人是唯一的幸福者。"我觉得这是已经树定的真理，虽则人们很难使自己相信它。不以恶报恶，不与恶合作，这就是自赎和战胜那些作恶的人们的最妥当的方法。

自从俄罗斯租借旅顺之后，中国人当曾看见这个法则很惊奇地被证实了。如果中国人想保守旅顺，拼命拿武力抵抗日本及俄国人，俄国也许在物质及精神方面不致有这样损害的结果。德国租借胶州湾，英国租借威海卫，将来一定也是同样的结果。

强盗们走好运，往往引起别的强盗的妒意，赃物成为争夺的目的物，结果会弄得两败俱伤。

我现在从你的书里知道好战的思想——想用武力把欧洲民族的横暴的举动打退——在中国醒觉了，我自己非常焦虑，就是这个缘故。

如果是这样，如果中国人民真不能忍耐了，并且学着欧洲的模样把自己武装起来，如果他们想拿武力把欧洲的强盗们全赶走了——这是容易做到的，因为他们的智力，他们的坚忍，他们的勤劳的特性，尤其是他们的广大的群众——这是很可怕的。可怕，——并不是像德皇，西欧一位最野蛮的、最无知识的代表，所说的话，并不是说中国将来成为欧洲的祸患，这是因为到那个时候，中国就不能再作这个真正的，合于实用的，想过安静的农民生活的民众的智慧，凡是有理性的人们的共同的智慧——那些把这种生活舍弃了的民族早晚要回到那里去的——的屏藩了。

我相信在我们这个时代，人类的生活要起一种重大的变化，我并且相信在这个变化中，中国将领导着东方民族扮演重要的角色。

照我看起来，东方民族：中国人，波斯人，土耳其人，印度人，俄罗斯人，也许日本人——如果他们还不曾完全被欧洲的腐烂的文明的罗网捕住了——他们的职责是要把自由的新路径指示给世界，这条新路，在中国的语言里面，只有一个“道”字代表它，“道”就是说，和人类的永久的法则相符合的生活……

可是从你的信里，及从别方面得来的消息，我知道一班轻率从事的人们——即所谓“改良派”者是也——相信中国应当模仿西洋国家做过的事情，换言之，拿宪法代替军人专制，创设和西方一样的军队，以及振兴实业。从表面上看起来，这个结论似乎是十分简单，而且自然的，但是实际上它不但是很轻率的，并且是愚蠢的——就我对于中国的认识说起来——对于有见识的中国人是不适宜的。如果学着欧洲民族的模样，草创一部宪法，设置军队，也许甚至厉行强迫的征兵制度，并创办实业，这就是否认中国人生活的一切的基础，否认他们的过去，他们的淡泊的、宁静的农民生活，把真生命唯一的路径——“道”——舍弃了，不但对中国，而且对于全人类。

中国人不应当模仿西方民族，这个模样宁可给他们当一种警告，使他们不致陷入同样的绝境。

西方民族所做的事情应当给东方人作榜样！并不是应做的事情，却是无论如何要避免的事情的榜样。

欧洲人的一切吞并和盗窃所以能成功，就是因为有一个政府存在，对于这个政府，你们承认做它的臣民。如果一旦中国没有政府，外国人就不能施行他们的掠夺政策，借国际的关系为口实。如果你们不听命于你们的政府，如果你们不帮着列强压迫你们，如果你们拒绝替他们的机关——私人的、国家的或军队的——服务，你们现在所受的痛苦就会消灭了。

这样看起来，所以东方民族——他们面前摆着西方可怜的样子——应当合理的放弃这个尝试，想拿这种矫揉的方法——选举议员来限制权力；西方有关系的人物梦想着拿它来解放自己——把自己从人类的暴力的痛苦里面解放出来的尝试。东方民族却应略用别种更彻底的，更简单的方法来解决这个权力问题——照着这条路做去，这条路自己在那些不曾失去这个最高的，带命令式的法则，造物或上帝的法则的信仰的人们面前展开了——这就是“道”。这个方法，不是别的，就是服从这个法则——禁止我们听命于人们的武力的法则。

如果——纵使仅做到最低限度——中国人像直到现在似的继续过他们的宁静的、勤劳的农民生活，并且使自己的行为不违背孔、道、佛三教的意义——他们的基本原则是相符合的，不受人们的武力的束缚（道教）；己所不欲，勿施于人（孔教）；牺牲、退让、对人类和一切生物的爱（佛教）；如果中国人这样做，他们现在所受的痛苦自会消灭，将来世界上没有一个强国能够把他们屈服。

中国人以及一切东方的民族现在所担负的工作，依我看起来，不仅把他们自己从他们的政府及外国人加于他们身上的痛苦里面解救出来，并且还要把这个过渡时代——他们都在那里，没有例外——的出路指示给一切的民族。

但是，除了不受人力的束缚，及对于上帝的势力的屈服，没有——并且不能有别的出路。

托尔斯泰

一九〇六年十月

附：辜鸿铭祝托尔斯泰八十寿辰文*

一九〇八年八月六日，时值托尔斯泰八十寿诞，辜鸿铭因与托尔斯泰之友谊，被在华各国文艺界人士公推撰写中英文祝寿文，通电祝贺托尔斯泰寿辰。其祝寿文如下：

“今日我同人会集，恭祝笃斯堆（即托尔斯泰）八秩寿辰。窃维先生当代文章泰斗，以一片丹忱维持世道人心，欲使天下同归于正道，钦佩曷深。盖自伪学乱真，刍狗天下，致使天下之人汩没本真，无以率性而见道。惟先生学有心得，真溯真源，袪痼习而正人心，非所谓人能弘道，非道弘人者欤？至若泰西各国宗教，递相传衍，愈失其真，非特无以为教，且足以阻遏人心向善之机。今欲使天下返本归真，复其原性，必先开民智以袪其旧染之痼习，庶几伪学去、真学存，天下同登仁寿之域焉。今天下所崇高者势力耳，不知道之所在不分贵贱、无有强弱，莫不以德性学术为汇归。今者与会同人，

* 2014年9月23日，中国国家博物馆举办“列夫·托尔斯泰与他的时代”展。笔者得见此祝寿文真迹，遂对以往流传的此祝寿文加以校对，纠正了多处误处。

国非一国，顾皆沿太平洋岸而居，顾名思义，本期永保太平。孰知今日各国，专以势力相倾，竞争无已，非特戕贼民生，其竟也必至互相残杀，民无噍类。故欲救今日之乱，舍先生之学之道，其谁与归？今日所谓宗教，如耶、如儒、如释、如道，靡不有真理存乎其中，惟是瑕瑜互见，不免大醇小疵；各国讲学同人，如能采其菁英，去其芜杂，统一天下之宗教，然后会极归极，天下一家，此真千载一时之会也。同人不敏，有厚望焉。是为祝。”

十、中国游记·辜鸿铭*

［日］芥川龙之介①

侍者所引入的，是壁间悬着碑版地上铺着地毯的厅堂。看去虽似乎是有臭虫的地方，却不失为潇洒可爱的屋宇。

等不到一分钟，有一目光炯炯的老人排门而入，用了英语说：“来得很好，请坐。”不用说这就是辜鸿铭先生。灰白色的发辫，白色的褂子，鼻的尺寸很短，面孔看上去像是一只大蝙蝠。先生和我谈话时，桌上摆着几张草稿纸，一边手执了铅笔写字，一边口若悬河地说英国语。这对我这种耳朵靠不大住的人来说，真是便利的会话法。

---

* 原载《芥川龙之介文集》，开明书店1930年3月初版，原文为《中国游记》之片段，夏丏尊译。

① 芥川龙之介（1892—1927）：日本近代著名作家，别号柳川隆之介、澄江堂主人等。创作上有怀疑主义和唯美主义色彩，后因精神苦闷自杀。主要作品有短篇小说《罗生门》《鼻子》《河童》《齿轮》等，随笔集《点心》《百草》等。1921年，芥川来华游历，曾慕名专门拜访辜鸿铭，回国后出版《中国游记》一书。——编者注

先生南则生于福建，西则学于苏格兰的爱丁堡，东则娶于日本，北则居于北京，故自号为东西南北之人。英语不消说了，据说还通法语及德语，可是却与新少年不同，不标榜西洋的文明。他诮骂了基督教、共和政体，以及机械万能等等，见我穿的是中国服，说："你不着洋服，难得。可惜没有发辫。"和先生谈了约三十分钟，一个八九岁的少女，羞羞地走到厅堂来。这是先生的小姐（夫人已入鬼籍）。先生把手搭在她肩上，用中国语低声说了一会儿，她就开了小口唱起《伊吕波歌》（日本 47 字母集成的歌——译者注）来。这定是夫人生前教她的了。先生虽满足地微笑，我却颇觉感伤，只是熟视她的脸孔。

小姐进去了以后，先生又为我论段、论吴①、论托尔斯泰（据说托尔斯泰曾有书信给先生），论来论去，意气愈昂，眼愈如炬，脸孔愈像蝙蝠。当我离开上海时，约翰斯握了我的手说："不去看紫禁城也不要紧，但不可不去一见辜鸿铭啊！"约翰斯真不我欺。我也有感于先生所论，问他既有慨于时事，为什么不愿问时事。先生虽曾即刻回答，可是我终是不懂。只是无聊地重复说："再出去试试如何？"先生乃愤愤地在纸上大书着说："老，老，老，老，老……"

一个小时后，我辞了先生的宅，步行回东单牌楼的旅馆去。微风拂着路旁的合欢花，斜阳照着我的中国服。蝙蝠似的先生的脸孔，还在我的眼前挥之不去。我当要穿出大街时，回顾先生之门：辜鸿铭先生，幸勿见责！我在代先生叹老之先，还须赞美年少有为的自己的幸福！

---

① 指段祺瑞、吴佩孚。——编者注

十一、辜鸿铭*

[日] 清水安三①

(一)

日本的仙台，有一位大儒学家冈千仞先生，号鹿门。农历 1885 年 5 月 5 日（明治十八年五月二十九日），他从日本出发，横渡重洋，先到了中国的上海，后闲游苏州、杭州，又北上至清王朝的都城北京，再折回南行去了广东，游历约一年之久，农历 1886 年 3 月 3 日（明治十九年四月十八日），回到日本东京。农历 1887 年 6 月（明治二十年七月），他出版了一本名为《观光纪游》的游记，当时就已成为名著，引起了世人的极大关注。

几年以前，吉野作造博士在给我的信中，托我打听辜鸿明其人，他写道："中国有一位名叫辜鸿明的人，你知道吗？如果有他的消息，还望告知。"我几乎完全无意识地就从脑海里浮现出辜鸿铭先生的形象来，便提笔回信说："北京有一位留学归来名叫辜鸿铭的老学者，因'铭'与'明'同音，故或许与您垂问的是同一人物，恕我

---

* 录自清水安三《中国当代新人物》一书，东京大阪屋号书店，1924 年出版。吴吉远译，宋军校。

① 清水安三（1891—1988）：20 世纪 20—30 年代日本十分活跃的中国政治和文化研究专家。他 1915 年毕业于日本同志社大学神学部，1920 年来华，侨居中国 25 年。鲁迅与内山完造相识，就是通过他的介绍。在鲁迅 1923 年的《日记》中，曾多次提到此人。他曾著有《中国新人与黎明运动》《朝阳门外》《中国之心》等书。——编者注

孤陋寡闻，不知道辜鸿明其人，请允许我查找一番。”

随后，我便决定查寻辜鸿明其人是否存在。翻开《中国官绅录》，我不仅没找到辜鸿明，也没有见到辜鸿铭。段祺瑞和徐世昌的生平事迹洋洋洒洒一两页也没写完，而辜鸿铭的生平事迹却只字未载。看来，日本的汉学家只对中国政治家感兴趣，且有些过分，在《中国官绅录》里，总该给予辜鸿铭撰写半页生平事迹的地位的。我对此颇为愤慨，但想到其实自己也是想以此书作为研究其人的材料，故无法对此说三道四。忙乱了一阵之后，终蒙吉野博士的介绍，从冈鹿门先生遗属那里得到了一些书函。信中称冈鹿门先生在上海会见的人物中就有青年辜鸿明。那时他还是一位白面书生，刚从欧洲留学归国不久，但已经常出入张之洞左右，说话时从不忘记提倡欧化。尽管周围的人都还留着发辫，他却已将其剪掉，同时还穿着西装，留着美髯胡，显得像一位洋气十足的青年。

“真难办，这一定是搞错人了。”

我不由得叫了起来。今天已是民国十三年（1924年），辜鸿铭却变成了一位依然蓄着发辫的老先生。这两者无疑不是一个人。况且，我总不能跑遍偌大的中国去寻问“有没有住着一位叫辜鸿明的人”吧？当我正要放弃寻找的时候，吉野博士又仿佛念及此事，寄来明信片寻问：“那件事怎么样了？”于是我便决定好歹去敲敲辜鸿铭的门，直接问问他，究竟有无辜鸿明其人。

那座整扇门上写着“王风满中夏”的院邸，位于北京椿树胡同的路南。古色古香的建筑倒是非常适合作为辜老的住家。墙壁上挂着两块红色额匾，大书“寿”“福”二字。据说这还是宣统皇帝溥仪的题字。终于一位留有发辫、眼睛闪闪发光的老头子出来了。这就是辜鸿铭博士，他有着中国人中少见的眼睛，一双明亮的眼睛，那布满皱纹的脸上，只有两个眼珠非常有神，虽已是位瘦得像梅干的老头，那炯炯的目光，却仍显示出其似非凡人。

“博士还记得一位名叫冈鹿门的日本儒学家吗？”

“……是日本仙台人，名千仞的。”

辜老显出冥思苦想，却怎么也想不起来的样子。

“那位姓冈的日本儒学家大约40年以前来过中国，肯定会见过一位名叫辜鸿明的青年学者。由于‘辜鸿明’这个名字与‘辜鸿铭’差不多，我便抱着侥幸心理来您这，寻问他的音讯。”

陷入沉思的辜老一拍桌子站立起来，微笑着追忆起了往昔的岁月，不胜感慨。

“我记得那是在上海三井洋行。当时中国的学者、思想家全都被邀请到那里。在座谈会上，张之洞和冈鹿门笔谈甚欢，我每次参与议论，都是谈输入西洋文明和提倡实行欧化。”

“……是的，我当时的确穿着西服，洋里洋气的。”

当辜老说起“洋里洋气”这句话时，他绝不会忘记用日本语把他表达出来。辜老所说的玩笑话和警句，总是要用日本语来表达的。

“那次会谈，冈鹿门先生穿的是羽织袴日本和服。今天回想起来自己当时是那么年轻，实在是感慨万千。”

“那么，我苦苦寻找的辜鸿明先生果然就是您啦，真让我喜出望外。”

不论我如何喋喋不休，辜老都默不作声，且闭着双眼，仿佛一位日本来的儒学者已浮现在眼前，同时也从记忆中唤起了当年的自己，痛感岁月之流逝。辜老也有他年轻的时代，人的一生绝非那么单纯。

（二）

在德国学工学，在英国学文学，学成归国才 21 岁①。当时，留学归来的人实在是太少了。与其说罕见，不如说绝无仅有。就如同先进人物中村敬宇、新岛襄、津田梅子在明治初年大受赞扬一样。

不久，辜鸿铭便被引见给了张之洞。当时的张之洞与李鸿章、刘坤一同为名满天下的大人物，尽管是留洋归国的青年，但无论谁也想不到他会受到张之洞的青睐，并被任用。张之洞所主张的方针是：道德以中国固有的圣贤为据，科学技术则靠输入欧美文化，所以迫切需要像辜鸿铭这样的人物。同时，张之洞对选拔各式各样的人才也具有浓厚的兴趣，故而准允对其破格予以接见。

在张之洞门房的引领下，青年辜鸿铭走向接待室，从窗中望去，辜鸿铭头上代替发辫的是一顶帽子，身着西服，脚穿兽皮靴，甩开双手，靴声清脆，昂首阔步地走进了客厅。

当张之洞出现在客厅时，如果辜氏诚惶诚恐地叩头作揖，鞠躬顿首也不足为怪。然而青年辜鸿铭当时却极为平静。与张之洞一样，他一边谈话，一边神情自若、不停地嗑着放在桌上的瓜子，对于张之洞来说，这种与以往接见的多数客人所表现的迥然不同的态度，令他感到满意，同时又因其狂妄而有些不快。令青年辜鸿铭甚感为难的是，由于地面极为洁净，他无法扔掉自己不觉之中嗑出的一大堆瓜子皮，踌躇之余，只好决定将其放在左手中。接见不知不觉已

① 一般记载是，辜鸿铭从欧洲留学回到东方时，年龄是 24 岁。回归中国时年近 30。——编者注

临近结束。当要告辞的时候，他将左手里的瓜子皮撒了一地，然后离开。

张之洞仿佛感到受了愚弄，但又觉得遇见了一个有趣的家伙。总之，辜鸿铭一举成为张之洞的秘书，这的确颇似辜鸿铭的作风。

（三）

辜鸿铭出生在南国槟榔屿。幼年时，他喜欢终日爬椰子树，在海中游泳，玩得满身沙子。后来一位名叫霍尔普斯·斯科特的英国人带着这土生土长的孩子，一同回到英国。霍尔普斯·斯科特是温特·斯科特阁下的亲戚。他到南安普顿的旅馆以后，竟曾被女招待当作小姑娘。去男厕所方便时，他被逮了出来，并被呵斥道："姑娘，那边才是您应去方便的地方，请从这里出去吧。"他只好被带到女厕所蹲着方便，因为他梳着发辫。

"由于有这条发辫，你才被当作女孩子，剪了它吧。"

于是辜鸿铭毫无留恋，毅然决然地剪了辫子。

再没有比辜氏的头发更不可思议的东西了。古犹太国有一位叫萨穆逊的豪杰，随着头发的生长，勇气和臂力也因之大增。因为有萨穆逊这样的人物，敌国始终不敢侵犯犹太国。于是敌国派遣漂亮的女间谍去骗取萨穆逊的信任，并趁机齐根剪断了他的头发，他因此失去了以往力可拔山的勇猛，甚至遭到路边孩童的欺侮。敌国派人挖去了丧失力量的萨穆逊的眼珠，使他变成了一个盲人。然而在人们不知不觉中，萨穆逊的头发又长出来了。一下子恢复了力量和勇气的他，重新振作起来，消灭了数以千计的敌人。

这个萨穆逊的故事，是太阳的象征。太阳的头发就是日光，太阳发射出万丈光芒时，具有对万象生杀予夺的力量。而一旦夜幕降临，太阳便再无威力。辜鸿铭的头发虽与萨穆逊的头发稍有不同，但也极为相似。当他剪掉发辫后就成了欧化的先驱，而拖着长长的发辫，则变为国粹保守的象征。或许，他的发辫不是力量的源泉，而是一种精神的源泉。

在欢迎冈鹿门渡海来到中国时，留洋归来尚在嘲笑东方文化、洋气十足的青年辜鸿铭，并没有蓄留发辫，而今，如同当年穿着条纹羽织和服来访中国的冈鹿门一样，他穿着中国的传统服装，住在中国式的房屋之中。

在南安普顿，被女招待责怪的发辫，使他蹲进了女厕所，而现在，在废帝溥仪陛下的面前，他的发辫却又成为某种证明。

(四)

有人认为辜鸿铭是个保守学者的典型，这恰恰说明他们不了解他。如果有人不信我的话，不妨看看辜老的食谱。他总是一个人在大陆饭店或京汉食堂边思考边用餐。胃里填满了西餐，也就是说他的腹中全是洋货。我多次见到，西餐中的菜品撑起了辜老瘦削的腮帮，他用仅有的几颗牙咀嚼品味着。大陆饭店属俄国风味，凉菜很多，然而辜老却不管这些，总是先直接从汤开始。

人们眼前该浮现出辜老并非毫无选择地摄取西餐的情景了。他的胃消化西餐的力量比数个人加起来都强。因为从西餐中汲取的营养能使其发辫长得更好。仅看到他的发辫，人们只会认为这是一种赤裸裸的保守。但由于他的腹中经常摄入的是西洋食品，因此他又绝非一位平常的保守主义者。据我看来，辜老最擅长的是古老的希腊文和拉丁文，且又精通英文、德文、法文，博言多识，倒不是一位“偏食”的顽固老头。

尽管如此，他还是说在英国除文法之外，什么也没学到，而只字不提毕业于英国爱丁堡大学，又在德国取得工学博士学位一事。至于他宣称“我在外国学习了文法”，这样的说法尽管有些愚弄人，倒或许是辜老真正的自白。可以说辜老是能够站在高处观察西洋文化的人。他经常引用丁尼生①的诗句：“东是东，西是西，将东当作西就会产生混乱。”

这说明东方文化绝不能囫囵吞枣地吞下全部西方文化，而只能是吸取应该吸取的东西，排除应该排除的东西。就好比“让人去穿马之靴，人怎么能穿上”，“让禽兽去遵从人的道德，那是无法办到的”。

于是，辜老一方面将西洋文化比作粪土，另一方面又对引进科学技术丝毫不加责难。这种思想正是张之洞所采取的对待西洋文化的态度，至今辜老仍然不曾改变这一思想。好吃的食物就应该吃，方便的东西就应该引进，而“道”则是不能改变的。

辜老还时常去不大受欢迎的基督教青年会浴池，然后躺在西洋式的浴池中，怡然自得。

凡是社会上流行的事物，都有它奇怪的地方。即使是买一顶当下最流行的帽子，第二年便也已赶不上时髦了。再过一年，便不能戴着它在街上走，否则就会像一个傻瓜一样。五六年后，那帽子就近乎成为古董了，可是再经过十年，那古董却又会成为最新的流行款式。如此这般，流行与金钱不停地循环。人们对辜老的态度，也

① 似应为吉卜林。——编者注

是这样。在张之洞走红的时代，辜老对待西洋文化的态度，还是最妥当的见解。然而，从那以后，连阿猫阿狗都西洋化了，而辜老的发辫却还与留学英国前一样长，于是他就成为落后于时代的古董学者。

可是，在世变星移的今天，辜老的存在再度引起了世人的注目。连当年受西洋文化感染的梁启超，也在向辜老的思想靠近。就像贫富周转不定一样，流行也在循环往复。因此一直不慌不忙地忍耐下去，辜老的时代，还将再度来临。

（五）

前文提到梁启超其人，他与辜鸿铭完全不同，两人不可同日而语：前者处世明智之至，后者处世则拙劣不堪。

梁启超会见泰戈尔时，宣称中国文明的发源地在印度，以取悦于远方来的客人。不仅是泰戈尔，就是拉赛尔和门罗也都一样来者不拒，无论是谁都会受到欢迎和赞赏。与梁启超对谁都能应和相反，辜鸿铭则是对谁来都免不了要冷嘲热讽地批驳一番。

听说泰戈尔要访问中国，我们都认为是印度的辜鸿铭要来了。泰戈尔英文很好，辜鸿铭在英文方面也是一把好手。两人都在英语国度的国民中知名度很高，且二者思想倾向也大体相似。他们都宣扬本国的文化，同时批判西洋文明的缺陷。

果然，泰戈尔来到中国后，会见了辜鸿铭，世人将他们比作老子和孔子，二贤相会，交相辉映。无疑，泰戈尔是老子，辜鸿铭是孔子。相传老子生来就有一头白发，这恐怕是他上了年纪之后才来到中国的缘故。又说他耳朵很大，这或许说明他是缅甸人，据说缅甸某地的人耳朵就很大。由于称泰戈尔为老子，那么孔子当然只能是辜鸿铭了。人们相信他们必定会肝胆相照，并衷心地祝福他们之间产生共鸣。可是辜鸿铭却激烈抨击了泰戈尔，无休止地攻击其哲学、主张和宗教。

“泰戈尔博士的文章过于华丽了，文章过于华丽反而失去了它的力量……”辜鸿铭如此冷言相向。

他还说：“说到提倡东方文明一点，印度文明与中华文明完全不同。中华文明自古以来都是学问式的，而印度文明却是思索式的、冥想式的，能使中华文明堕落的，正是印度文明。”

他还奚落道：“泰戈尔博士称最终目标唯有‘一’，那么，它又是什么呢？‘一’先生请告诉我，它究竟为何物？”

此外，辜鸿铭还这样批评道：“泰戈尔是在剧场演说，那不是与梅兰芳演戏一样吗？”最后他提出忠告说：“请泰戈尔博士不要来中国，还是在印度歌唱吧。”

由于全然出乎意料之外，我们对此感到惊讶不已。“一定有趣、产生共鸣”这样的想法落空了，但这却丝毫也不令人沮丧。与梁启超可容纳任何人的性格相反，辜鸿铭具有与谁都想试着干上一架的性格。特别是对被人们大吹大捧的东西，他便会出来唱反调。

（六）

辜鸿铭有两个儿子，还有可爱的孙女。老博士目前过着独身生活，他中年时曾娶吉田贞子为妻，孩子们将她视为亲生母亲。吉田贞子是大阪的姑娘，在香港认识辜鸿铭并嫁给了他①。她是位十分

① 一般说法是，辜鸿铭在武昌结识吉田贞子并娶她的。——编者注

贤惠而端庄的妇人，辜鸿铭至今仍在别人面前称赞自己这位亡故的妻子。“吉田贞子，她是日本武士的姑娘。日本女人是世界第一流的，世界上再没有比日本妇女更贤惠的了。”

这是辜老常挂在嘴边的话，而且说此话时他总是带着坚信不疑的神情。这位妇人对辜鸿铭日本观的形成，做出了若干贡献。

“中华文明的精神被夷狄侵害之后，就到了日本，在日本还保留有中国道德文化。日本的武士道就是中国道德文化的体现。防止俄国的侵略，使中国免于灭亡的国家就是日本。称日本为军国主义，引诱日本走上军国主义道路的，不正是欧美列强吗?”

辜博士的日本观实在是太理解日本了。有一天，他见到日本《外史》就读入了迷，并唾沫横飞地说：“在当今之世已不会有日本《外史》了。”又神情激昂道：“日本《外史》的精神不正支撑着东亚，维持着东方文明吗？明治维新确立了日本《外史》的精神，而中国革命先天不足，就是因为在中国没有这种日本《外史》的缘故。”

他那种当着西方夫人们的面，放肆地大嚼中国馒头的豪放，却令日本人极为欣赏。请不要忘记促使他成为日本的理解者的要因，在于西方人那种露骨的傲慢。总之，为了教育那些让黄油味浸入灵魂的欧美归国留学生，他写了一本小册子，对西方文化进行了尖锐的批判。

在今天的中国，如此理解日本，又如此非难西方文化的人，真是太罕见了。连日本人听了他的议论，都不仅十分感动，而且在许多方面还因之而陷入深深的反思。比起受到攻击、非难和忠告，被赞美和欣赏更能激发自我戒肃。盲目的亲日和非常识的排日，对我们来说都没什么教育意义。而辜鸿铭博士的日本观，倒让日本人反省，从而促使自己名副其实。

这不禁令我想起吉田贞子这位不平凡的人物来。这位夫人的美德不是在辜鸿铭博士的著述中随处可见吗？至少，一位出色的日本人便可塑造出一个日本的知己。我们不由得对这位已故的吉田贞子表示深切的怀念。

（七）

某位从事陶渊明研究的勤勉的学者说："辜鸿铭的中国学问令人难以置信。这段时间，他经常来拜访我，寻问'这是什么意思?''这个地方应该怎样理解?'……看来他并没有好好研读经学和诗词嘛。"

我立刻回答道：

"我并不认为他不学无术到如此地步，也不像您那样感到惊讶。"

"社会对他评价过高了。"

"不，我是不会失望的。"

辜鸿铭的国学功底，从以上所述可略见一二。前些日子，我曾问一位在中国最为出类拔萃的北大教授：

"泰戈尔的英语与辜鸿铭的英语哪一个更好?"

"不用说，泰戈尔更好。"

辜博士的英语好像不及泰戈尔。如果是这样，那么，辜鸿铭的特长又在何处!

辜鸿铭的国学功底在于具有高瞻远瞩地批判、理解中国思想的眼光，他探究其精髓、特征及伟大功绩之所在，并指陈它的缺失，是相当充分的。在比较、衡量西方文化及其思想的领域中，他是不可缺少的人物。他并非纯粹的国学家，但他只要具备理解、批判中国文化并与西方文化进行比较的能力，就足够了，因为除此之外的研究，对他来说都是多余的。

或许，他的英文并不像泰戈尔能够凭借英文诗获得诺贝尔奖那么出色，但在读透西方书籍、高瞻远瞩地批判西洋文化方面，他的英文水平已完全足够，甚至绰绰有余。

另外，他能将中国的文化思想巧妙地翻译成英语，有时还能将汉字表达的思想变成内涵更为深邃的英文。他的长处就在这儿。甚至让人觉得比起用中文阅读，倒是他的英文更能让人体会到孔子思想的玄机和味道。毫无疑问，他是位机智有余的学者，他的讥讽手法最为痛快淋漓。有时他会乱发脾气，目中无人，那些傲慢的欧美人、富有优越感的洋鬼子，在他看来一文不值。这或许是造成他的英文不如泰戈尔那么顺畅、华丽，甚至想如此也不可能的原因。可是，他那机智有余的、愤怒的、痛快淋漓的英文，到底不失为天下第一。

（八）

如果在正午时分去拜访辜鸿铭先生，快要走到椿树胡同他家门前的时候，你会见到一群叫花子向主人讨食的情形，滑稽的老学者手里捏着一把铜钱，站在门口给叫花子一人一个铜板。然后便像是喘息似的，咳嗽着走向大陆饭店。在大陆饭店里，他一个人享受西餐的美味佳肴，而那一群叫花子也在用那一块铜板换来烧饼吃。从后面望去，他是个拖着过时发辫的老头子，而从前面看，他使用刀叉的方法、不出声喝汤的方式，则又是一位十足的绅士。

他的所言所行俱出乎人们的意料，完全无法琢磨，因此他自称

Crazy Ku（辜疯子）。从他自称“辜疯子”这一点，便可以看出他在欧美人心中是何种形象。用日语他自称“浪人”，并声言“为浪人足矣”，从不后悔。不知在他心目中“疯子”与“浪人”究竟是何种关系，总之他自认为是“浪人”。如果将“浪人”翻译成“疯子”，肯定会遭到那些自视为日本伟大的存在之浪人们的反对。他用汉语又自称“蛮子”。在中国人中，他说“我是蛮子”，对日本人则自称“我是浪人”，而面对欧美人又自称“我是疯子”。

或许“蛮子”“浪人”“疯子”三者之间有其共通的地方。写到这里，我不禁感觉到，辜老在使用“浪人”这一日语语词时，颇含讽刺意味。

以上所述，想来已对辜鸿铭做了充分的介绍。如果他那有趣的性格尚未跃然纸上，那就太对不住辜博士了。

十二、辜鸿铭论*

勃兰兑斯①

是篇为1917年丹麦文评大家勃兰得斯所作，收入［辜］氏所著之*Miniatunen*书中（Erich Reiss Verlag，Berlin）。辜鸿铭

* 这是林语堂先生的译文。录自1934年9月《人间世》第12期。

① 勃兰兑斯（Georg Morris Cohen Brandes，1842—1927）：林译为勃兰得斯。丹麦文学和社会批评家。犹太人。著有《十九世纪文学主潮》《易卜生论》等书。他是一个兴趣广泛、眼光敏锐的文艺批评家，首次认识到易卜生和尼采力量的就是此人。他痛恨种族仇恨和军国主义，对世界各国事务具有广泛的兴趣，这就使他的作品突破了国界，成为举世公认的文评大家。——编者注

于欧战未终时，曾著长文，题曰 Verteidigung China Gegen Europa《为中国辩护反对欧罗巴》①，其他论文，亦有译入德文者。时欧洲大乱，人心对西方文明之信仰基本动摇，故辜氏一般论调，甚足炫惑人心。本文第一段叙述该篇大意，第二段叙述《春秋大义》（*The Spirit of the Chinese People*）要旨。读勃兰得斯此文，可知辜氏论调之要点，及其在西洋思想界之影响。勃兰得斯学极淹博，于近代欧洲文学思想，无不融会贯通，故此文中参入批评，亦能抉核见微，与寻常评论，又自不同。

——译者

（一）

瑞典学者斯万伯（Harald Svanberg）译述辜鸿铭著作，由是使我们得窥到此位卓著的中国学者对于欧战及对于东西文化关系的思想。比之通常欧洲人士所仅识得之多半作家，辜氏值得更大的注意而不可同日而语了。

辜鸿铭氏生于一国，其国中既无欧洲的世传贵族，又无美国之金钱贵族，凡常人只须能科举中式，皆可升为绅士，并且凡绅士除依其中式之鼎甲外，不得升迁。同时我们可以说辜鸿铭的家世门第，比我们的伯爵男爵还高贵久远。他的家族出于西历纪元前 1766 年至 1122 年统治中国之王室。（按《元和姓纂》云泉州晋江有此姓，相传辜为厦门同安人，其望出晋江。一云，其先因被辜自悔，以辜为氏，如救氏、赦氏、谴氏之类。然则勃氏所云或者据瑞典译者解

---

① 实际上不是一篇长文，而是一本小书。我们前文译作《中国反对欧洲观念的辩护：批判论文集》。——编者注

“汤生”二字之误吧?）在精神上，他也是真正的中国人，是一位儒者，热烈崇拜二千五百年来支配中国人思想之孔夫子。

孔夫子的道理，前曾为 Voltaire 与 Leibniz① 所钦服，现在也得辜鸿铭不倦地向欧人宣扬。此公向为两湖总督张之洞幕下，直至民国建立以前曾享言责，不但精通东方学术，且于东方文学之外，熟谙我们的文字，写的是英文，引据的是法德作家，而最好讲的是拉丁文。他生于槟榔岛，早年被他的父亲送到欧洲，留学十二年。他在苏格兰得了博士学位，而渐成苏格兰学者卡莱尔（Carlyle）之热烈崇拜者。卡氏生时，他还有时会到。他与卡莱尔一样崇拜歌德为欧洲的最高人物。他看见孔子的精神学问经过几千年后重复见于歌德身上。在许多方面，我们可以看见卡莱尔于辜鸿铭的影响。

可以确知的是：歌德是德国唯一给过辜鸿铭深刻印象的作家，余则用法文写作的德人 Leibniz，由于他极口称扬中国文化之伟大精微而引起辜氏之同情。还是英美作家较常给他影响——尤其是 Matthew Arnold，Tennyson，Emerson②。在法国文学中有时他也亲炙那些不大知名的作家如 Joubert③ 及那些不为人所爱及若有若无的诗人如 Beranger④。

他讲到欧洲时，使我们感到兴趣的是他新颖讨人喜欢的观法。有时偶然也可见到我们已经弃而不用的学说的痕迹，如在学堂课本也可见到。比如：他相信犹太国族之亡是因为与耶稣的关系；罗马民族之亡是因为不听耶稣的话“谁拔剑者，须亡于剑”。（按勃兰得

① 即伏尔泰与莱布尼茨。——编者注
② 即马修·阿诺德、丁尼生、爱默生。——编者注
③ 我们译作“茹伯特”。——编者注
④ 我们译作“布朗吉”。——编者注

斯系犹太人，故对此尤觉不满。)

但是这些辞句，只是他在欧洲大学听讲义所留下偶然的踪影。对这样一位自立脚跟，坚确求道，及文字极有清新力量的人而言是不足介意的。

先讲他关于大战起源之说法。据辜氏，说也奇怪，大战是起源于英人流氓崇拜及德人之武力崇拜。英人之流氓崇拜（Poebelkultus，尝见英文作 mob-worship）可由大英帝国，听市侩实业家之戏弄，向南非洲两个蒲尔①民主国宣战这事实看出来。依这位华人的意见，英人对流氓这样恭顺，引起德人极深痛的不平，而激起德人之武力崇拜。这武力崇拜不久就变成武器崇拜。

辜氏虽然通常极佩服德人之优点，但是据他的意思，早晚德国民族必亡于这武力主义。这种主义发生一种罪恶，在中国人眼光〔下〕比任何罪恶还坏，就是蛮横，不识轻重（Taktlosigkeit），一味恃强，有伤恕道。我们很有趣地看他在最近中国事件举出什么例子，代表他这样憎恶的缺德。他举的是在中国京城的大街上迫中国人所造的克持拉碑（按即哈德门街上的克林伯②牌坊）。

在由欧人侵略激起的拳匪之变乱中，北京有一位疯人误杀德国大使。明知使四万万人为一疯人闹出的案负责，是极不合情理，但是德国政府还是逼迫造此牌坊，留为中国之耻辱。这正像奥国逼迫意大利在罗马 Korso 中造一纪念以利沙伯皇后的碑，因为一位发疯的意大利人拿一皮匠的扁钻刺杀那位可敬的无辜的皇后。中国人最重礼仪，所以在外交上受人无礼侮辱更比他国民族深为愤慨。依辜

---

① 蒲尔：现一般译作布尔。——编者注
② 克林伯：现一般译作克林德。——编者注

鸿铭意见，中国民族有三大特征，就是沉潜、远见与淳朴[1]。

所以他觉得欧美民族不易了解。美国人大凡有远见、淳朴而乏沉潜；英国人大凡沉潜、淳朴而乏远见；德国人远见、沉潜而乏淳朴。依辜鸿铭，好像只有法国人最能了解中国人。固然，法人没有德人的沉潜，也没有美国人之远大眼光，也没有英人之单纯思想，但是他们有的是情感，细腻[2]，而中国古老的文化非细腻聪明者不能了解，因为自希腊亡后，中国人比任何民族细腻聪明。

二千五百年来，中国的文明，是一种没有祭司阶级及没有兵士的文化。

在辜鸿铭所最痛恨的革命以前，中国比任何国度较有自由，没有教士，没有巡警，没有公安局捐，所得税等——总之，凡使欧洲人民苦不欲生的文物，一切都没有。

中国有句格言："好铁不打钉，好男不当兵。"谁只要与中国士人稍有接触，就会惊异地感觉中国人之痛恶战乱及轻鄙军士。

斯万伯氏说得好，Thomas More[3] 于亨利第八年间在他的乌托邦书中所梦想的社会状况，在那时早已在中国实行了。只是欧人不知：一种没有贵族，没有祭司，而只有士人贵族为最高贵阶级的社会。

辜鸿铭最喜引用歌德一句话，表示中国的精神："世上有两种势力，公道与礼义（Rechtund Schicklichkeit）。"

"义"是孔教基础之一，其他一基础中国人名之曰"礼"，这是

---

① 我们译作深沉、博大与淳朴。——编者注

② 我们译作灵敏。——编者注

③ 即托马斯·莫尔（1478—1535），英国近代著名的空想社会主义者。著有《乌托邦》一书，该书是欧洲第一部空想社会主义著作。——编者注

一极难译的字，辜氏译为 Takt（英文 tact），但却与原义不尽符，因礼字指一种繁文缛节之礼仪。斯宾塞在他极好的书《礼仪的政制》（*Ceremonial Government*）中，推究礼之普遍原义，这意义常是仅指一种上古时代的拘束罢了。但在孔子看来，如在一切道德家看来，各种的礼节都含有伦理的深义，而依这位晚近儒者辜鸿铭的意见，这“礼”（即待人接物的礼貌）的价值重要并不在“义”字之下。所以他虽然极口赞扬德人的公道观念，却把这次战祸归罪于德人的礼貌观念的缺乏。（按辜鸿铭译礼为 Takt 甚妙，系指待人接物体会人情，而“无礼”译为 Taktlosigkeit，即指为人粗莽傲慢无端伤人。）

同时这战祸，无论在德人，或在其敌国，却有更深的理由（并非如辜氏说那样简单）。

一位真正的中国人，不得不鄙视欧人。

由中国人看来，欧人或是美人是一种非靠教士及军人不能自治的人类。中国人自治也不用教士，也不用军人。孔教，教人做好百姓的教，已经证明，在二千五百年中，能不靠教士军警，统驭一个比欧洲更大的民族，使就轨道。

据这位中国批评家的意见，欧洲所恃以维持社会国家秩序者有两样，就是敬神与畏法。所谓敬畏，必先假定一种权力。

为要保持敬神观念，欧洲须得养活一大班游手好闲的人，名为“教士”。这些人不但极靠不住，并且也要浪费巨资，所以成为欧洲人民极大的负担。辜鸿铭认为宗教改革（路得马丁①）及宗教改革之战（即“三十年战争”），只是欧洲人民要排去教上阶级的企图。

① 应是马丁·路德。——编者注

天主教禁止人民的（思想）自由，使得贯入敬神观念，然而因为天主教势力已经溃灭，所以又有一种方法，想用法律的制裁来维持社会的秩序。但是为要使人有畏法观念，又须养成一班更浪费金钱更游手好闲之徒，名为巡警及军士。那末，依辜氏意见，在大战期间，欧洲人民渐觉养这一班士兵，比养教士还要浪费，简直可以破产。正如在宗教改革时代，欧人有意排斥教士，现在大战期间，也想起一种念头，要由军士之下自求解放。所以要维持社会秩序，我们须如辜氏有点天真的说法，归返于教士统治之下，不然，军队既然变成无用，我们就得另求新路，觅一新教，以代替那旧的。依他意见一堕不可复振的畏神观念。所以结果，就只有一条路可走，即中国的古道，教人做好百姓的教——一种人文主义，以义为本，以英人所谓 gentleness 为欧人的基本道德，以君子为人的理想，如东方民族几千年来所奉为理想之君子一样。

（二）

由现代中国最重要的作家（辜氏）看来，中国的民族是主情的民族。据他说，就是最下阶级中国也比欧洲同阶级的人少粗暴性；而中国人对西人表示忠厚和让，正与欧人之野兽抢掠本性相反。

据他说，中国人没有兽性，而其聪明亦非兽性的聪明。倘使在他身上找点与兽相近之处，也不是狐狸一派的理性，能偷到小鸡就偷，而是近乎亚剌伯骏马一种的聪明，虽然不懂英文文法，却能领会它英国主人的意思。

中国的精神生活，据辜氏意见是心肠的情感的生活。因此中国人对于环境外观（洁净?）极不注意，中国的语言是心肠的语言（这名词有点欠明了），所以小孩及未受教育的人最易学会。这班人学语言最易，在各国都是一样。中国人长记忆力，也是主情的记忆。中国人的礼貌，也是由衷肠流露出来，非如日本人硬学来的。

辜氏以此说解说外人所一致指出的中国人不精确的习惯。情感是一种极微妙的天秤（觉力），但是我们用心肠想事总不如用头脑想事之精确。

辜氏说中国人之用毛笔，可以象征中国人之理智。毛笔画自然没有钢笔尖利清楚，运用也较难。但是学会了之后，倒反轻重如意，浓淡得中，写来比钢笔美观动人。

欧人说中国文化发育一半即不长进，说中国人对于抽象科学缺乏能力，辜说中国人并不是发展一半的民族，乃永不衰老的民族。中国人有赤子之心及成年人之智慧。他极力阐扬，欧人情感与理智之冲突，心肠与头脑之冲突，不见于中国。关于中国人的缺乏进取精神，他未曾说到。

欧人有一种宗教，安慰他们的心灵，但是与他们的理智冲突。

中国人没有欧人所谓宗教，因为中国人，就是群众也不真正重视宗教。道观佛庙礼式仪节之用，是作生活之点缀小玩，并非性灵的启迪。

中国人不感觉宗教之迫切需要，因为中国人思想向来不去推敲来世，亦不去打破宇宙来源之谜。但是他们虽不需要欧人狭义的所谓宗教，却于孔教中已有了一种广义的宗教，就是歌德在以下几句所指的意义：

谁有科学与艺术，

就也有了宗教，
谁两样都没有，
就须有宗教。

由中国人看来，欧人将宗教与人类社会国家隔开，非常奇异。宗教教欧人做好人，孔教却教人做好百姓。欧洲所谓宗教，教人成圣，变成天使；中国人之所谓教，教人做孝子顺民。辜氏作一妙语说，“政治在欧洲是一种科学，在中国是一种宗教。”（按此指“政教”观念。）孔子生前，中国人也有情感与理智的冲突，与今日欧洲一样。孔子生而此冲突遂化归乌有。他不像老子、卢骚①、托尔斯泰，专门攻击鄙弃文明。他教人，由于教化，人才可以立身行世。

人类受宇宙之谜的压迫，所以需要科学、艺术、宗教。这些减轻他心上的压迫。艺术与诗词叫士人处处见出美；哲学与科学教他处处见到秩序规律。天灾人祸，世事变迁迫着大多数的人求一种安全的躲避；生老病死迫着人类求一种永久。

欧洲在宗教中追求这安全与永久，中国人在代替宗教之孔教中也找到了。亚里士多德及斯宾塞的哲学都不能在欧洲得到同样的成绩。多半的人不能明了他们的理想，也没有那种德性来服从他们的法律。宗教之价值在于教人能听良心的吩咐。

辜鸿铭说：人以为由于教人敬畏上帝，才能达到这结果。但是孔教却不用宗教，也收到同样的成效。他只教人“义”的观念。辜氏知道，一切立教的教主，都是极富感情而慈悲为怀的人，都归结以公道与慈爱为最高观念，而名之为上帝，但他虽觉得这甚自然而

① 现一般译作卢梭。——编者注

且有意义，却认为不关重要。

依他意见，欧人认为宗教之现形（所谓教会）的宗旨，在于教人民信上帝，这是一种错误；这层错误在最近时代叫许多正直的人讨厌教会。辜氏引英国史家 Froude① 的话说："我在英国听过几百篇讲道，讲宗教之神秘，讲教士奉行上帝的意旨，讲使徒师承的传统等等，但不曾听见过一篇讲通常的廉耻，讲这简单的训命：不可说诳，不可偷窃。"对此一点，辜鸿铭只指出，教会的义务并不正在于叫人注意这些单纯的道理，而是做一种神感，引起人一种活泼泼的热诚。

欧洲耶教及回教怎样激起这神感，引起这活泼泼的热诚呢？他们的方法是引起对教主的爱，激起对教主有无限的爱慕崇拜。这里可见孔教与耶、回两教的区别。回教教人迷信穆罕默德，耶教教人信奉耶稣，孔教却不教人崇奉爱慕孔子（按指不奉孔子为神明）。孔子生时，他的门人是爱慕他的。他死了，他个人地位就不立于孔教之前。

欧洲有教堂，中国则有学校以代之。学校的地位与西方之教堂正相同，因为中国指宗教之字，正是"教"字，同时学校不尽与教会之范围相同。学堂之外，还有家庭，各家有神主，各城有祖庙。家庭与学校在中国合成外国之所谓教会。

辜氏对于他的议论有这样的简单的结语：孔教力量之源在于敬爱父母，犹如各教力量之源在于敬爱教主。耶稣教会说：爱耶稣！回教教会教人：爱先知！中国的教会教人：爱你的父母！——一位欧洲人附上说：这样却使批评祖宗成为完全不可能，但是这批评却

---

① 即弗劳德。——编者注

常是进步的来源。

十三、辜鸿铭访问记*

毛姆①

在一个我以为这么僻远的地方而发现一个这样大的城市，是一桩大可惊异的事。从那向西的城门，你可以看到西藏的雪山。城里的人稠密得叫你只能在城墙上自在地缓步，快步的人要费三小时才能在这城墙上兜行一周。离城一千英里之内没有一条铁路，城外的河流浅得只有轻载的帆船可以安稳地航行。到扬子江的上游去要坐五天的舢板。到这里来，你心头偶浮起一个念头，不知到底火车和轮船是否像我们这些天天用到的人所想的那样是人生所必需的东西；因为在这里，有过百万的众生在繁衍，婚嫁，生育死亡；在这里，有百万的众生孜孜地从事商业、艺术和思想。

在这里住着一个声高望重的哲学家，去拜见他的愿望是我这次跋涉的一个诱因。他是中国孔子学说的最大权威。据说他英文德文都讲得很流利。他担任过慈禧皇太后的一个最大的大臣的秘书许多年，可是他现在退休了。不过在整年里每星期中的某日，他欢迎寻求智识的学子去找他，同他谈论孔子的学说。他有一群门徒，可是

---

* 此篇见毛姆氏所著 *On a Chinese Screen*，书中影射人物甚多，而隐其名。此章原题即曰“哲学家”。故本文第一段亦托言访辜于成都，盖故意排此迷阵，而访辜实在北平也。这里选录的是黄嘉音先生译载《人间世》1934 年 9 月第 12 期上的译文。

① 毛姆（Somerset Maugham，1874—1965）：20 世纪英国大文豪。1921 年来华游历。回国后（1922 年）出版游记《中国剪影》（*On a Chinese Screen*）。——编者注

数目很小，因为大半的学生比较喜欢外国大学的华丽宿舍以及夷狄之邦的有用的科学，而不很赞成他那质朴的住宅和严峻的训导：关于这夷狄之邦的有用的科学，他只嗤之以鼻了之。从一切我所听到的关于他的话，我下结论说他是一个有骨气的人。

当我说出我想会见这位名人的愿望的时候，我的主人立刻替我安排一个约会；可是日子一天天地过去，一点也没有动静。我质问主人，他只耸耸肩。

他说："我开一张条子给他，请他过来坐。我不晓得为什么他不曾来。他是个倔强的老头子。"

我不以为以这样倨傲的态度去谒见一个哲学家是对的，我对于他拒绝这样的召见一点也不觉得奇怪。我以最客气的语气，写一封信送去给他，问他可容许我去见他，而在两小时内遂接到回信，约定第二天早上十点钟会面。

我坐在一辆轿上。路似乎是无底止的。我经过行人拥挤的街，也经过荒凉凄寂的路，直到最后我来到一条清静的僻道上一片长而白的墙下的一个小门，轿才停下。一个轿夫上去敲门，很长久以后，才开了一个小孔。一双黑眼睛望了出来，其间有过一较简短的问答；最后我才被邀请进去。一个身材瘦弱脸色苍白服装破敝的青年叫我跟他走。我不晓得他到底是这伟大人物的佣仆或是学生。我经过一个破烂的庭园，被领进一个低而长的房间，设备稀散，有一张装有能转动的盖的美国式书台子，两把黑木椅子，和两张中国式的小桌子。靠墙有书架，架子上有许多书：其中大半当然是中国书，可是其中也有英文的、法文的和德文的哲学的和科学的书；还有几百本未加装订的研讨学术的杂志。墙上没有摆书的地方，挂着一卷卷的各种书的联对，我猜想那些都是孔子的语录。地板上没有地毡。那是一个冷静，空虚，不安适的房间。房间里沉郁的空气由独插在桌子上的一个长花瓶里的黄菊花调和起来。

我等了一会儿，那位领我进来的青年带来了一壶茶，两个茶杯，和一听纸烟。当他出去的时候，哲学家进来了。我连忙表示他容许我来访见他的荣幸。他挥我就座，斟出茶来。

“你想要来看我，我觉得非常荣幸，”他回答说，“你们的国人只同苦力和买办往来；他们想所有的中国人不是苦力就是买办。”

我想要抗辩。可是我不曾抓到他的意思。他斜躺在椅子上，以嘲弄的表情看我。

“他们以为他们只消招招手，我们就得来。”

那时候我才晓得我的朋友失礼的宿怨还未消尽。我不晓得要怎样回答才好。我讲了一些客套话。

他是一个老人，身材高大，有一条灰色的小辫子和一对亮而大的眼睛，眼下有重叠下垂的皱皮。他的牙齿折断而变色。他身材极瘦，他那细而小的手，已经枯萎而像爪了。有人告诉我说他是吸鸦片烟的。他的装束很随便，身穿黑长衫，头戴一顶黑色的小鸭舌帽，衣帽都是很不宜于穿戴了的，深灰色的裤子在脚踝的地方以袜带系住。他在提防着。他不大晓得要采取什么态度，他表现着一个人在防备中的模样。当然，这位哲学家在关心于抽象方面的东西的人中占据着重要的地位，狄斯拉利（Benjamin Disraeli）有一句话说，皇族必得被充分地奉承。我极力阿谀他，不久我便觉得他的态度表现相当的舒畅了。他好像一个人预备好了拘拘束束地要拍照，只要听到快门克哩一声，便弛缓一切重回到自然的姿势了。他指他的书给我看。

“你晓得，我是在柏林得到哲学博士学位的，”他说，“后来我在牛津念了一些时候。可是英国人，假使你容许我这样说，是不宜于研究哲学的。”

虽说他先下抱歉的注脚，可是很明显的，他并非不喜欢说一点令人不快的话。

我说，“我们也有过不少哲学家，他们对于思想界并非全无影响的。”

“休姆（Hume）和白格利（Berkeley）吗？我在牛津的时候，在那边教书的哲学家渴望不要得罪到他们神学院的同事。假使会危及他们在大学院里的地位，那么他们便不会把他们的思想推想到逻辑的结论了。”

我问他道：“你可曾研究过美国现代哲学的发展？”

“你可是说实用主义？那是那些想要相信不可信的东西者的最后的逃避所。我用美国汽油比用美国哲学还要多。”

他的批判是尖酸的。我们重新坐下，再喝一杯茶。他开始滔滔不绝地谈下去。他讲的是似乎正式的可是夹杂着许多成语的英文。有的时候他加上一个德文短句来表达自己的意见。在像他个性那样倔强的人所能受别人影响的尽可能范围内，他是受过德国的影响了的。当一个十分用心的教授在某专门研究的杂志上发表一篇他著作的论文的时候，德国人的研究法和勤勉深深地感动他，德国哲学的明智才向他展开。

“我著过二十本书。”他说，“那是欧西出版物中唯一注意到我的一次。”

可是他对于欧西哲学研究的最后结果是说，总而言之，智慧只能在孔子圣典范围之内找到。他深信无疑地接受孔子书上的哲学。这种哲学完全应和他精神上的需要，这叫一切异邦的学问看起来都好像是空虚的。我对于这一点觉得很发生兴趣，因为这证明了我的一个意见，这意见便是说哲学是一件性格的事情而不是逻辑的：哲学家的信仰不是依着明显的根据，而是依照他自己的气质；他的思想只是要把他的直觉所以为对的东西造成合理的。倘若说孔子的思想在中国人的脑中这样根深蒂固，那是因为孔子思想的说明和表现中国人不是别的思想所能够及得到的。

我的主人点了一根纸烟。在起初，他的声音是轻小而疲乏的，可是他对于他所说的既然发生兴趣，声音便渐变宏大了。他急切地谈着。他并没有圣人的闲适的态度。他是一个辩论者，也是一个斗争者。他嫌恶现代个人主义的呼声。在他看来，社会是一个单位，而家庭是社会的基础。他拥护老大中华和旧式学校，帝国，和孔子的严正的圣典。他谈到学生便发脾气，那些新从外国大学回来的，用那亵渎的手，把世界上最古的文化破坏无遗。

“可是你们，你们可晓得你们在做什么？”他喊道，“你们凭什么理由说你们比我们好呢？你们的艺术或文字比我们的优美吗？我们的思想家不及你们的深奥吗？我们的文化不及你们的精巧，不及你们的繁复，不及你们的细微吗？呶，当你们穴居野处茹毛饮血的时候，我们已经是进化的人类了。你可晓得我们试过一个在世界的历史上是唯我独尊的实验？我们企图不以武力管理世界，而用智慧。许多世纪以来，我们都成功了。那么为什么白种人会轻视黄种人呢？可要我来告诉你？因为白种人发明了机关枪。那是你们的优点。我们是赤手空拳的群众，你们能够把我们完全毁灭。你们打破了我们的哲学家的梦，你们说世界可以用法律和命令的权力来统治，现在你们在以你们的秘密教导我们的青年了。你们用你们那可恶的发明来压迫我们了。你们不晓得我们有机械方面的天才吗？你们不晓得在这国度里有四万万世界上最务实最勤恳的百姓吗？你们以为我们要花了很长久的时间才学得上吗？当黄种人会造和白种人所造的一样好的枪支，而且也会射得一样直（准）的时候，你们的优点便要怎样了呢？你们喜欢机关枪，你们也将被用机关枪判决。”

可是在那时候我们的谈话被阻断了。一个女孩轻曼地走了进来，挨近这位老绅士的身旁。她用惊异的眼光凝视着我。他告诉我说那女孩是他最小的孩子。他用手臂围住她，低声说着珍惜的话，很亲热地吻她。她穿着一件黑色的衣裳，裤子刚长到她的脚踝，一条长辫子挂在背上。她是在革命成功、皇帝弃位那一天出世的。

“我想她是新时代起源的使者，”他说，“她是这老大帝国覆亡的末了一朵花。”

他从那有着能转动的盖的书桌上的抽屉里拿出一包钱交给她，叫她出去。

“你看我留着发辫，”他说，把小辫子拿在手中，“那是一个标记。我是老大中华的末了一个代表。”

现在他比较温和地对我谈话了，他谈到过去很久以前，哲学家们怎样地和他们的门徒从一国游行到另一国，教导一切有资格学习的人。皇帝们召他们去赴会，封他们做城市的长官。他的学识宏博，他那动人的语句把他所叙述给我听的中国历史的小枝节形容得有声有色。我不能自已地把他看做一个近乎悲哀的人物。他觉得自己有总理国政的才能，可是没有皇帝可以把重权信托他；他有广博的学识，他迫切地要传授给他的灵魂所眷恋着的大群的学生，可是来听讲的只是很少数的，可怜的，面有饥色的，愚钝的乡下子弟。

有一两次我说我该走了，可是他却不愿意让我走。可是最后，我不得不走了。我站了起来，他执住我的手。

“我很想送你一点东西，做你访见中国末了一个哲学家的追忆，可是我是个穷人，而且我不晓得要送什么东西才值得叫你接受的。”

我极力说我这次谒见的追忆本身已经是一件无价之宝的礼物了。他微笑着。

“人们在这些衰退的时代中只有短暂的记忆力，我很想给你一些比较具体的东西。我愿意用一本我的书送给你，可是你不懂中文。”

他以一种亲睦的睿态看着我。我有了灵悟。

我说，“用你手笔给我”。

“你喜欢吗?”他微笑着，“在年轻时候，我的执笔挥毫不是完全可以轻视的。”

他坐在桌子前，拿出一张白纸摆在面前。他倒几点水在砚上，用墨磨着，然后举起毛笔来。他以臂部的自由转动开始写起字来。在看他写字的时候，我记得有人告诉我一些关于他的话，我想起来觉得有点好笑。事情好像是说每当这位老绅士搜集到一些钱的时候，他总到住着女人的街上去乱花，我们往往用婉转的雅句去描写她们。他的大儿子，一个城中颇有地位的人物，对于这种行动的丑闻觉得非常烦恼而羞辱；只是他那强烈的孝心阻止他以严厉的话去斥责这浪荡子。我敢说这种放纵的生活对于一个儿子是不适当的，可是在一个讲究人类天性的学者可以看做平淡无奇。哲学家善于从研究中推敲出他们的理论，以他们所听到的学说去造成人生的结论，我往往以为假使他们把他们自己暴露在平常人所遇到的盛衰变迁之中，他们的工作会有更明确的重要性。我准备以宽恕来看这位老绅士在秘密处所的狎戏。也许他是想要明了人类这种最不可思议的幻觉。

他写完了。为要干那墨迹，他在纸上撒一些灰站了起来，把纸张授给我。

我问他道，“你写的是什么?”

我想他的眼中稍微有一些〔得〕意的光辉。

“我试送两首我做的小诗给你。”

“我不晓得你是个诗人哩。”

“当中国还是个文明的国家的时候，”他以讥讽的语气反攻，“所有受过教育的人至少也会写风雅的诗句。”

我接了纸张，看看那些中国字。那些字在纸上显出悦目的模样。

“你不同时给我一个译文吗?”

“给他翻译就是给他伤残，”他回答说，“你不能希望我来暴露自己。去问你的英国朋友吧。那些晓得中国最多的一点也不懂①，可是你至少也能找到一个够资格来替你翻译几句简单的诗句的。”

我向他说再会。他很客气地指我就座②。当我有机会的时候，我把那两首诗给我的朋友中的一个汉文学家看，这便是他所翻的诗

① 这句话好像不通，似乎应是“那些晓得中国最多的也未必懂得”。——编者注

② 此句似应译为“他很客气地挽留我”。——编者注

句。我自己承认，无疑地那是毫无理由的，当我读这些诗句的时候，我吃了一惊。

你不爱我时：声音甜甜，
眼波含笑，素手纤纤。
待你爱上我：声音却变得凄楚了，
满眼是泪，睹手痛惜。
伤心啊，伤心之爱使你不可爱。

我渴望岁月飞逝，
那你就会失去
明亮的双眸，桃色的肤肌，
和你青春所有灼人的神气。
到那时我依旧爱你，
你才会珍惜我的痴情。

令人羡慕的年华转瞬不在，
你已然失去了
明亮的双眸，桃色的肤肌，
和你青春全部诱人的神采，
唉，我不爱你了，
即便你上心我我也无心再爱。①

---

① 原译文阙此诗。从内容上看，大概是写给妓女的。想必原文是旧体诗。这里的译诗，非黄嘉音译，而是黄兴涛从英文原文翻译过来，参照了纪果庵《晚清民国人物琐谈》和伍国庆编《文坛怪杰辜鸿铭》中所收此诗的译文。——编者注

图书在版编目（CIP）数据

中国人的精神／（清）辜鸿铭著；黄兴涛，宋小庆译. --修订本. --北京：中国人民大学出版社，2023.1

ISBN 978-7-300-30152-5

Ⅰ. ①中… Ⅱ. ①辜… ②黄…③宋… Ⅲ. ①民族精神-研究-中国 Ⅳ. ①C955.2

中国版本图书馆 CIP 数据核字（2022）第 000168 号

中国人的精神（修订版）
辜鸿铭　著
黄兴涛　宋小庆　译
Zhongguoren de Jingshen

出版发行	中国人民大学出版社		
社　　址	北京中关村大街 31 号	**邮政编码**	100080
电　　话	010－62511242（总编室）		010－62511770（质管部）
	010－82501766（邮购部）		010－62514148（门市部）
	010－62515195（发行公司）		010－62515275（盗版举报）
网　　址	http://www.crup.com.cn		
经　　销	新华书店		
印　　刷	北京联兴盛业印刷股份有限公司		
规　　格	148 mm×210 mm　32 开本	**版　　次**	2023 年 1 月第 1 版
印　　张	9.75 插页 3	**印　　次**	2025 年 5 月第 3 次印刷
字　　数	213 000	**定　　价**	59.00 元